HERMES

在古希腊神话中，赫耳墨斯是宙斯和迈亚的儿子，奥林波斯神们的信使，道路与边界之神，睡眠与梦想之神，亡灵的引导者，演说者、商人、小偷、旅者和牧人的保护神……

西方传统 经典与解释 **HERMES**
Classici et Commentarii
古典学丛编
Library of Classical Studies
刘小枫◎主编

法律与理性

——西塞罗《论法律》解读

Law and Reason

Deciphering Cicero's *De Legibus*

汪雄　娄林 | 选编

汪雄 | 译

华夏出版社
HUAXIA PUBLISHING HOUSE

国家社科基金一般项目"西塞罗《论法律》研究"
（项目编号：22BFX163）的阶段性成果
"中央高校基本科研业务费专项资金"资助

"古典学丛编"出版说明

近百年来,我国学界先后引进了西方现代文教的几乎所有各类学科——之所以说"几乎",因为我们迄今尚未引进西方现代文教中的古典学。原因似乎不难理解:我们需要引进的是自己没有的东西——我国文教传统源远流长、一以贯之,并无"古典学问"与"现代学问"之分,其历史延续性和完整性,西方文教传统实难比拟。然而,清末废除科举制施行新学之后,我国文教传统被迫面临"古典学问"与"现代学问"的切割,从而有了现代意义上的"古今之争"。既然西方的现代性已然成了我们自己的现代性,如何对待已然变成"古典"的传统文教经典同样成了我们的问题。在这一历史背景下,我们实有必要深入认识在西方现代文教制度中已有近三百年历史的古典学这一与哲学、文学、史学并立的一级学科。

认识西方的古典学为的是应对我们自己所面临的现代文教问题:即能否化解、如何化解西方现代文明的挑战。西方的古典学乃现代文教制度的产物,带有难以抹去的现代学问品质。如果我们要建设自己的古典学,就不可唯西方的古典学传统是从,而是应该建设有中国特色的古典学:恢复古传文教经典在百年前尚且一以贯之地具有的现实教化作用。深入了解西方古典学的来龙去脉及其内在问题,有助于懂得前车之鉴:古典学为何自娱于"钻故纸堆",与现代问题了不相干。认识西方古典学的成败得失,有助于我们体会到,成为一个真正的学人的必经之途,仍然是研习古传经典,中国的古典学理应是我们已然后现代化了的文教制度的基础——学习古传经典将带给我们的是通透的生活感觉、审慎的政治观念、高贵的伦理态度,永远有当下意义。

本丛编旨在引介西方古典学的基本文献:凡学科建设、古典学史发微乃至具体的古典研究成果,一概统而编之。

古典文明研究工作坊

西方典籍编译部乙组

2011 年元月

目　录

《西塞罗〈论法律〉评注》导言

狄克(Andrew R. Dyck)

"尽管人们对古希腊哲学的兴趣有复兴之势,但是,几乎没有针对西塞罗《论法律》的最新研究成果,这让人惊诧不已。"这是维尔德特(Paul Vander Waerdt)的最新论断。① 事实上,人们有很多基于方便的借口来忽略《论法律》,尽管《论法律》充满脱漏、拉丁语方面似是而非的修补、技术术语和文本问题,但是人们也能发现有些段落富有魅力,读之亲切,文采斐然。例如:在菲布瑞努斯河汇入利里斯河的地方,对宜人之地(locus amoenius)的描述(2.6);对西塞罗氏族的祖宅的描述,那是西塞罗和其兄弟昆图斯的出生地(2.3);对法律的定义以及关于人和神共性基础的描述(1.18-19 和 1.22-23);对哲学的极端推崇(1.58-62);还有几段常被摘录和精选的风格华丽的段落。因此,《论法律》不仅仅是用来阅读的。源自廊下派的自然法在近代影响广泛,但是在廊下派那儿我们有一些和语境相分离的个体主义的观点,很独特的是,在这里,我们有一些观点被

① Vander Waerdt, "Philosophical Influence on Roman Jurisprudence?", *AN-RW* 2.36.7, 1994, 4867. 亦见 Luciano Perelli, Il *pensiero politico di Cicerone. Tra filosofia greca e ideologia aristocratica romana*, Florence, 1990, 113(近几年的趋势发生了逆转,对《论法律》的一般性研究多于《论共和国》);参 Gawlick, Günter and Woldemar Görler, *Cicero*, In Uberweg, 1066,书中没有证实这个看法。

有序阐释了。我们也发现,有一些相当明智的观察者考虑到公元前五十年代的经验,对罗马宗教和政府的改革需求有深度反思。接下来将介绍此文本,并将其融入背景语境之中。

一 《论法律》之前的法律文献

假如说近东的法典以统治者的自我宣传为标志(《论法律》2. 14b),那么希腊的法典则源自古代城邦奋力声张其威权的过程之中,也源自给市民的生活施加法令的过程之中,以便于排除自力救济和世仇。它们常常由明确超越于政治派系之上的人来起草,例如政治局外人甚至外邦人。[2] 譬如雅典的旧法从不会整体失效,但会逐渐被新法取代,因此需要雅典委员会从古老的贵族家庭(εὐπατρίδαι)中任命神圣法和祖传法的释法者(ἐξηγηταί),在德拉古谋杀法之前,这曾是他们的专属特权。[3] 但是,我们的知识内还缺乏成套的评注性文献。

撇开法律文本自身,古希腊关于法律的文献始于柏拉图。就一般意义上的作品而言,柏拉图中期著作显示出对立法的不信任。[4] 因此,在《理想国》425d-e 中,苏格拉底和阿德曼托斯都认为,为了塑造君子(καλοῖ κἀγαϑοί),法律不适合规定得过于琐细:他们将把全

---

② 一般参见 Michael Gagarin, *Early Greek Law*, Berkeley, 1986, 121-141。

③ 参见 James H. Oliver, *The Athenian Expounders of the Sacred and Ancestral Law*, Baltimore, 1950, 48ff. 。关于他们著作的例子,参见柏拉图《游叙弗伦》4c。

④ Thomas A. Szlezák, "Platon und die Schriftlichkeit der Philosophie. Interpretationen zu frühen und mittleren Dialogen", Berlin-New York, 1985. 参考这本书的后面部分。

副精力投入到通过和修改法律中。很明显,"哲人王"出自柏拉图的《政治家》294a7-8:最好的却不是法治,而是人治——有智慧的王者的统治。除了其他意思之外,"哲人王"还意味着排除任何必然性。然而,《政治家》模糊地把《法义》勾画为这样的思想:在哲人王缺位时,真正的城邦应该起草法律(301d-e)。⑤

柏拉图的《法义》基于对几个古希腊城邦的法律的批判性反思。⑥ 几个对话者的选择让柏拉图面临着对法律的不同的看法。克里特人克勒尼阿斯和斯巴达人墨吉卢斯来自依据传统的多里斯法律(Doric law)管理的城邦,⑦雅典异乡人强调他们的法律具有缺陷,也指出他们的制度仅显示了勇气,而忽略了其他美德。⑧ 衍生的法律和雅典法律具有可识别的联系,但是,雅典法律可对其理念进行检验,并净化暴行。⑨

亚里士多德把晚年柏拉图的现实关切延续到一个更系统的基础之上,⑩他收集和出版了 158 个古希腊城邦的宪制(constitu-

⑤ Andrew Szegedy-Maszak, *The Nomoi of Theothrastus*, New York, 1981,2-5.

⑥ 参见他通过的一项禁止赊购的查龙达斯法律(law of Charondas),引自 Theophr. F650. 56ff. F(柏拉图《法义》849e, 915d)。

⑦ Glen R. Morrow, *Plato's Cretan City: A Historical Interpretation of the Laws*, Princeton, 1960,32-35.

⑧ R. F. Stalley, *An Introduction to Plato's Laws*, Oxford, 1983,35-40.

⑨ 参见(提出程序) Glen R. Morrow, *Plato's Cretan City: A Historical Interpretation of the Law*, 295-296。也参考这本书的一般索引中"雅典制度及其对《法义》的影响"词条。

⑩ 亚里士多德为其门徒而准备的三本摘录而成的书(《名哲言行录》,5.22)展现了亚里士多德对柏拉图的《法义》的重视。

tions），其中只有雅典政制得以毫无遗漏地幸存，⑪《政治学》第四至六卷详尽分析了这些丰富的材料。亚里士多德的合作者和后继者、漫步学派忒奥弗拉斯图斯（Theophrastus）也发展了他的研究，那就是二十四卷本的《法义》。⑫ 在其著述的最长残篇中，能看到他撒下的网有多宽，在其中他援引了雅典、米蒂利尼（Mytilene）、西齐克斯（Cyzicus）、洛克里斯（Locris）、图里伊（Thurii）等城邦的法律，还援引了柏拉图的《法义》。⑬ 漫步学派（Peripaterics）的其他人，如法勒鲁姆的德米特里（Demetrius of Phalerum）和赫拉克利德斯·彭提乌斯（Heraclides Ponticus）也曾写过《论诸法》（περί νόμων），⑭亚里士多塞诺斯（Aristoxenus）有关于"教育法"（παιδευτικοί νόμοι）和"市民法"

---

⑪ 《政治学》的残篇收录在 Rose 书中第 258–367 页。在 D. L. 5. 22 中有四本属于亚里士多德的书，四本书中的法（νόμοι）可能是以讹传讹变自习俗（νόμιμα），这在另一份亚里士多德著作目录中得到了证实。参见 Paul Moraux，*Les listes anciennes des ouvrages d' Aristote*，Louvain，1951，130–131.

⑫ 从 Phld. *Rhet.* col. LIII. 41 中可推断出忒奥弗拉斯图斯的合作作品，参见 Szegedy–Maszak，Andrew，*The Nomoi of Theothrastus*，79。此外，还有十卷本的节录和三卷本的《立法者》（νομοϑέται）。伟大著作的部分内容也曾被单独引用。参见 Theophr. F 589. 17–22 F. 所收录的书名证据。

⑬ Theophr. F650 F. = Szegedy–Maszak，Andrew. *The Nomoi of Theothrastus*，21. See Szegedy–Maszak，Andrew，*The Nomoi of Theothrastus*，85.

⑭ 关于 Demetrius，参见西塞罗《论法律》3. 14；这是对他自己的立法工作（在 Wehtli 第 139–147 残篇中将《论雅典的立法》［περί τῆς Ἀϑήνησι νομοϑεσίας］与《论雅典的公民》［περί τῶν Ἀϑήνησι πολιτειῶν］融合了。参见 F80 S. –0. –D）的补充。关于 Theophrastus 对 Demetrius 的立法可能产生的影响，参见 Szegedy–Maszak，Andrew，*The Nomoi of Theothrastus*，141–142，n. 150，附文献。Heraclides 著述的遗稿（Wehtli 第 139–147 残篇）论述了作为立法者的梭伦（Solon）、皮西特拉图（Pisistratus）和普罗塔戈拉斯（Protagoras），让人疑惑的是，流传下来的书名可能是《论诸立法者》（περί νομοϑετῶν）的误传。

(πολιτικοί νόμοι) 的著述,⑮并且有一个残篇讨论了切乌斯的阿里斯顿(Aristo of Ceus)和开俄斯的廊下派阿里斯顿(Stoic Aristo of Chios)对斯巴达法律中婚姻的看法。⑯

　　和古希腊城邦一样,在古罗马,为了树立市民生活之上的国家权威,制定法律是重要的步骤。历史传统提供了详细的论证,它能被大概接受。在公元前五世纪中叶,为回应平民的呼声,一个特别委员会(十二人)起草了《十二表法》,它受了希腊法(可能是南意大利)的影响。⑰ 正如在雅典,以前就存在的传统法律并没有被完全取代,这导致了新律(lex)和旧法(ius)之间的冲突。⑱ 在公元前304年,市政官弗拉维乌斯(Cn. Flavius)公布听讼日(dies fasti)和诉讼(actiones),完成了清晰和公开制定法律的程序。⑲

　　与古希腊截然不同,在古罗马,一套针对实证法的解释文献迅

---

　　⑮　Wehtli 第 42-46 残篇,关于对西塞罗的可能影响,参见《论法律》3. 5。

　　⑯　Wehtli 第 26 残篇,同《廊下派辑语》1. 89. 35-37。

　　⑰　《论法律》2. 59;Franz Wieacker, *Romische Rechtsgeschichte. Duellenkunde, Rechtsbildung, Jurisprudenx und Rechtsliteratur*, Vol. 1, Munich, 1988, 287-289。

　　⑱　进一步参见《论法律》1. 23。

　　⑲　参见 Bremer, F. P. , ed. , Iurisprudentia antehadriana. Vol. 1:Liberae rei publicae iuris consulti. Leipzig, 1896, 6; Wieacker, Franz. Romische Rechtsgeschichte. Duellenkunde, Rechtsbildung, Jurisprudenx und Rechtsliteratur, Vol. 1, 524-525; Rüpke, Jörg. Kalender und Öffentlichkeit. Die Geschichte der Repräsentation und religiösen Oualifikation von Zeit in Rom. Religionsgeschichtliche Versuche und Vorarbeiten 40. Berlin-New York, 1995,245-274(特别是 272-273 页的"听讼日的目的"[das Ziel der Fasten]);关于弗拉维乌斯市民法(ius civile Flavianum)并可能牵涉克劳狄乌斯(App. Claudius Caecus),参见 Endre Ferenczy, *From the Patrician State to the Patricio-plebeian State*,Amsterdam, 1976, 189-190。

速涌现,很明显,这始于卡图斯(Sex. Aelius Paetus Catus[公元前198年任执政官])的《三部法》(*Tripertita*),它由三部分构成:《十二表法》、对其的解释,以及法律诉讼(legis actio)措施。[20] 一般来说,针对市民法的研究大体主宰了后续几百年的法律文献,包括卡图(M. Porcius Cato)、[21]布鲁图斯(M. Junius Brutus,裁判官,时间不详;《大保利古典学百科全书》"尤纽斯"词条编号49),[22]可能还有普布利乌斯·穆基乌斯·斯凯沃拉(P. Mucius Scaevola[公元前133年任执政官])[23]和昆图斯·穆基乌斯·斯凯沃拉(Q. Mucius Scaevola[大祭司长;公元前95年任执政官])等人的贡献[24],瓦罗(Varro)

---

[20] Seckel, E, and B. Kuebler, post P. E. Fuschke, eds. *Iurisprudentia anteiustiniana*. Vol. 1. 6th ed. Leipzig, 1908,7; Bremer, F. P. , ed. ,*Iurisprudentia antehadriana*. Vol. 1:*Liberae rei publicae iuris consulti*, 15-16;参见《论法律》2. 59。在 Paetus 之前,Pomponius 有针对法学著作的报告(《学说汇纂》1. 2. 2. 35 ff.),关于对他的报告的怀疑,参见 Franz Wieacker, *Romische Rechtsgeschichte. Duellenkunde*, *Rechtsbildung*, *Jurisprudenx und Rechtsliteratur*, Vol. 1,533-535。

[21] 确定是监察官,不是其子。参考 Seckel, E, and B. Kuebler, post P. E. Fuschke, eds. *Iurisprudentia anteiustiniana*. Vol. 1. 6th ed. Leipzig, 1908, 2;而非 Bremer, F. P. , ed. , *Iurisprudentia antehadriana*. Vol. 1:*Liberae rei publicae iuris consulti*, 20-21。

[22] Seckel, E, and B. Kuebler, post P. E. Fuschke, eds. *Iurisprudentia anteiustiniana*. Vol. 1,7; Bremer, F. P. , ed. , *Iurisprudentia antehadriana*. Vol. 1:*Liberae rei publicae iuris consulti*. ,24-25.

[23] Seckel, E, and B. Kuebler, post P. E. Fuschke, eds. *Iurisprudentia anteiustiniana*. Vol. 1,7-9; Bremer, F. P. , ed. , *Iurisprudentia antehadriana*. Vol. 1:*Liberae rei publicae iuris consulti*, 34(有疑问)。

[24] Seckel, E, and B. Kuebler, post P. E. Fuschke, eds. *Iurisprudentia anteiustiniana*. Vol. 1,17-19;其他残篇见 19-22 页;Bremer, F. P. , ed. , *Iurisprudentia antehadriana*. Vol. 1:*Liberae rei publicae iuris consulti*, 58-104。

对此也有贡献。㉕ 然而,大概从早期开始,公法被宗教法㉖、官职法㉗

㉕ Bremer, F. P. , ed. ,*Iurisprudentia antehadriana*. Vol. 1 :*Liberae rei publicae iuris consulti*, 126–127. See Dahlmann, *RE* Suppl. 6 (1935) :1254. 33 ff.

㉖ 请注意 Fabius Pictor(Seckel, E, and B. Kuebler, post P. E. Fuschke, eds. *Iurisprudentia anteiustiniana*. Vol. 1, 2 - 5; Bremer, F. P. , ed. , *Iurisprudentia antehadriana*. Vol. 1 :*Liberae rei publicae iuris consulti*, 9–12) 和 Q. Fabius Maximus Servilianus(公元前 142 年任执政官;Bremer, F. P. ,ed. ,*Iurisprudentia antehadriana*. Vol. 1 :*Liberae rei publicae iuris consulti*, 28) 两人关于大祭司法的著述,还要注意 L. Julius Caesar(公元前 142 年任执政官;Seckel, E, and B. Kuebler, post P. E. Fuschke, eds. *Iurisprudentia anteiustiniana*. Vol. 1 ,46–47, 1 = Bremer, F. P. , ed. ,*Iurisprudentia antehadriana*. Vol. 1 :*Liberae rei publicae iuris consulti*, 106, 1) 写的关于鸟卜的书。可能属于这一时期的作品有《论圣法》(de Iure Sacro) ,作者是某个叫 Manilias 的人(书名有疑问,见 Bremer, F. P. ,ed. ,*Iurisprudentia antehadriana*. Vol. 1 :*Liberae rei publicae iuris consulti*, 107)。西塞罗的年轻朋友 C. Trebatius Testa 写有九卷或十卷本的《论宗教》(de Religionibus) (Seckel, E, and B. Kuebler, post P. E. Fuschke, eds. *Iurisprudentia anteiustiniana*. Vol. 1, 43 - 45; Bremer, F. P. , ed. , *Iurisprudentia antehadriana*. Vol. 1 :*Liberae rei publicae iuris consulti*, 404–406) ,该书对这一体裁做出了重大贡献。

㉗ C. Sempronius Tuditanus(公元前 129 年任执政官) 至少写了 13 卷《论官员》(magistratuum libri)。(Seckel, E, and B. Kuebler, post P. E. Fuschke, eds. *Iurisprudentia anteiustiniana*. Vol. 1, 2 - 5; Bremer, F. P. , ed. , *Iurisprudentia antehadriana*. Vol. 1 :*Liberae rei publicae iuris consulti*, 9–12.) 把《论监察官》(de Censoribus libri) 归于 L. Cassius Hemina (Bremer, F. P. , ed. , *Iurisprudentia antehadriana*. Vol. 1 :*Liberae rei publicae iuris consulti*, 28) 是值得怀疑的。(参见 Cichorius,《大保利古典学百科全书》3. 2[1899] :1724. 6 ff。) 关于 M. Junius Congus Gracchanus 的《论职权》(de Potestatibus) ,参见西塞罗《论法律》3. 49;Nicostratus 的《论应设的元老院》(de Senatu Habendo) (Bremer, F. P. , ed. , *Iurisprudentia antehadriana*. Vol. 1 :*Liberae rei publicae iuris consulti*, 110) 讨论了元老院的程序,正如瓦罗(Varro) 的《致庞培的引言》(εἰσαγωγικός ad Pompeium)。参见 Dahlmann,《大保利古典学百科全书》, Suppl. 6(1935) ,1249. 15 ff。西塞罗的同代人(更年长?) L. Cincius 扩充了这一文献,L. Cincius 还撰写了《论执政官的职权》) (de Consulum Potestate) 以及《论集会》(de Comitiis) 和《论听讼日》(de Fastis) (Seckel, E, and B. Kuebler, post P. E. Fuschke, eds. *Iurisprudentia*

和程序法㉘所代表。

在此语境中,西塞罗撰写的《论法律》让人期待:他以如此风格在写作。因此,他小心地将自己与《论法律》开头的理念保持距离:所以,你想要我干什么? 或者更确切地说,你想怂恿我干什么? 想要我编写有关檐水权和隔墙权问题的小册子? 或者编纂要式口约规则和法庭审判的模式? 这些方面已经有许多人详细地编写过,并且涉及的问题在我看来比你们希望我解决的还要细微(1.14)。自昆图斯·斯凯沃拉之后,就没有法学家担任执政官了,很明显,西塞罗认为这些工作有损他那个等级的人的尊严。㉙他继续澄清说,法学原理(iuris disciplina)出现在他现在的计划中,正如阿提库斯所说,法学原理源自深邃的哲学(ex intima philosophia)(1.17)。然而,这种区分并不彻底,正如马尔库斯为了回应阿提库斯的评论而进一步解释时所引述的话:在对每部法律作出评述之后,就要评论人民的政令和法律(iura et iussa populorum),包括罗马的法律(1.17)。㉚ 事实上,《论法律》与西塞罗在其他地方所表达的关于市

---

anteiustiniana. Vol. 1, 24 – 26; Bremer, F. P. , ed. , *Iurisprudentia antehadriana*. Vol. 1:*Liberae rei publicae iuris consulti*, 252-254)。参见 Wissowa,《大保利古典学百科全书》3. 2 (1899):2555. 24 ff。

㉘ 除了《三部法》(Tripertita)的第三部分,关于诉讼(actiones)的著述也归于 M. Manilius(公元前 149 年任执政官;Seckel, E, and B. Kuebler, post P. E. Fuschke, eds.*Iurisprudentia anteiustiniana*. Vol. 1, 1908, 5 – 6; Bremer, F. P. , ed. , *Iurisprudentia antehadriana*. Vol. 1: *Liberae rei publicae iuris consulti*, 26-27)和 Hostilius(Bremer, F. P. , ed. , *Iurisprudentia antehadriana*. Vol. 1: *Liberae rei publicae iuris consulti*, 40-41)。

㉙ 进一步参见《论法律》1. 14。

㉚ 参见《论法律》2. 46 ff. ,将此处关于宗教法(scared law)计划的执行与结尾部分关于宗教法(leges sacrae)的评论结合起来,对现有或过去的官职法的

民法的观点有着千丝万缕的联系。他因此抱怨说法学家(juriscon-sults)引发了无穷无尽的后果,并指出这些后果属于单一思想(2.47);这和西塞罗对技艺(ars)的追求一致,这套技艺能把市民法从让人眼花缭乱的"种"抽象化为"属",以便于学习(《论演说家》1.185-190)。在《论市民法以科学方式简化》(*de Iure Civili ad Artem Redigendo*)中,这个计划得以实施。㉛

二 《论法律》的结构

1. 成书时间

蒂尔内布(Turnebus)在其《论法律》注释本第250页曾说,《论法律》应该是在克劳狄乌斯(P. Clodius)去世后杀青的,在2.42很清楚地提及了这点,并且西塞罗在内战之前就着手了这项工作,可能是因为有几处提到庞培还活着(1.8;2.6;3.22;3.26),尽管可能与虚构的写作时间而非实际的创作日期有关。无论如何,蒂尔内布的观点长久流传。㉜尽管人们赞成《论法律》主体部分的写作同时或晚于《论共和国》,但是赖岑施泰因(Reitzenstein)尤其在31页认

讨论显然因《莱登全集》(*Leiden corpus*)的原始版本被篡改而丢失了。参见《论法律》3.49。

㉛ 鉴于昆体良的《演说家的培育》12.3.10(Quint. *Inst.* 12.3.10):"马尔库斯开始融合他与任何人的……(M. Tullius···componere aliqua de eo [sc. iure] coeperat···)"这部著作可能从未完成,进一步参见《论法律》1.13。

㉜ 例如,参阅 Conyers Middleton, *The Historry of the Life of M. Tullius Cicero*, 1, London, 1741, 548:"克劳乌斯死后不久,西塞罗似乎就写出了他的《论法律》",并附有对《论法律》2.17(同42-44)的引用。John Chapmann 的《论西塞罗〈论法律〉之书的时代》(*Dissertatio de aetate Ciceronis librorum De Legibus*)

为,西塞罗在处理第一卷和第二卷时,投入了不同的精力(参考对第二卷的引言),并且认为,第一卷写得更晚——在公元前45年的春天之后,接近于西塞罗在《论至善》中写至善(finis bonorum)这部分内容的时间。㉝

西塞罗当然很早就知道安提库斯(Antiochus)关于至善的想法,在《论至善》5.1以下表明了这点,回忆了大约公元前78年他在雅典的学生时光。但是,罗宾逊(E. A. Robinson)比赖岑施泰因走得更远,他把整部《论法律》的日期提前到公元前43年的头三个月。罗宾逊提出的一个观点是,要在西塞罗的全部著述中区分赫拉克利特式(Heraclidean)对话和亚里士多德式(Aristotelian)对话,尽管西塞罗认为"在现代作品中,我沿用了亚里士多德的惯常做法"(Att. 13. 19. 4;29 May 45;更多的内容请查看后面第99条脚注)。例如,西塞罗自己是主要对话者,这并不意味着就是对文风进行编年体上的绝对区分,基于此,在《论老年》和《论友谊》中他回到了赫拉克利特式的对话,但是他的观点并不排斥他带着先于《布鲁图斯》的形式开始他的实验。此外,在公元前43年的头三个月,西塞罗忙着撰写《反腓力》(Philippic)演说词的主体部分,并且为了反对安东尼的阴谋,他活跃在元老院,肯定抽不出时间撰写至少五卷本的《论法律》,《论法律》和《反腓力》演说词之间的联结点可被更合

作为 J. Tunstall 的《致米德尔顿书信集》(*Epistola ad C. Middleton*, Cambridge, 1741)的附录,米德尔顿是一个著名的异议者,理由是《论预言》2. 76(见下述脚注48),以及"赫拉克利特式"和"亚里士多德式"对话体的区分,见下文。

㉝ Reitzenstein, R., "Drei Vermutungen zur Geschichte der römischen Literatur" In P. Jörs, E. Schwartz, and R. Reitzenstein, eds., *Festschrift Theodor Mommsen zum Fünfzigjährigen Doctorjubiläum*, Marburg, 1893, esp. 31.

理地解释为,在《反腓力》中能联想到《论法律》(参考《论法律》
1.23)。

　　施密特(Schmidt)详尽驳斥了赖岑施泰因和罗宾逊的观点,清
晰处理了《论法律》的成书时间问题,㉞关切这个问题的读者应该参
考一下。㉟尽管齐格勒(Ziegler)很熟悉施密特的观点,㊱但在第二
版的弁言中,他尽力补救《论法律》写作时间的后一种假定,依据
是,在《致亲友书》9.2.5.(前46年4月22日)西塞罗展示了其阅读
和撰写理想政制(πολιτεῖαι)和探究习俗与法律(demoribus ac legi-
bus)的计划。但这并不能表明,对公元前46年的《论法律》的所有
修订都在文本中留下了痕迹。㊲并且,《布鲁图斯》第16节中的模

㉞　Peter Lebrecht Schmidt, *Interpretatorische und chronologische Grundfragen
zu Ciceros Werk De Legibus*, Diss. Freiburg, 1959; Peter Lebrecht Schmidt, "Die
Abfassungszeit von Ciceros Schrift über die Gesetze", *Collana di Studi Ciceroniani*
4. Rome, 1969, esp. 259ff.

㉟　Peter Lebrecht Schmidt, "Die Abfassungszeit von Ciceros Schrift über die
Gesetze", 229 ff. 施密特不赞成赖岑施泰因和毕希纳(Büchner)的观点,认为我们
必须假定《论法律》是连续写作,而非第二卷完成在第一卷之前,因为随后各卷都
遵循了1.17中制定的计划。关于第二卷前置的理论,请参见该书的导言;关于赖
岑施泰因认为第一卷是后置创作的观点的索引,参见 Andrew R Dyck, *A commen-
tary on Cicero*, *De legibus*, University of Michigan Press, 2004, p.370, n.111。

㊱　Schmidt, *Interpretatorische und chronologische Grundfragen zu Ciceros Werk
De Legibus*.

㊲　Siegfried Häfner, *Die literarischen Pläne Ciceros*, Diss. ,Munich, Coburg,
1928, p.97,他将这段话与《论法律》联系了起来。亦参考 Erich Kalbe, *Quibus
temporibus M. Tullius Cicero libros De Legibus III scripserit*(Leipzig diss. ;Dresden,
1934),5;Keyes, "De Legibus:Editions, Translations, and Commentaries", 289。
进一步参见 Andrew R Dyck, *A commentary on Cicero*, *De legibus*, p.64, n.31;
Peter Lebrecht Schmidt, "Die Abfassungszeit von Ciceros Schrift über die Ge-
setze", pp.269-272。

糊暗示肯定与《论法律》无关。㊳

西塞罗并没有将他的理论性写作与他的很多政治上的关切相隔绝,他的这些关切渗透进了《论法律》,或者即便没有渗透,《论法律》也讲述了体现这些关切的东西。例如,管理行省时,"马尔库斯"似乎走了一条类似于公元前 52 年的《关于行省的庞培法》的路。㊴ 现在,《论法律》以《论共和国》为前提(《论法律》1. 15, 2. 14),《论共和国》发表于西塞罗就任基里基亚(Cilicia)总督之前,在那之后,作者了解了公众的反应(《致亲友书》8. 14;前 51 年 5 月 24 日)。假如《论法律》撰写或修订是在他任总督之后,那么在《论

㊳ Seremus igitur aliquid tamquam in inculto et derelicto solo etc。(因此,我们将把某物种植在一毛不拔之地,等等。)其中的将来时态似乎指向未来的规划。参见 Peter Lebrecht Schmidt, "Die Abfassungszeit von Ciceros Schrift über die Gesetze", pp. 274-275;进一步参考 Elizabeth Rawson, *Roman Culture and Society: Collected Papers*, Oxford, 1991, pp. 128–129。Alberto Grilli, "Data e senso del De Legibus di Cicerone," *P. P.* 45(1990):175-187, esp. 180-181。这显然是在不了解施密特作品的情况下撰写的,相当难以置信地用《布鲁图斯》的段落来论证说,《论法律》是一个整体,这部书完成于《布鲁图斯》和《图斯库路姆论辩集》第一卷之间。对写作日期的类似假定也出现在同一作者的论文中:"L'idea di stato dal De re publica al De legibus", *Ciceroniana* n. s. 7(1990):249-262。关于《布鲁图斯》16 和《论法律》亦参见下述脚注 50。关于阿提库斯使用的演讲形式作为可能的成书日期标准参见下面论述。

㊴ Giovanni Rotondi, *Leges publicae populi Romani*, Milan, 1912,411-412; T. Robert S. Broughton, *The Magistrates of the Roman Republic*. 2 vols. American Philological Association. Philological Monogtaphs 15. New York, 1951 – Atlanta, 1986, 234. 另一方面,《论法律》可能与庞培作为执政官制定的但后来放弃的编纂罗马法的计划(伊西多尔《原版》5. 1. 5;参见 Bruce W. Frier, *The Rise of the Roman Jurists: Studies in Cicero's pro Caecina*, Princeton, 1985, p. 265)存在联系,但都必须保持缄默。E. Pólay, "Der Kodifikationsplan des Pompeius", *Acta Antiqua* 13 (1965):85-95,他试图将该计划置于政治背景中。

法律》2.33 中应该会提到这点，正如在《论占卜》1.2 中提到过一样："基里基亚、彼西底民族以及他们的近邻潘菲利亚人，我曾管理过这些国家。"但是，有一个关于克劳狄乌斯（App. Claudius）的预言的争论，克劳狄乌斯是前任总督，西塞罗与克劳狄乌斯就职位更替一事进行了详细的、部分是激烈的通信，其中提到了克劳狄乌斯献给西塞罗的关于占卜的书（《致亲友书》3；进一步参见《论法律》2.32）。在过去相当长的时间，克劳狄乌斯及其著作萦绕在西塞罗心头。同样，在《致阿提卡》6.1.18（公元前 50 年 2 月 20 日来自基里基亚），他提及特奥弗拉斯托斯（Theophrastus）和蒂迈欧（Timaeus）之间关于札勒库斯（Zaleucus）是否存在的争议，这也出现在《论法律》2.15。⑩ 最后，在公元前 51 年及其后，"阿提库斯"这几个字经常出现，在《论法律》中"阿提库斯"被用来指代他的朋友蓬波尼乌斯（T. Pomponius）。⑪ 综合考虑，《论法律》似乎最有可能与《论共和国》同时撰写，在基里基亚时，也许西塞罗在构思《论法律》，可能在某种程度上已经开始撰写了，至少，正如在给阿提库斯的信件中所说的那样，他已经在思考著作中所提出的那些问题了。

2. 写作动机和结论

尽管我们有幸能通过参考西塞罗写给阿提库斯的信来追溯西塞罗许多著述的源头，但是，《论法律》的成书时间是公元前 50 年代后期的结论意味着，从公元前 54 年 11 月到公元前 51 年 5 月西塞

⑩　See Reitzenstein, R. , "Drei Vermutungen zur Geschichte der römischen Literatur", 2.

⑪　See Shackleton Bailey, D. R. , *Onomasticon to Cicero's Letters*, Stuttgart-Leipzig, 1995, pp. 26–27.

罗出发前往基里基亚,这之间出现了时间间隔。尽管如此,我们仍能确定一个时间,即西塞罗开始构思《论法律》的组成部分的时间。在西塞罗的兄弟昆图斯的来信中,有证据表明这个时间是公元前54 年 10 月末或 11 月初:

> 《致昆图斯(残篇)》3.5.1-2:
>
> 你们问我在库马洛(Cumano)时开始写的作品现在怎么样了。好吧,我并没有闲着,也没有无所事事,但我已经好几次改变了整个计划和框架。我曾在两部书中呈现了图迪塔努斯(Tuditano)和阿奎利乌斯(Aquilio)执政期间的九天假期中举行的谈话。谈话者包括阿非利加努斯(Africani)(死前不久)、莱利乌斯(Laeli)、菲卢斯(Phili)、马尼乌斯(Manili)、P. 鲁蒂利乌斯(Rutili)、Q. 图贝罗(Tuberonis),以及莱利乌斯的女婿法尼乌斯(Fanni)和斯凯沃拉(Scaevolae)。谈话共分九卷,内容涉及最好的邦法和最好的公民。著作构思得非常顺利,参与者的高官厚禄也为他们的话语增添了份量。但是,当我在图斯库路姆(Tusculano)的撒路斯提乌斯(Sallustio)的听证会上宣读这两部书时,我被一位听众提醒说,倘若我自己能谈论一下共和国,这些问题的处理会更有权威。他说,我毕竟不是庞图斯的赫拉克利德斯(Heraclides Ponticus),而是一名执政官,一名参与过最重要的国家事务的执政官。时间如此久远的人所发表的演说似乎是虚构的。他说,在我早先关于演说理论的著作中,我巧妙地将演说家的谈话与我自己分开,但我把它放到了我亲眼所见的人的口中。最后,亚里士多德关于国家和卓越个体的著作都是以他本人的名义撰写的。

　　这让我感到震惊,尤其是我被禁止触及我们社会中最大的动荡,因为它们发生在对话者的有生之年之后。事实上,这就是我当时的目的,避免在接触到我们自己的时代时引起任何方面的冒犯。现在,在避免这种情况的同时,我将在亲自与您的交谈中说出我自己的想法;不过,我还是会在回到罗马后把我开始写的东西寄给您。我想您会明白,放弃这两本书让我付出了很大的代价。

　　在这个地方,西塞罗说在图斯库路姆庄园为一位听众读两部书《论最好的邦法》和《论最好的公民》(*de optimo statu civitatis et de optimo cive*),这两部书的写作背景是,年轻的阿非利加努斯(Africanus)去世前不久,书中涉及众多对话者,在《论共和国》中他们都是我们所熟悉的西塞罗的朋友。不同的是,正如我们所知,这个《论共和国》的版本不是六卷而是九卷,即九天的对话。它有一个针对每卷的弁言,而非每卷一个弁言,并且没有提及作为对话者的穆弥乌斯(Sp. Mummius)(尽管这可能是因为西塞罗的失察或粗心大意)。但是,西塞罗的朋友撒路斯提乌斯(Sallustius)(不是历史学家)[42]基于西塞罗是执政官而批评了这个《论共和国》的原始版本(Urversion),并且认为,投身于国家最重要的事情的人应该以自己的名义说话,不要通过传声筒(占据如此位置的作者所持有的观点[auctoritas],参见《致亲友书》5.12.7)。西塞罗添加了他自己的观察,即

　　[42]　或许更确切地说,对于卢克莱修的诗作(poemata)而言,西塞罗在《致昆图斯(残篇)》2.10.3(*Q. fr.* 2.10.3)中提到的 *Empedoclea* 的作者就是比较点。参见 Shackleton Bailey ad *Q. fr.* 14.3。有趣的是,西塞罗在这一阶段与此人分担了工作;关于他在此类问题上的做法,参见 Trevor Murphy, "Cicero's First Readers: Epistolary Evidence for the Dissemination of His Works", CQ 48(1998): 492-505。

公元前二世纪的环境会禁止他处理他自己这个时代的事情。西塞罗说,他为了避免得罪人故意这么做,但是现在他改变了自己的想法。他将寄出他的早期手稿,融自己和昆图斯的角色为一体("我将亲自与您交谈"[loquar ipse tecum])。他不愿意放弃早期手稿。

这封信引发了几个彼此竞争的解释。第一个争议点是:什么是西塞罗应该避免的冒犯(offensio)的本质? 第二个争议点是:什么是他现在计划修改的新版本("我将亲自与您交谈")的要点? 在这个文本中,冒犯没有得到解释。昆图斯能自己理解这个问题,这是很明显的事情。几个不同类型的冒犯是可想象的、政治上的和人身性的。公正地处理西塞罗的执政官职位及其流放,这将不可避免地得罪凯撒、庞培和克拉苏同盟中的一方或多方,他们限制西塞罗的政治独立性,并且给西塞罗强加一些让人讨厌的任务,比如为喀宾乌斯(Gabinius)和瓦提尼乌斯(Vatinius)辩护。即便在四十年代,当西塞罗开始认真着手撰写自己时代的历史时——他称之为未刊作品(ἀνέκδοτον),最初只打算让阿提库斯一人阅读——也让人感觉到被冒犯,这不难理解,因为西塞罗必须在当时的演讲者中做出选择,那些没被选中的人会很愤怒。㊸ 另一方面,新想法可能就是马尔库

㊸ 关于 offensio(冒犯)的政治解释,参见 Siegfried Häfner, *Die literarischen Pläne Ciceros*, p. 53, n. 1; Michel Ruch, *Le préambule dans les oeuvres philosophiques de Cicéron. Essai sur la genèse et l'art du dialogue*, Paris, 1958, p. 130; James E. G. Zetzel ed. , *Cicero. De Re Publica*:*Selections*, Cambridge, 1995, p. 4; 反之, Schmidt(*Die Abfassungszeit von Ciceros Schrift über die Gesetze*, pp. 33-41) 认为西塞罗的朋友们都要在他的对话中争夺一席之地,如果被漠视就会感到被冒犯,而让他的兄弟成为唯一的对话者,西塞罗就可以避免这种冒犯。他引用了《致阿提库斯》12. 12. 2(参照《论善恶之极》1-2)、13. 19. 3 以及其他书信,这些书信描述了瓦罗(Varro)渴望参与对话。关于未刊作品(ἀνέκδοτον)或解释

斯和昆图斯之间（"我将亲自与您交谈"）的对话。策泽尔（Zetzel）认为，
这些文字提到了献给昆图斯的弁言，西塞罗把这篇弁言添加在《论共和
国》的后来版本的另一卷的开头了。㊹ 但是，接下来他说道："我会把我
开始写的东西寄给您。我想您会明白，放弃这两本书让我付出了很大
的代价。"假如在这个阶段，西塞罗心中所想的仅仅是增加一篇弁言
献给昆图斯，那么，因为存在抛弃早期版本的可能性而产生愤怒似乎
是不合理的。必须彻底重写《论共和国》，将其改为两个人的对话，他
对此已深思熟虑。㊺ 假如对话者都是家庭成员（参见《论义务》
1.78："我的儿马尔库斯，我可以在你面前吹嘘"；在《论法律》2.41-
42 也出现了阿提库斯，因婚姻关系，他这时是家庭成员），这是能接
受的，在公开评价他的成就、流放和召回时，能让他避免得罪人。㊻

　　把《论共和国》改写为两人对话的计划很快就被抛弃了，但却
以创造性的方式在西塞罗的思考中激发了一个批判性的观点。他
发现需要去超越《论共和国》中的宪制理论和普遍原则，并且需要
设计一个框架，以便对现在和最近的问题作出评述。最终，他既没
有选择他曾深思熟虑的方案——保持《论共和国》的最初计划，也
没有选择在自己和昆图斯之间调换角色。然而他想鱼与熊掌兼得。
《论共和国》被分成六卷而非九卷，在《论法律》中，他添加了一个临
时篇章。《论共和国》在形式上的改变使得篇幅变短，一个决定导

他的分歧（Expositio consiliorum suorum），参见《论法律》1.8。

㊹　James E. G. Zetzel ed. , *Cicero. De Re Publica：Selections*, p. 4,n. 11.

㊺　如前引 Zetzel 所述，这样的对话不如《论共和国》。

㊻　施密特（Schmidt）没有考虑到这种可能性（*Die Abfassungszeit von Cice-ros Schrift über die Gesetze*, pp. 33-41）：他只认为昆图斯是对话者，避免冒犯对话中其他可能活着的参与者。

致了这个变动,即在《论法律》中,通过援引最近的事件,许多计划中的话题能得以更好地讨论。㊼

在《论诸神的本性》第二卷的序言中有一个西塞罗哲学著述的目录,鉴于《论法律》没有入选这个目录,所以西塞罗可能从未出版《论法律》,㊽理由肯定与写这部对话录耗费时间有关。西塞罗解释过,有人提议他写历史著作,但他不能抽出足够的空闲时间来进行系统写作,只能用"业余时间"(subsiciva quaedam tempora:1.9)。始料未及且让人讨厌的出使基里基亚可能妨碍了西塞罗把《论法律》整理为正式形式,正如发生在公元前 44 年下半年的事件带来的压力妨碍了他在《论义务》中增添画龙点睛之笔(summa manus)那样。㊾ 另

㊼　参见 Otto Plasberg, *Cicero in seinen Werken und Briefen*, ed. Wilhelm Ax (Leipzig,1926),114-115:"这种差异[六卷本与九卷本《论共和国》的对比]是否仅仅是书籍的不同划分,还是原卷的一部分被删掉了,我们无法断定。不过,如果是后者,我们可以假定被删减部分的内容已转移到《论法律》一书中了。……我们可以认为,西塞罗是在《论共和国》的第二稿之后开始撰写《论法律》的,或者说,当他回到第一稿(经过上述修改)之后,这本书就成了第二稿的替代品。"Peter Lebrecht Schmidt, "The Original Version of *De Re Publica and De Legibus*", In Powell-North. 2001, pp. 7-16,参见下述脚注 104。

㊽　Gregor Lazic, *Über die Entstehung von Ciceros Schrift "De Legibus"*, Vienna, 1912,18。他怀疑《论诸神的本性》2.76 中的"sed hoc loco plura in alis(但是,我们将在其他地方以更长篇幅讨论后面这点)"是指《论法律》2.32-33,如果属实,这至少表明西塞罗计划在他写《论诸神的本性》时(公元前 44 年春)出版《论法律》。然而,Arthur Stanley Pease ed. and comm.,*M. T. Ciceronis De Divinatione libri duo*, University of Illinois Studies in Language and Literature 6 and 8. Urbana, 1920-1923 (rp. Darmstadt, 1963),这里更倾向于怀疑这是指已遗失的文章《论占卜》(*de Auguriis*),他可能已经在构思该文了(参见 Garbarino, *M. Tulli Ciceronis fragmenta: Ex libris philosophicis*, 1984,29);另见下述脚注 108。

㊾　See Andrew R. Dyck, *A Commentary On Cicero*, De Offciis. Ann Arbor, 1996, pp. 8-10。

一方面,在他总督任期快结束时,罗马陷入凯撒镇压高卢的危机之中,西塞罗先尽力调停,调停失败后,他又要艰难地选择站边。在内战停火的间隙和凯撒独裁之后,政治形势急剧变化,以致以传统的共和国(respublica)为前提的《论法律》将不可能以任何方式修订,更何况受法萨利亚之战(Pharsalia)的波及,他和昆图斯的关系在争吵中破灭。⑤

　　排除在文本传播中所造成的明显丢失,各种内在证据也显示《论法律》尚未完成。最明显的例子是 3.40,与连贯性的论证相比,这节读起来更像一系列的个人观察,因此,这部分可能仍处于粗糙的草稿阶段。《论法律》2.8–13 的论证似乎也存在不融贯之处,在这几节中,西塞罗顺着与第一卷类似的文字,首先发起关于自然之力和法律之力(vis naturaque legis)的讨论,但是后面在 2.9b 就转到

---

　　⑤　因此,很难相信西塞罗在公元前 46 年又开始写《论法律》,正如 Ziegler"De Legibus:Editions, Translations, and Commentaries"第 9 页中认为的。在《布鲁图斯》(46)中 M. 布鲁图斯取代昆图斯成为第三个对话者,也可参见马尔库斯在 1.9 中关于其写作习惯的观点:"重新恢复被打断的工作往往比结束业已开始的工作还要难(…neque tam facile interrupta contexo quam absolvo instituta)。"Pierre Boyance, "L'eloge de la philosophie dans le *De legibus* 1. 58–62", *Ciceroniana* n. s. 2,1975,38; Gustav Adolf Lehmann, *Politische Reformvorschläge in der Krise der späten römischen Republik. Cicero De legibus Ill und Sallusts Sendschreiben an Caesar*, Beitrage zur klassischen Philologie 117, Meisenheim am Glan, 1980,6. 在《布鲁图斯》16 中,西塞罗拒绝把《年鉴》(Liber annalis)献给阿提库斯:"我不能用我仓库里的谷物来报答你;谷物躺在黑暗中,只有我有钥匙,我发现接近它的一切途径都被切断了(…ex conditis, qui iacent in tenebris et ad quos omnis nobis aditus, qui paene solis patuit, obstructus est)。"这通常被认为是对《论法律》的暗示。参见 A. E. Douglas ed. and comm. *M. Tuli Ciceronis Brutus*, Oxford, 1966;Gustav Adolf Lehmann, *Politische Reformvorschläge in der Krise der späten römischen Republik. Cicero De legibus Ill und Sallusts Sendschreiben an Caesar*, 7–8,n. 13 及其文献。

了更偏归纳的方法上,事实上此方法构成了第二卷以下的基本形式(详见 2.8-9a)。那么就可看出,在写作的过程中,西塞罗好像切换了修辞方法。类似的情况也出现在 2.39 和 2.45,他开始时似乎完全同意柏拉图,但是后来出乎意料地修改了这个立场(参见《论法律》2.39-45)。更古怪的是,在 3.33-39 长篇累牍地讨论了表决权,这是基于昆图斯的假定,马尔库斯想保留匿名投票,事实上,他的意思是修改匿名投票制度,这是唯一出现在讨论中的真正立场。此外,在 2.17(你的关于宗教的法律[istas leges de religion])和 2.68(接着他谈到了灵魂不朽[Deinceps dicit eademilla de inmortalitate animorum])存在似是而非的引用:这里确实提到了之前的文本脱漏中佚失的内容(1.57 和 2.53),或许西塞罗想在修订版中澄清?可以推测,如果修订的话,西塞罗会增加相互参照,有时能感受到这个缺憾(参见《论法律》2.26,2.31,2.44,3.16)。最后,第二卷以下和第一卷的计划之间存在基本的融贯性问题,由此可推断,"自然"被用来作为制定法的标准,是考虑到在罗马实践中(在有限程度上涉及古希腊)传统做法通常假定"自然"的那个角色(rôle);但是有人纳闷儿:西塞罗自己是否察觉到这是一个在修订中要处理的问题。

那么,就写作而言,在特定的历史时刻,带着为《论共和国》拾遗补缺之目的,用各种方式(举一个例子,参见《论法律》2.25)——尤其是可增加一些来自晚近事件的结论——无疑能构思和撰写《论法律》。它的前提是存在传统形式的罗马共和国,一旦那种传统的管理形式稍显过时,写作计划就遭抛弃,直到西塞罗去世后,(阿提库斯?[51])才对西塞罗的手稿进行发掘。

---

[51] 参见本文第 8 节。

三 渊源和创见

通过对比西塞罗在 1.14 的用词,可能会发现,早期的法律文献启发了他,但是,正如他的同乡曾期待的那样,罗马法律文献不像希腊那么多。如 2.15b–16,在法律中添加序言的想法来自希腊立法者札勒库斯和卡隆达斯(Charondas),以及柏拉图的《法义》(2.14b)。(52) 从柏拉图那里,西塞罗汲取了这样的思想:针对法律的论著能与针对国家的论著相辅相成,以此方式,政治家和法律解释者们亲自致力于教导公民要举止恰当。尽管受柏拉图所激发,尽管在文学结构上模仿柏拉图(53)——在《论法律》2.45 和 2.67–68 中有对柏拉图《法义》的翻译或意译,也零星散布着对柏拉图的赞美(参见西塞罗《论法律》1.15,2.14,3.1),但是,正如马尔库斯所说(《论法律》2.17),《论法律》的内容在整体上与柏拉图的《法义》大不相同。第一卷的哲学教义是廊下派或廊下派化的;(54)在其他卷中,纯粹罗马制度取代了柏拉图《法义》中的纯粹雅典制度。

西塞罗也完全知道其他几位撰写过法律著作的作家。例如

(52) 参见柏拉图《法义》2.14b;Margareta Benner, *The Eperor Says: Studies in the Rhetorical Style in Edicts of the Early Empire*, Göteborg, 1975, 180–181; Herbert Hunger, Prooinion. "Elemente der byzantinischen Kaiseridee in den Arengen der Urkunden", *Wiener Byzantinistische Studien*, 1 (Vienna, 1964):29 ff.。

(53) 参见本文第 5 节。

(54) 参见本书中针对第一卷的引论。

特奥弗拉斯托斯(Theophrastus)针对这一主题写出了相当可观的著作,[55]西塞罗在讨论札勒库斯的历史时也提到过特奥弗拉斯托斯(《论法律》2.15;F 598C F.)。西塞罗对雅典城邦中对神庙的恶意暴力(ὕβρις)和无耻冒昧(ἀναιδεία)的了解可能要归因于特奥弗拉斯托斯(参见《论法律》2.28),并且对皮塔库斯(Pittacus)的立法的叙述(《论法律》2.66)直接来自特奥弗拉斯托斯,或要借助法勒鲁姆的德米特里。[56] 塞戈狄-马扎卡(Szegedy-Maszak)推测特奥弗拉斯托斯将其《论法律》一分为二,前半部分涵盖宪制的基本要素,后半部分涵盖市民法、刑法和商法,[57]假如塞戈狄-马扎卡的假定是正确的,那么西塞罗就受到了这种组织材料的方法的影响,以至于他把国家团结这个话题放在了优先位置(《论法律》2.69),也就是说,分别在第二卷和第三卷处理宗教和官职法,然后也许会进入法院、刑法和民法的主题。[58] 西塞罗也熟谙法勒鲁姆的德米特里关于立法的著作,也许西塞罗关于早期雅典葬礼实践的知识,包括梭伦立法的知识,也来自法勒鲁姆的德米特里的著作(参见《论法律》2.66)。

法勒鲁姆的德米特里似乎援引过梭伦的禁奢法,并且复兴和更新了这部法律(参见《论法律》2.64)。但是西塞罗诉诸传统(人们要以私人仪式崇敬按传统承继于先辈的神明[2.19.4])的

---

[55]　参见西塞罗《论法律》3.14:"特奥弗拉斯托斯……曾经潜心研究过这个问题(Theophrastus…habitavit…in eo genere rerum)。"

[56]　参见下述及《论法律》2.28。

[57]　Szegedy-Maszak, Andrew. *The Nomoi of Theothrastus*, 82–83.

[58]　参见下述第7节。Elizabeth Rawson(*Roman Culture and Society:Collected Papers*, p.135.n.28)认为:"西塞罗仔细区分了各卷之间的主题(不同于柏拉图《法义》的主题混乱),也许效仿了特奥弗拉斯托斯的组织……"

做法提高了这部法律的重要性(应该继续尊奉先辈们的典仪中最好的方面[2.22.3])。这给第二卷后半部分(第54节以后)留下了信而好古的印象。但文本自身(per se)不能期待这种印象,在第二卷后半部分,西塞罗极力要为规制葬礼和墓碑制定合适的法律——即便随后针对这个问题有立法(参见《论法律》2.54-68),《十二表法》及其评注者在这儿也扮演了主导性角色,马尔库斯、昆图斯和阿提库斯在孩童时期就把《十二表法》烂熟于心(2.59)。对《十二表法》的重视及其评注意味着,西塞罗遵从了早期拉丁语用法的主流解释,例如艾利乌斯(L. Aelius Stilo Praeconinus),2.58-62a直接讨论或通过瓦罗来讨论了这点(鉴于瓦罗的相关著作的出版时间是不确定的,对这个问题必须开放讨论㊾)。

　　简言之,西塞罗全盘采纳了希腊形式——哲学对话体,再用希腊和罗马的精巧混合形成的内容填充了这一形式,这形成了公元前50年代西塞罗对话录的原创性。因此,在《论演说家》中,演说家们最初站在悬铃木之下,这是对柏拉图《斐德若》的环境的模仿,并且修辞体系的基本架构是希腊式的,但是罗马贵族的精神气质赋予对话录以生气,这种精神气质不仅营造了环境、塑造了事例,而且贯穿和决定了整场讨论。㊿ 与此类似,在《论共和国》中,宪制理论是珀

㊾　参见本书对第二卷的讨论;关于 Varro's *de Iure Civili*,参见前述脚注25。

㊿　See Wolf Steidle, "Einflüsse römischen Lebens und Denkens auf Ciceros Schrift De oratore", *MH*9(1952):10–41;Jon Hall, "Social Evasion and Aristocratic Manners in Cicero's De Oratore", *AJPh* 117(1996):95–120.

律比俄斯(Polybius)的版本,⑥¹但是,当这个出现在卓越的罗马人的圈子中时,最后的结局是对罗马共和国的历史发展的赞叹,这种发展超越了珀律比俄斯,并且对维持现实生活中的社会秩序的关切超越了柏拉图。《论法律》和《论演说家》《论共和国》一样,在文风和理论框架上都是希腊式的,⑥²但是第一卷和第二卷提出的具体法律基本上都基于罗马现在和过去的实践。在《论法律》中,西塞罗主要的原创性贡献是,依据希腊理论来评判、筛选和修正第二卷和第三卷中的罗马公法。⑥³

一旦第二卷和第三卷宣示了这些法律,昆图斯就指出这些法律与罗马传统的相似之处。⑥⁴ 但是不能依据字面意义持有上述观点,要在贵族们的(optimate)政治文化的普遍修辞的语境中寻找这种观

---

⑥¹　通过降低变化的不可避免性而修正了这种观点,参见 James E. G. Zetzel ed. ,*Cicero. De Re Publica*:*Selections*,pp. 18–19。

⑥²　关于文风,可参阅本文下述第 5 节。

⑥³　这不是"起草文件的理想,此文件涵盖完整宪制并排除所有其他种类的法律",Clinton Walker Keyes("Original Elements in Cicero's Ideal Constitution".*AJPh* 42(1921):312)认为,思想是《论法律》原创性贡献中最吸引人的元素"。在书面文件的意义上,宪法确立了国家的基本结构,这样的宪法是西塞罗不曾有过的概念。(Clinton Walker Keyes["Original Elements in Cicero's Ideal Constitution",311]认为:"西塞罗的'法律'理想高于西塞罗其他可能早已思索过的法律。"这个看法纯属猜测,缺乏文本支持。)在给国家制定成文基本法这方面,西塞罗明确遵循了柏拉图的示范(《论法律》1. 15,2. 14),要在其他地方寻找他的原创性。——在某些包含若干指导性原则的法律中有让人一眼就留下深刻印象的东西,人们大概能从这些指导性原则中推演出具体情况。参见《论法律》3. 6. 1。——我很感谢 Clifford Ando 帮我构思这段的论证。

⑥⁴　《论法律》2. 23,3. 12;也参见阿提库斯在 2. 62 中的评论。

点的依据,⑥要崇敬祖传习俗(mos maiorum),并且,正如几个地方所示,这就是西塞罗所写的贵族(optimates)的基本含义(《论法律》3.33-39)。

关于宗教,主要创新是:(1)对于违反占卜官的决定的,法律规定了死刑(《论法律》2.21.6);(2)反对不得体的音乐(《论法律》2.22.2,2.38-39);(3)在祭祀中不敬神(《论法律》2.22.8,2.41);(4)把可耕种的土地献给神(《论法律》2.22.8,2.45);(5)(a)对义捐施加限制(《论法律》2.22.4,2.40),(b)对葬礼和坟地的开销施加限制(《论法律》2.22.16,2.62以下)。其中,(2)和(4)很明显受柏拉图启发(参考《论法律》2.22.2、8,2.38-39、45),(5a)与杜绝奢侈(opes amovento)原则一致(《论法律》2.19.1),它源自早期的罗马实践(参考《论法律》2.19.1),希腊法律中有对应制度支持(5b)(《论法律》2.64-66)。另一方面,(1)和(3)规定了反对滥用的惩罚——最近这种滥用愈演愈烈,艾利安和富菲安法(*Aelian and Fufian laws*)尊敬占卜,但西塞罗认为占卜常常被蔑视。在波娜女神(Bona Dea)事件中,克劳狄乌斯被宣告无罪,这显示出缺乏对违背

---

⑥ 众所周知,在我们的文化渊源中,术语贵族(optimates)和好人(boni)的意思变化多端,这取决于作者的立场和意图。参考 Erich S. Gruen, "Review of Burchhardt", *Gnomon* 62(1990):179-181。关于贵族(optimates),参考 Neal Wood, *Cicero's Social and Political Thought*, Berkeley, 1988, 195-197;关于《为色斯提乌斯辩护》97,参见 Andrew M. Riggsby, *Crime and Community in Ciceronian Rome*, Austin, 1999, 93;关于西塞罗对好人(bonus)的使用,参考 Guy Achard, "Pratique rhetorique et ideologie politique dans les discours 'optimates' de Ciceron", *Mnemosyne Suppl.* 68. Leiden, 1981, 365-366。我认为"贵族"就是那些把维持现状和维护元老院的主导角色作为政治目标的人,如果其目标是把时钟拨回到宪法的更早时期,我认为他们是"卓越贵族";在英语中,"极守旧"(archconservative)和"守旧"(conservative)被认为是同义词。

神圣仪式行为的有效惩罚。

对官员进行立法被概括为"从上层加强控制",西塞罗提议强化元老院和监察官的角色,严禁人民大会中的暴动,假如发生暴动的话,禁止对主持官员追责。同时,废止《波奇亚法》(lex Porcia)增强了官员们的强权,因为《波奇亚法》反对鞭刑;禁止诉诸(provocatio)军事也增强了官员们的强权(《论法律》3.6.2,3.4);西塞罗也想修改投票法以便于"贵族了解"选票内容(《论法律》3.10.6)。元老院是一个排除了财政官(quaestors)的精英团体,是一个独立的立法机构,它颁布的法令无需民众大会的批准(元老院的决议具有法律权威;《论法律》3.10.3)。元老院,而非执政官,能任命独裁官来处理军事危机或内乱(但是独裁官的任期限制是六个月),因此,在处理元老院最终决定的问题时,排除了执政官的行动(《论法律》3.9.2)。这些改革的渊源来自罗马传统。排除财政官(quaestors)和限制独裁官的任期恢复了苏拉之前的状况,加强元老院的立法权限是走回头路——回到公元前339年的《关于生育的布利里法》(lex Publilia de partum auctoritate)。对首任独裁官法拉库斯(T. Larcius Flavus)的任命有几种渊源,这几种渊源提出了一个解释,就是所任命的独裁官不仅可以处理军事事务而且能处理国内危机(参见《论法律》3.9.2)。西塞罗倾向于认为"最古老的"与"最好的"等同(《论法律》2.40),并且,他的改革在总体上旨在恢复制裁,并通过之前未规定的制裁⑯来稳定罗马公共生活的早期状态,尽管在少数情况下他会寻求希腊法的帮助来填补他认为存在漏洞的地

---

⑯ 不服从占卜官的决定要被判处死刑(2.21.6);主持会议的官员对职权(vis)负责(3.11.3—5)。

方(在类比了法律的守护官[νομοφύλακες]之后,对监察官的职权进行了论证[《论法律》3.46-47];禁止建奢侈坟墓[《论法律》2.62ff.])。其结果是把原创看作一类纯化了的传统,也为此类传统提供了保护自己的有力武器。

四 《论法律》和政治

学者们很难发现《论法律》中的政治观点所处的正确语境。因此,凯斯(Keyes)在《西塞罗理想政制的原创性要素》(1921年)一文中,在不援引西塞罗观点背后的任何正式经验的情况下,把第三卷的改革看作为了加强某些政府机关的权力而进行的纯粹理论上的操练。另一方面,哥泽尔(Gelzer)在写《西塞罗传》时不了解施密特针对成书时间所作的研究(参见上文第2节),在1969年出版的《西塞罗传》中,⑥⑦把《论法律》放错了地方——放在了公元前46年的塔普苏斯战役(Thapsus)之后。米西尔(Mitchell)于1991年出版《西塞罗:德高望重的政治家》,⑥⑧书中有一章叫"公元前63年的政治背后的政治理想",在此章中米西尔把《论法律》和《论演说家》《论共和国》放在一块讨论了,并且通过精心安排论证得出结论:"没有事情与公元前63年的框架和目标有出入"⑥⑨——这是一种奇怪的反历史的方法。事实上,西塞罗从公元前五十年代的经验中给罗马总

---

⑥⑦ Matthias Gelzer, *Cicero. Ein biographischer Versuch*, Wiesbaden, 1969, 273.

⑥⑧ Thomas N. Mitchell, *Cicero, the Senior Statesman*, New Haven-London, 1991.

⑥⑨ Thomas N. Mitchell, *Cicero, the Senior Statesman*, 62.

结提炼了经验教训,依据施密特针对成书时间所作的研究,可认为
《论法律》体现了这些经验教训。⑩

假如公元前五十年代对罗马政治而言是波涛汹涌的十年,那
么,对西塞罗而言,这是一段苦闷的不满时光和让人羞辱的流放岁
月。他被召回的快乐弥补了这些不满和羞辱,即便不考虑他重获重
权,在喀提琳娜阴谋的余波之后他也很开心。在这十年的大部分时
光中若隐若现的是他讨厌的敌人克劳狄乌斯。公元前61年克劳狄
乌斯冒犯了波娜女神的祭祀礼仪,⑪为了在审判克劳狄乌斯时驳斥
他的不在场证据,西塞罗决定以演说家的身份复仇。通过巨额行
贿,克劳狄乌斯躲过了被定罪,转罪于平民,并继续把暴力变成"政

----

⑩　这个方法也贯穿在 Mehl 的博士论文中,在这篇博士论文出版前我
曾拜读过,在第一章中读者将发现一个极好的针对五十年代的政治观点的评
述,也有大量其他的观点。尽管人们能期待西塞罗想借五十年代的事件削减
执政官的权力,但事实上,Mehl 夸大了西塞罗干事的程度(David Duane Me-
hl, *Comprehending Cicero's De Legibus*, Diss. , University of Virginia, 1999, 225
ff.):西塞罗褫夺了执政官设置独裁者的权力,但是自从汉尼拔战争之后这
项权力就没有行使过,西塞罗还普遍增加了官员们的管制(coercitio)权,废除
了《波尔其亚法》(Leges Porciae)。参见《论法律》3.6.2 和 3.9.2。此外,尽
管《论法律》1.37 说 ad respublicas firmandas…omnis nostra pergit oratio(我们
演讲是为了……巩固国家;也参见《论法律》2.35),但是 Mehl 依然(错误地)
假定"西塞罗在心里确定只有罗马共和国"(David Duane Mehl, *Comprehen-
ding Cicero's De Legibus*, p.10)。西塞罗对罗马国家的自我认同减弱了 Mehl
的分析的力度。

⑪　Herbert Benner, *Die Politik des P. Clodius Pulcher. Untersuchungen zur
Denaturierung des Clientelwesens in der ausgehenden römischen Republik*, Historia
Einzelschriften 50, Stuttgart, 1987,39. 这里提出了一个问题:为了找到反驳西
塞罗的理由,克劳狄乌斯是否故意在他的不在场证据中把西塞罗牵涉进来?
参见《论法律》3.21。

治武器库中的标准武器"。⑫ 除了流放西塞罗外,克劳狄乌斯还采取了其他措施,包括限制艾利安－富菲安法(Aelian Fufian)适用在人民大会上的对不祥征兆报告的颂扬问题上⑬——一种贵族精英实施控制的定期颂扬方法,还有削弱监察官的权力,监察官必须出席公开听证,并且任何人的公民身份发生变化时,都要明确赞同。⑭有些西塞罗提出的重要改革被看作是直接回应克劳狄乌斯的策略。⑮

现在很明确的是,因为《论法律》设定的背景不是遥远的过去,而是现在甚至是将来(以《论共和国》的出版为前提),所以,与西塞罗处理公元前五十年代的其他事件的公共努力存在主题重叠,例如归来后的系列演说(post reditum speeches)。在宽泛的意义上,这里采用的术语包括了很多演说,从《归来后在元老院的演说》

⑫　A. W. Lintott, *Violence in Republican Rome*, Oxford, 1968,193; See Wilfried Nippel, *Public Order in Ancient Rome*, Cambridge, 1995,47 ff.

⑬　参见 Herbert Benner, *Die Politik des P. Clodius Pulcher*, p. 51; W. Jeffrey Tatum(*The Patrician Tribune: Publius Clodius Pulcher*, Chapel Hill－London, 1999,125 ff.)认为"克劳狄乌斯的法案仅仅汇编整理成公共法,事实上,此公共法就是合法的占卜理论",例如,必须以私人身份宣布不祥的鸟卜征兆,且仅仅宣告看天空(de caelo servasse)不足以解散人民大会。T. N. Mitchell, "The Leges Clodiae and Obnuntiatio", *CQ* 36 (1986),172-176;进一步参见 2.14a。

⑭　Alan E. Astin, Regimen morum, *JRS* 78, 14－34, 1988, 20, n. 25; A. E. Astin, "Censorships in the Late Republic", *Historia* 34 (1985): 187－188; W. Jeffrey Tatum, *The Patrician Tribune: Publius Clodius Pulcher*, Chapel Hill－London, 1999,133-135; W. Jeffrey Tatum, *The Lex Clodia de Censoria Notione*, *CPh* 85,34-43,1990.

⑮　参见下文。

（*Red. Sen.*）到《为米洛辩护》（*Mil*）。⑦ 在这些演说中，西塞罗对克劳狄乌斯违反艾利安-富菲安法的行为表达了不满（在不祥征兆的事件上，主张暂停人民大会），也对克劳狄乌斯限制监察官的权力表达了不满，⑦ 在旨在强化占卜官（2.21.1-6，2.31-33）和监察官（3.7.3，11.13-14、46-47）的权力的立法中能发现与上述限制相对立的地方。另有一个话题在《归来后在元老院的演说》第 29 节中已表达过，并且在《论他的家宅》（*Dom.*）第 43 节又带着愤怒重述了一遍，即，把克劳狄乌斯反对西塞罗的法律解释为特别法（privilegium）。法律的意图充满争议，西塞罗的解释并非不可避免。⑦ 但是在任何情形中，西塞罗都坚信他的解释，坚持他的陈词。没有证据能证实这些情形，且这些情形也被现代学者广泛怀疑。依据《十二

---

⑦ 参见 A. R. Dyck, Narrative Obfuscation, "Philosophical *Topoi*, and Tragic Patterning in Cicero's *Pro Milone*", *HSPh* 98(1998):240 及脚注 95。

⑦ 《归来后在元老院的演说》11;《论脏卜官的回应》5.8;《反皮索》9-10。

⑦ 应该澄清的是，西塞罗提及克劳狄乌斯反对他的第二部法律《流放西塞罗的克劳狄乌斯法》（lex Clodia de exilio Ciceronis），在西塞罗依据《逮捕罗马公民的克劳狄乌斯法》（lex Clodia de capite civis Romani）逃跑之后，前面那部法律就通过了。参见《致阿提库斯》3.15.5; Wilhelm Sternkopf, "Über die 'Verbesserung' des Clodianischen Gesetzentwurfes de exilio Ciceronis", *Philologus* 59(1900),273-274; W. Jeffrey Tatum, *The Patrician Tribune*: *Publius Clodius Pulcher*, 156-157; A. H. J. Greenidge, *The Legal Procedure of Cicero's Time*, Oxford, 1901,363。他解释了法律问题："难题是技术上的，假如某人为了逃避起诉而流放了，但是从未被正式起诉过——褫夺公民权的法案是否可以为了反对他而通过。这是一个我们没法解决的难题，但是至少可能的是，保民官通过的年度法案涵盖了关于这些人的案件，很明显这些人为了避免被起诉而寻求流放。"John Nicholson, *Cicero's Return from Exile*: *The Orations Post reditum*, New York, 1992,30-31。

表法》,特别法(privilegia)是非法的,并且他把反对特别法(privile-gia)的法律放在他自己的法律即《论法律》中(3. 11. 9,3. 44)。最重要的是,正如西塞罗在归来后的系列演说中所做的那样(《论法律》2. 41-42;《归来后在元老院的演说》23;《为米洛辩护》83-91),他把克劳狄乌斯的生和死、他自己的流放、宣布刑罚的道德谎言以及美德回报都放在了《论法律》中。因此,尽管人们会期待《论法律》表现出更强的哲学上的超然态度,但在事实上,令人诧异的是,对《论法律》的政治评注与归来后的系列演说词在声调和内容上都相似。[79]

在政治性评述中,西塞罗小心谨慎地采取了折中立场。在提出宪法的末尾,西塞罗认为,需要这些措施确保适度混合(tempera-tio),这个术语是最初适度混合(genus temperatum)的怀旧版,最初适度混合是斯基皮奥在《论共和国》(3. 12,1. 69,2. 65)中所推荐的混合政制。因此,基于他对希腊和罗马宪制史的阅读,西塞罗并不提倡把时间倒退到保民官出现之前。尽管西塞罗在论证一开始好像完全反对保民官,但最后,昆图斯主张这个官职的弱苏拉版,而非从公元前七十年代就实践着的版本——当时庞培恢复了他的权力。[80] 然而,有人把执政官不受约束的权力看作是呼吁专制,马尔库斯认为此观点过于极端而拒斥之。换言之,西塞罗为了避免扰乱

---

[79]　关于从《演说词》到《论法律》的连续性,参见 David Duane Mehl, *Comprehending Cicero's De Legibus*, 200。五十年代的信件中的类似主题,参考 David Duane Mehl, *Comprehending Cicero's De Legibus*, 11 ff. 。

[80]　参考《论法律》3. 19b-22。针对"昆图斯", Josef Lengle 下了一个类似的结论。Josef Lengle, *Römisches Strafrecht bei Cicero und den Historikern*, Leipzig-Berlin, 1934,25.

和谐秩序(concordia ordinum)而煞费苦心,从他担任执政官时起,秩序和谐就是西塞罗的名言金句。㉘ 同样地,西塞罗并非在保民官制度中发现了问题(参见《论法律》3.25)——毕竟公元前 57 年友善的保民官带头推动了西塞罗从流放中返回——但是,他所提议的其中一部法律禁止了人民大会中的暴动(3.11.3)。

假如"昆图斯"在对话中代表了卓越的贵族,其职责是恭敬地聆听一些尽管他不赞同的言论,那么克劳狄乌斯则总是谴责这位保持沉默的人(tacito nomine),克劳狄乌斯被描述为政治光谱的另一反面极端。除"马尔库斯"外,在《论法律》中所发现的中间立场的代表就是法勒鲁姆的德米特里,西塞罗极富感情地描写了法勒鲁姆的德米特里:

> 因此,正如你们所知道的,德米特里不仅是一个学识渊博的人,而且是一个对国家做出杰出贡献、对管理国家具有丰富经验的人。(《论法律》2.66)。

在另一段中,西塞罗这样描述法勒鲁姆的德米特里:他把学识从幽暗中引出并且把闲暇引入危机和战斗(in ipsum discrimen aciemque;《论法律》3.14)。西塞罗还把德米特里描述为政治家和学识卓越之士,并提出了意味深长的问题:其他人是否能兼具这种能

㉘ 参考《拉丁辞海》"和谐"词条(*TLL* s. v. concordia 84. 20 ff.)、"秩序"词条(s. v. ordo 962. 48 ff.);Guy Achard, *Pratique thetorique et ideologiepolitique dans les discours "optimates" de Ciceron*, Mnemosyne Suppl, 68, Leiden, 1981, 73。且一般来说可参考 Hermann Strasburger, *Concordia Ordinum*, *Eine Untersuchung zur Politik Ciceros*, Amsterdam, 1956。

力? 阿提库斯对此作了回应,好像在暗示三位对话者的其中一位确
能兼具这种能力。西塞罗在这里的策略很明显,正如普鲁塔克所评
述的那样,假如某人表扬的不是他自己,而是另一个具有相同品质
的人,那么就能缓解对自吹自擂的厌恶(de laude ipsius[关于自吹
自擂,参见普鲁塔克《道德集》542c])。很明显,普鲁塔克的考量
构成了西塞罗在这里和其他地方暗指德米特里的基础(详见《论
法律》3.14)。在任何情况下,西塞罗在政治家中所搜寻的东西在
《论法律》中都很清晰,不亚于在《论演说家》和《论共和国》中,那
就是致力于安排公共事务的能力(eruditio)。正如波伦茨(Pohle-
nz)已经暗示过的,需要把这三部著作作为整体阅读。[82]

 《论法律》中体现在立法上简洁有力的政治箴言是"对坏事行
否决权者应被视为有益的市民"(intercessor rei malae salutaris civis
esto)(3.11.6)。在文本中,这句话涉及调和同等权力的官员或调
和比人民大会的主持者的权威更大的官员。但是在更大的比喻意
义上,可以把西塞罗在《论法律》中的研究看作"对坏事行使否决
权",其目的是阻止克劳狄乌斯的策略获得支持,在《论义务》中西
塞罗斥责凯撒的独裁且想方设法驳倒任何想模仿之人的依据,就是
后一种情况。西塞罗如此费心费力,是希望被认为是"有益的市
民"(salutaris civis),即一个捍卫国家福祉(健康[salus])的公民,正

---

[82] See Max Pohlenz, "Der Eingang von Ciceros Gesetzen", *Philologus* 93,
1938,126 = *Kleine Schriften*, Ed., Heinrich Dörrie, Hildesheim, 1965, Vol., 2,
p. 434. Friedrich Klingner 精心发展了这个想法。Friedrich Klingner, *Römische
Geisteswelt*, 5th ed., Munich, 1965,133-140;David Duane Mehl(*Comprehending
Cicero's De Legibus*, esp. 274-278)勾勒出了一些联系点,尽管他把太多的"明理
之士"解读到了《论法律》第二卷的占卜中,把太多的柏拉图解读到了《论法
律》第二卷的监察官中。

如他曾和喀提琳娜作斗争那样,或者类似地,他希望被认为是一个热爱祖国的(e republic[2.66])公民,正如他对德米特里的评价那样。(详见《论法律》3.8.2)

关于《论法律》与政治之关系的最后问题是这条方案的预期用途是什么,是为了在可预见的将来在罗马被采纳,或是怀着一个更模糊的期待在政治上行善事? 最近论文中的研习者持有这两种观点(参见《论法律》2.14b)。

像吉拉德特(Girardet)那样,[83]这些学者相信西塞罗的目标是获得最直接的政治效果,特别是在1.37的这句话中得以彰显:"我们所有的对话是为了……巩固共和国。"但是,在这个文本中,基于逐条的性质使然(articulatim distinct<que>[一部分一部分地讨论])(《论法律》1.36),有了一个不懈地讨论法(ius)的理由。这意味着要努力阐释对法(ius)的恰当理解,并且西塞罗确实在不懈地论证法(ius)应该被看作是独立于私人利益之外的东西。那么,西塞罗的解释将引导人们尊重法(ius),并且在这个意义上有助于强化和稳固政治体。西塞罗无需思考第二卷和第三卷提出的具体法律的制定问题。

事实上,2.14对比了两类立法者:札勒库斯和卡隆达斯是一类,柏拉图是另一类。前者是为了国家(reipublicae cause)而立法,后者被暗指出于热情和快乐(studi et delectationis…cause)而立法。很明显,西塞罗没有认真对待苏格拉底的反讽,苏格拉底认为,无论

---

[83] Klaus M Girardet, "Die Ordnung der Welt. EinBeitrag zur philosophischen und politischen Interpretation von Ciceros Schrift De Legibus", *Historia Einzelschriften* 42,Wiesbaden,1983,9–11 and 164 ff.

是在悠远无际的过去还是异国他乡,人们都会采纳他的宪制(《理想国》499c–d)。当然,此时的柏拉图在《论法律》中是西塞罗的效仿对象(《论法律》1.15,2.14)。因此,似乎很清楚的是,像柏拉图出于热情和快乐那样,西塞罗也出于热情和快乐提出了自己的法律。有人认为西塞罗在心里立即接受了柏拉图的提议,但是这个观点遭到了马尔库斯的批评,在《论法律》3.29马尔库斯说:"要知道,我们谈论的不是关于现在的元老院,也不是关于现在组成它的人,而是关于将来的人——如果确实有人愿意服从这些法律的话。"由此在隐约的未来通过法律,那时将存在更好的愿意服从这些法律的人。尽管前提条件并没有继续存在,但以这种寄托于未来的方式,西塞罗极力避免了把他的法律与当今现实过于紧密地加以比较。(进一步参见《论法律》3.29)

昆图斯要求讲授"生活的法则和理论(leges vivendi et disciplina)"(《论法律》1.57),为了满足昆图斯的要求,西塞罗提供了一个文本。通过法律的序曲(《论法律》2.15b–16),该文本把第一原则教授给人们。这个序曲包含法律之内的一般的行为原则(例如"合法地进行合法的战争"[duella iusta iuste gerunto];《论法律》3.9.4)。为了说明他所评述的单个法律,西塞罗也提供了案例。这些特色之处说明,西塞罗的关注点并不在于具体条款的制定,而在于教导人们对法律(见上述1.37的提议)、对神和对官员的态度,以及官员对公民的态度。[84] 在宽泛的意义上,而非在狭隘的通常意义上,可以说,《论法律》中的教导性意涵体现了一项政治计划。

----

[84]　关于后两点,参考《论法律》3.5。

五 场景及虚构的日期

假如西塞罗把分开写《论共和国》和《论法律》的想法归因于柏拉图(《论法律》1.15,2.14),那么他也应把大量启发封闭性框架(the enclosing frame)的灵感归因于柏拉图,这些封闭性框架也许是所有西塞罗对话录中最具吸引力的东西。但是,来自柏拉图《法义》中的话题没有来自《斐德若》中的多。可以肯定的是,《论法律》的场景从雅典城外移到了意大利境内,并且靠近西塞罗的故乡阿尔皮鲁斯(Arpinum)。在西塞罗的"人格化"场景中,这是第 步。正如苏格拉底提议要和斐德若要沿着伊利苏斯(Ilissus)河行进(229a)那样,这里阿提库斯建议沿着菲布努斯(Fibrenus)河行进(《论法律》1.14;在 2.1 中才给那条河取名)。像斐德若把悬铃木作为他和苏格拉底歇脚的地方那样(229a),⑧阿提库斯提议把菲布努斯河中的岛屿作为歇息之后继续谈话的怡人之地(《论法律》2.1);与苏格拉底对话中的典型场景体育场(palaestra)相对应,他们将占着那个岛屿(参见《论法律》2.6)。书中甚至提到了苏格拉底用他的脚试探水,而在利瑞斯河(Liris)的相关情形中,阿提库斯不太愿意用脚试水(《论法律》2.6,《斐德若》230b)。

除了这些场景细节之外,第一卷对话的早期进程以其他方式从《斐德若》中借用了线索。在这里,西塞罗树立了一个通过自然环境激发知识难题的典范。斐德若问苏格拉底,他们现在经过的地方

---

⑧ 在《论演说家》1.28-29,有一个关于在悬铃木下对话的回忆,增加了上层罗马人的高雅的坐垫。

是否就是北风神(Boreas)拐走奥里蒂亚(Orithyia)的地方,斐德若解释说,他从清澈诱人的水中推断出了这点,这样的水适合姑娘玩耍(《斐德若》229b)。类似地,阿提库斯公开询问这株橡树是否就是他在西塞罗的史诗《马略》中所读到的那株橡树,由此引发了著名的人文艺术品的身份问题,阿提库斯从它的年龄做出了推断(因为这棵树相当苍老;《论法律》1.1)。苏格拉底回答说不是,故事发生的地点通过北风神的神坛而被纪念,它有两个或三个大型运动场那么大,然后斐德若打破砂锅问到底,问苏格拉底是否相信故事的历史性(《斐德若》229c),苏格拉底给出了一个合理的解释,诸如智者(σοφοί)提出问题但不承诺提供答案,为了恰当地观察这件事,他需要更多的闲暇(σχολή),他没空涉猎陌生领域(ἀλλότρια),因为他还没有达到了解自己的地步(《斐德若》229c-230a)。在西塞罗这里,斐德若的两个问题被合为一个,橡树的身份暗含着故事的历史性,阿提库斯穷追不舍,但未得到任何清晰的回答。尤其考虑到马尔库斯是《马略》的作者这一身份,像在柏拉图的对话录中一样,一场双人(two-person)的对话更自然。昆图斯而非马尔库斯首先回答了阿提库斯,这有点别扭。现在,马尔库斯很难说他没有时间考查"马略橡树"的历史,就像苏格拉底所讲述的奥里蒂亚被拐的故事那样。当昆图斯从马尔库斯的例子中总结了原则,把握了和诗歌不同的历史的"法则"(law)的时候,阿提库斯就把讨论转移到马尔库斯可能撰写历史的问题上了(《论法律》1.5-7)。马尔库斯对这个问题的回答模仿了苏格拉底,抱怨缺乏空闲,尽管占据马尔库斯时间的不是试图了解自己,而是"工作"(司法工作)。

因此,西塞罗采用了一个显而易见的柏拉图式的结构,通过调换场景和调整谈论的话题,他创作了一部完全罗马化的作品。正如作品所述,历史取代了神话,西塞罗取代苏格拉底成为回答问题的那个人,西塞罗充满潜力的文学活动取代了苏格拉底充满潜力的智识活动。在这点上被忽略的是颇具特色的"认识你自己"计划。但直至书的末尾才讨论了这个话题。"认识你自己"被认为是智慧(sapientia),为了符合哲学的"部分",人们分阶段地寻觅智慧,并且西塞罗还增加了私人性的坦白,表达了对哲学的亏欠(《论法律》1.58–63)。即便如此,相对于读者的最初怀疑,西塞罗终归更像苏格拉底。

《论法律》和柏拉图的《法义》之间也存在一些文本交互(intertextual)。可以非常清晰地把马尔库斯向其同伴提出的路径与柏拉图的《法义》中的对话者的路径进行对比(《论法律》1.15;《法义》625a–b)。阿提库斯援引柏拉图的《法义》作为先例,他期待马尔库斯也在做的那类事情。在第五卷的残篇中,(阿提库斯?)所推荐的场景发生了变化——在高大的杨树的浓荫下乘凉,这也让人想起了柏拉图的《法义》中的段落(625b4:高高的树林[ἐν τοῖς ὑψηλοῖς δένδρεσιν])。

西塞罗选择把《论法律》的场景设定在其老家阿尔皮鲁斯的乡间是有优势的,人们都知道阿尔皮鲁斯,能带着感激之情生动地描述那儿。这是对他自己的根的尊敬,但不是幼稚的尊敬。这是精心设计的结果,用来引出(第一卷的)对话主题,用来确定某种对市政当局(municipalis)的忠诚,用来提出一个合适的匹配物,从而与柏拉图的对话录中的场景相呼应(第二卷;参见《论法律》2.5–6)。

在西塞罗的对话录中,《论法律》是独特的,它包含的时间节点

（chronological point）是不固定的，⑧这被认为有可能是有部分内容佚失了，或者是被事后添加的。可以确定的是，在苏皮尔基乌斯（Servius Sulpicius）和庞培去世之前，西塞罗就构思了《论法律》，因为《论法律》提到他俩还活着（《论法律》1.8，1.17，2.6，3.22，3.26）。另一方面，这应该发生在公元前 58 年 9 月之后，因为阿提库斯的叔叔凯基利乌斯（Q. Caecilius）在这个时间去世（奈波斯《致阿提库斯》13.2；西塞罗《致阿提库斯》3.20.1），阿提库斯继承了塔姆菲力阿娜老宅（domus Tamphiliana）（《论法律》1.3）。此外，更接近的一个时间点（termini）是公元前 53 或前 52 年，这一年西塞罗被选进占卜官委员会接替克拉苏（P. Crassus）。在卡莱尔（Carrhae）械斗中克拉苏牺牲了（在 3.32，阿提库斯提到了马尔库斯的委员会资格）。克劳狄乌斯于公元前 52 年 1 月 18 日在伯维拉耶（Bovillae）被杀（2.42 也提到过他的死亡），他的追随者被打败或驱散（distracti ac dissipati）（2.42 及其注解），这种描述符合事件结果。作者在撰写《论法律》时可能立足于未来进行了构思，因为其中预设了《论共和国》的出版（公元前 51 年 4 月）（《论法律》1.15，1.21）。依据几个援引也可认定成书时间不超过公元前五十年代：西塞罗的流放被看作近在眼前的事件（《论法律》2.41），并且他因为"工作"占用时间而没有写历史著作，此"工作"确定是司法工作（《论法律》1.8），这对应于公元前五十年代，而不是之后的岁月。但我认为，西塞罗在《论诸神的本性》1.2 提到了治理基里基亚，人们也可期待在《论法律》2.33 中提及这点（一个可以指明构思时间的证据，参见本文

---

⑧　Michel Ruch, *Le préambule dans les oeuvres philosophiques de Cicéron. Essai sur la genèse et l'art du dialogue*, 252.

第 2 节),但《论法律》保持沉默了,这是一个沉默的论据,但我认为该论据相当有说服力。

六 参与的人物[87]

这不是一个全面评述西塞罗的朋友阿提库斯(T. Pomponius Atticus)生平的地方。[88]《论法律》展现了西塞罗在其对话录中首次刻画阿提库斯的努力。在《布鲁图斯》(公元前 46 年)中,阿提库斯也成为对话者之一。早在公元前 45 年 7 月,在《学园派之书》(Academici Libri)的修订版中,西塞罗就想把阿提库斯作为对话者,并得到承诺(《致阿提库斯》13.22.1)。[89] 阿提库斯也是《论老年》和《论友谊》的受敬献人。在政治对话录中扮演角色并且事实上还要决定所持有的政治观点(《论法律》3.26,3.37),[90]人们好奇小心谨慎的人会有什么样的反应。假如西塞罗提出了这个问题,朋友们在公元

---

[87] 一般来说,参见 Schmidt Peter Lebrecht, *Interpretatorische und chronologische Grundfragen zu Cicero Werk De Legibus*, 170-172, n. 1。关于日期的观点,参见 Peter Lebrecht Schmidt, "Die Abfassungszeit zvon Ciceros Schrift über die Gesetze", 53-69; Auguste Haury, *L'ironie et l'humour chez Ciceron*, Leiden, 1955, 162-164。

[88] D. R. Shackleton Bailey, *Onomasticon to Cicero's Letters*, Stuttgart-Leipzig, 1995, Att. 1, 5-58; Olaf Perlwitz, *Titus Pomponius Atticus: Untersuchungen zur Person eines einflussreichen Ritters in der ausgehenden römischen Republk*, Hermes Einzelschriften 58, Stuttgart, 1992; R. Feger, RE Suppl. 8(1956):503. 27 ff.

[89] See Peter Lebrecht Schmidt, "Die Abfassungszeit zvon Ciceros Schrift über die Gesetze", 63-64.

[90] 然而,参见奈波斯《致阿提库斯》6.1: in re publica ita est versatus ut semper optimarum partium et esset et existimaretur(在公共事务中,他言谈举止好像总是在或被认为是在圣贤之侧)。

前54年11月的反应和公元前51年5月西塞罗出发前往基里基亚时的反应之间的差异,将使得我们不能回答这个问题。

在任何情况下,阿提库斯都是这篇对话的调和者与推动者,倘若没有阿提库斯,对话肯定会很困难。西塞罗对话录中的常见模式是,年轻人或不太著名的人物造访德高望重的政治家的豪宅,并请年长者就一些设定的话题详述其观点,在表现出为难之后,年长者开始陈述其观点。⑨ 鉴于《论演说家》和《论共和国》设定的人物过多,《论法律》把人数减为三人,预示了绝大多数后期对话录的写作技巧。⑨ 在经济原则之下,阿提库斯担任了提问者的角色,这是苏皮尔基乌斯和科塔(Cotta)在《论演说家》中的角色,或者莱利乌斯(Laelius)在《论共和国》中的角色。因此,在对话录的开头,阿提库斯就安排了话题,事实上,好多话题逐渐成为对话录的核心主题:首先是西塞罗的《马略》所提及的橡树的身份问题,然后是西塞罗著述历史的可能性,最后是市民法(ius civile)——人们都同意,应该从和柏拉图《法义》相类比而来的哲学视角来研究市民法(《论法律》1.1–16)。此外,幽默诙谐地提及自然环境构成某种牵引,使得讨论顺其自然发展,而不是转变为对话录《论诸神的本性》(De Natura Deorum)(《论法律》1.21),阿提库斯同意这点。一旦对话开

---

⑨ See M. Griffin, "The Composition of the Academica: Motives and Versions" in Inwood, Brad, and Jaap Mansfeld, eds., *Assentand Argument: Studies in Cicero's Academic Books*, Proceedings of the 7th Symposium Hellenisticum, Leiden, 1997, 18–20.

⑨ 即《布鲁图斯》《学园派之书》《论老年》和《论友谊》,再加上《论诸神的本性》。在《论诸神的本性》中,尽管出现了西塞罗,但其注定是一幅愚钝的面孔(κωφόν πρόσωπον)。在《论占卜》和《论命运》中仍然进一步贯彻执行精简人物的策略,各出现了两位对话者。

启,阿提库斯就担任调停人的角色。同样地,在关键点上,他操纵对话朝特定方向发展,(《论法律》2.5,2.24,2.32),他目光犀利,紧盯论证的融贯性,必要时要求澄清论证(《论法律》1.1,1.4,1.22,1.63,1.33),为论证做总结(《论法律》1.17,1.35),并就它们的性质和结论做出评论(《论法律》1.28,1.45,1.62)。在 2.1 中,阿提库斯担任阶段主导者的角色并为对话者选择坐下来歇息的地方提供建议。可以确定的是,出于曲折变化的缘故,他必须时不时和昆图斯共同承担责任。[93]

阿提库斯具有提出话题、为论证设定框架和结构以及提供解释线索等功能,但在这些功能之外,阿提库斯的出场以及他和马尔库斯相互之间的妥协让步,为这部对话录增添了生机与活力,因此,在西塞罗致力于塑造风格的所有作品中,这部对话录在场景上最具吸引力。为了强调戏剧性,这不应该是日常访谈,它被设定为阿提库斯第一次造访阿尔皮鲁斯,阿尔皮鲁斯是马尔库斯和昆图斯的出生地。[94] 西塞罗没有给这栋房子着墨太多,他完全知道周边乡村景色的魅力(特别参考《论法律》2.2)可能会引起妒忌(invidia)(参考《论法律》3.30)。当开始谈论家宅时,他强调了祖父所建的原始小屋很逼仄,他就出生在这个小屋(《论法律》2.3)。马尔库斯所说的这些私事引起了阿提库斯的同情。[95] 阿提库斯很理解朋友,他代表

---

[93] 参见《论法律》1.57-58,2.9,2.23,3.12。

[94] 在信中有两处(《致阿提库斯》2.16.4,2.17.1)说,阿提库斯计划在公元前 59 年 5 月造访阿尔皮鲁斯,但没有成行。

[95] 注意他在《论法律》2.4 中的反应:"说句实在话,我现在更加喜爱这座住宅和整个这处地方,因为这是你的故乡,你在这里出生(ipse, vere dicam, sum illi villae amicior modo factus atque huic omni solo, in quo tu ortus et procreatus es.)。"

朋友中了解西塞罗的人,他知道西塞罗在最近几年调整了演说风格
(《论法律》1.11)。随着对话的展开,阿提库斯向朋友连续表达了
赞美:在拉丁语方面,西塞罗的创作天赋在史料编纂学(historiogra-
phy)方面能与希腊人媲美(《论法律》1.5-1.7),还提到了庞培对西
塞罗的赞美(《论法律》2.6),暗示西塞罗在学识和治国能力方面卓
尔不群(《论法律》3.14)。阿提库斯得到了回报,西塞罗通过提及
他在罗马和雅典的房子称赞了他一番(《论法律》1.3),⑯昆图斯称
赞阿提库斯在埃皮罗斯河畔(Epirus)的房子风景怡人(《论法律》
2.7)。马尔库斯承认《论职权》(*De Potestatibus*)这部著作很重要,
这是格拉哈努斯(M. Junius Congus Gracchanus)献给阿提库斯的父
亲的作品(《论法律》3.49)。最重要的是,在3.1中有对阿提库斯
的持续赞美,说他融合了庄重和仁爱(gravitas cum humanitate)。这
可能是一个线索,《论法律》注定了要献给阿提库斯,以表彰阿提库
斯在西塞罗流放期间的忠诚(参见《论法律》3.1)。然而,人们期待
献词更清楚地写在前言中,置于著作的开头,这不仅可以解释其他
事情,还可以(inter alia)用来交代阿提库斯造访阿尔皮鲁斯的
背景。

最后,阿提库斯把重量级的话题添加到了对话中,这就是一
丁点阿提库斯的佐料,就这方面而言,阿提库斯扮演了卡图卢斯
(Catulus)在《论演说家》中类似的角色。⑰尽管存在学园怀疑派
并因此在表面上只要你乐意就可以自由行动,但是阿提库斯激励

---

⑯ 对于伟人的公共形象而言,其住宅相当重要。参见《论法律》2.3。

⑰ See A. D. Leeman, et al. M. T. Cicero. *De Oratore libri lll. Kommentar*,
Heidelberg, 1981, V.2,204-205.

马尔库斯接受这样的程序：其他人可以对马尔库斯发号施令(《论法律》1.36)。带着戏谑口吻，阿提库斯真诚地提到了革利乌斯(L. Gellius)，但是错误地把精力引到调和雅典的哲学流派之中(《论法律》1.53)。安提库斯(Antiochus)几乎成功地让阿提库斯背离伊壁鸠鲁学派："他差一点把我从花园里吸引出来(me ex nostris paene conuellit hortulis)。"(《论法律》1.54)对此阿提库斯机智地使用了双关语。但是，在3.29中，当阿提库斯在几位对话者中作为一个握辔者(eques)时，他认为破坏元老院秩序的暴行将会耗尽监察官和全体法官的精力，这时阿提库斯的幽默就变成了嘲笑。

那么，最重要的就是，阿提库斯的出现让《论法律》成了一部真正的对话录，阿提库斯和马尔库斯之间的打情骂俏把这部对话录打造成了西塞罗式对话录中最自然和轻松的作品，反之，在赫拉克利特式(Heraclidean)的对话中，作者把历史重现和猜想嵌入他最初了解的社会关系的人物中，有很多不融贯和不恰当的地方。[98]

依据阿提库斯的信件中的区分，[99]作者在讨论中占据主导地

---

[98]　参见 A. R. Dyck, "Cicero the Dramaturge: Verisimilitude and Consistency of Characterization in Some Ciceronian Dialogues" in *Qvi Miscvit Vtile Dvlci: Festschrift Essays for Paul Lachlan MacKendrick*, ed. Gareth Schmeling and Jon D. Mikalson, Wauconda, III, 1998, 151-164; 关于术语 "Heraclidean", 参见下一条脚注。

[99]　《昆图斯残篇》3.5.1(在上文第 2 节中援引过);《致阿提库斯》13.19.4(公元前 45 年 6 月 28 日): "当人物是古人时，这就非常适合，赫拉克利特在他的作品中经常这样做，我自己在我的六卷本《论共和国》中也是这样做的……但在现代作品中，我沿用了亚里士多德的惯常做法，其他人的对话是这样提出来的，以便让他成为主要部分(hoc in antiquis persoris suauiter fit, ut et

位,在这个意义上,《论法律》是一部亚里士多德式的对话录。尽管其他两位对话者的贡献时常被低估(参见上面和下面内容),[⑩]但从一开始,马尔库斯就是注意力聚集的中心,例如他的《马略》史诗的主题细节,他对历史编纂学的可能的贡献,他对法律的看法——这是所拟定的最终主题。在第一卷中,逐渐展开的哲学争论尽在其掌控之中,在第二卷和第三卷中,他的立法规划和随之而来的主体评述也在其掌控之中。但是,在《论法律》中马尔库斯塑造的人物特性是什么? 马尔库斯是执政官圈子中的一员,大家都知道他尊严高贵,他小心翼翼地尽力以一种配得上他的方式构思主题(《论法律》1.14-17)。我们也注定了要把他看作是一般哲学的爱好者,特别是柏拉图的哲学。现在的构想被阐释为与柏拉图的《法义》相类比,《论法律》赢得了马尔库斯的支持(《论法律》1.15,包括马尔库斯对柏拉图的崇拜),这将为马尔库斯创造扮演苏格拉底的角色的机会。马尔库斯关于法(ius)之起源的序言式评论激发了惊叹(1.28:"啊,不朽的神啊,你多么深远地探寻法的起源啊!")。马尔库斯不满足于全面讲述(sweeping account)古代哲学家们的习惯(philosophorum more…veterum),而是坚定地追求以逐条区分的方式(separatim distincte<que>)争论,这是一种最近的哲学讨论所采取的方式(《论法律》1.36)。当马尔库斯离题去讨论善恶之极(finis

---

Heraclides in multis et nos in sex de repubiica libris fecimus…quae autem his temporibus scripsi Ἀριστοτέλειον morem habent, in quo ita sermo inducitur ceterorum ut penes ipsum sit principatus)。"

[⑩]　例如, Joseph Busuttil, *Cicero: De Legibus Book I: An Introduction, a Translation, and a Commentary*, Ph. D. diss., University of London, 1964, 28。他认为,把《论法律》"称为独白而非对话,这更恰当"。

bonorum)时,他终于把听众的耐心消耗殆尽而不得不勒马回头
(《论法律》1. 52-57),即便如此,他也很乐意继续讨论(然而,我倒
是很乐意离题继续讨论[at ego huc declinabam, nec invitus];1. 57)。
此外,第一卷包括西塞罗对智慧(sapientia)的赞美并把哲学的"部
分"解释为探寻智慧的舞台,他坦承自己在私人意义上还要不懈追
求智慧。我们知道他所处的圈子,马尔库斯怀着对这个亲密圈子的
感激之情。在这部对话录的其他地方,我们能秘密窥探马尔库
斯——这在其他对话录中很难:他向阿提库斯介绍了他出生的老
宅,也向他诉说了其故乡的重要性(《论法律》2. 3:"这里是我的
……祖邦")。他用心讲述了自己的流放和召回(《论法律》2. 41-
43),也分析了迫使他流放的政治势力(《论法律》3. 25-26)。此外,
通过他在司法事业中的表现,通过他如何打发他的闲暇时光,我们
也可以观察他,还可以推断他晚年将献身的事业(《论法律》1. 8-
12)。在他整个文学事业中,西塞罗在很大程度上是他自己的最佳
主题。他在这儿创设了一个框架,在这个框架中他能舒适地展现他
更多的个性,[100]能把《论法律》和《布鲁图斯》列为他意欲向公众呈现
的最具反省性的著作,在展现自我方面,也是其成就最大的著作。

没有人比马尔库斯的兄弟昆图斯更紧密又紧迫地参与了对马
尔库斯流放事件的后续处理,昆图斯竭尽全力在元老和民众面前争
取让他兄弟回归。[102]在公元前 57 年 1 月 23 日,他发现自己确实有
生命危险,一帮支持克劳狄乌斯的暴民袭击了他,想要弄死他(参考
《论法律》3. 22)。马尔库斯返回之后,昆图斯赢得了他的兄弟马尔

---

100 不仅仅展现自己"举止得体"。参见《论义务》2. 51。
102 F. Münzer, *RE* 7A2 (1948):1293. 21 ff. 这里提出了属实证据。

库斯慷慨给予的公开赞美(《归来后在元老院的演说》37;《归来后
对人民的演说》8;《为斯考茹斯辩护》35)。但是马尔库斯的返回并
不意味着他的困境终结了,公元前57年11月3日,一帮克劳狄乌
斯的支持者砸毁了马尔库斯在包拉汀(Palatine)重建的房子,还纵
火烧了附近昆图斯的房子(《致阿提库斯》4.3.2;《为凯利乌斯辩
护》78;《为米洛辩护》87;《致亲友书》1.9.5)。在马尔库斯流放期
间,昆图斯面对凯撒、庞培和克拉苏,向庞培担保其兄弟"举止得
体"(《致亲友书》1.9.9,10.12;普鲁塔克《庞培传》49.3),并为庞培
和凯撒效劳,作为庞培的特使出使萨丁岛(公元前57年12月中到
前56年6月),作为凯撒的特使出使高卢(公元前54年4月到前52
年年底)。把处理好西塞罗和"三头同盟"之间的关系作为背景,就
能理解昆图斯的这些效劳行为。同时,昆图斯还收到一些信件,凭
借信的内容(认为他可能最终是执政官的候选人)他证明了他的作
用,[103]马尔库斯接到这样的信件后松了一口气。公元前五十年代两
部最伟大的著作《论演说家》和《论共和国》的出版都是献给昆图斯
的,这证明了那时两兄弟的亲密关系。

　　因此,在《论法律》中昆图斯担任谈话者的角色就毫不奇怪了。
可是在归来后的系列演说词中,昆图斯扮演类似的角色就会让人惊
掉下巴,有一次,演说中特别提到了围绕马尔库斯流放前后的事件,
昆图斯将此归咎于保民官的阴谋操纵,但是马尔库斯不这么看
(《论法律》3.25:最善良和最亲爱的兄弟[optime et dulcissime fra-
ter])。在3.36,昆图斯提及大量家族历史,这也有助于我们了解西

---

[103]　T. P. Wiseman, *Roman Studies*:*Literary and Historical*, Liverpool, 1987,
34-40.

塞罗的性格。一般来说,对话录中对昆图斯的描述符合我们所知道的历史上的昆图斯的人物个性。值得注意的是,尽管所有三位对话者都曾于公元前 79 年在雅典求学(《论善恶之极》5.1),并且阿提库斯和昆图斯最迟于公元前 68 年 11 月结成了连襟(《致阿提库斯》1.5.2),但是,马尔库斯·西塞罗是枢纽,三个人的关系围绕他才能转动。西塞罗事先就熟知昆图斯的观点(参见《论法律》1.21:"我了解昆图斯的观点"[nam Quinti novi sententiam]),并且第一卷和第二卷的谈话除了偶然的戏谑打趣外基本上由马尔库斯和阿提库斯主导。阿提库斯把话题转移到了马尔库斯,以澄清他们面前的让人印象深刻的老橡树和诗歌中提到的那株橡树(《论法律》1.1-3)。

在此之前,作为一位诗人,昆图斯在一般意义上反思了"诗和真"(Dichtung und Wahrheit),并且赞美了他兄弟的《马略》(《论法律》1.2)。针对罗马史的恰当起点问题,昆图斯表达了其兄弟的反对意见。对话录中的昆图斯是有想法的人(a man of opinions),其兄长西塞罗有时会驳斥他(在 1.18a 和 3.17 似乎比较尖锐,在 2.43 更温和)。昆图斯对哲学的兴趣显得很有限,其兄长计划拆开"法源自自然"(ius esse natura)(《论法律》1.34:"你确实只是简单地做了说明"[Tu vero iam perpauca licet])这一命题的证据,对此昆图斯显得有些不耐烦。后来也是在这一卷中,昆图斯呼吁其兄长停止针对善之极(finis bonorum)的离题讨论,他把自己的具体期待放在了台面上,把讨论拉回了正轨(《论法律》1.56-1.57)。在回应和评价马尔库斯的观点的时候,昆图斯有时扮演阿提库斯的角色(《论法律》1.57-58,2.9,2.23,3.12)。

很自然地,在第三卷中,像其他追求政治事业的对话者那样,昆图斯应该扮演更大的角色。两兄弟都知道保民官的权力,对此昆图斯决然采取限制立场;两兄弟都知道秘密选票,对此昆图斯采取完全禁止的立场;在这里有不可调和的分歧。在两种情形中,昆图斯的立场都是贵族精英的立场;而马尔库斯支持更温和的立场,认为保民官要对执政官的权力做必要审查,且针对选举制度提出了一套奇怪的折中方案,即选票必须采用书面形式但"为贵族所知"(参考《论法律》3.33-39)。通过以这种方式展开对话,西塞罗能让满腹牢骚的贵族浮出水面,从而再予以反驳。历史中的昆图斯是否持有这些观点不得而知,但是对话录中并不是只有昆图斯在选举法上采取贵族立场(《论法律》3.37),阿提库斯也是这样的。解决方案的匮乏、讨论这些问题的长度等事实意味着,关键点不是怀疑贵族的立场,而是(假定在秩序和谐[Concordia ordinum]的利益上)获得贵族的好感(参考《论法律》3.33-39)。

七　整体的重构

《论法律》传世部分以这样一卷内容开头:热衷于讨论自然中的法(ius)的一般基础,反驳来自利己功利主义的角度的批评,并为这种反驳的立场辩护。然后是马尔库斯对几个领域的法律(依据这些法律对于维护国家团结的重要性来排序)的宣讲和正当性说明(《论法律》2.69):有两套现存的法律,一套是宗教仪轨(第二卷),另一套是官职法(第三卷)。传统罗马人能正当地解释这个顺序,他们认为神圣仪式先于官员权力(参见 V. Max. 1.1.9)。在马尔库斯的理想法(凭借这些法律,得以统治城邦[leges quibus civitates regi debeant])之后,紧接着讨论人民的法律(人民的法令和法律[iussa et iura populorum];《论法律》1.17),联系 2.46 以下的宗教法可知上面的计划得到了实施。在 3.48,阿提库斯要求马尔库斯以类似的方式详述当权者的法律(de potestatum iure)。马尔库斯同意这样做,并且当文本中断时(《论法律》3.49),马尔库斯受到阿提库斯的进一步鼓励。因此,和第二卷一样,第三卷注定了以讨论此话题收尾——即人民的法律的观点,这似乎很清楚;同样似乎很清楚的是,我们的文本因物理损坏而佚失,这个文本是莱登全集(Leiden corpus)的最后部分(进一步参见《论法律》3.49)。

然而,就像我们从来自第五卷的残篇中所知的那样,西塞罗至少续写了两卷。感谢马尔库斯的超级热情,在 3.47 进入了下一个话题,让我们知道第四卷处理了司法(iudicia)。在写作时,司法腐败肯定萦绕在西塞罗心头(参见《论法律》1.40,2.43),因此,关于如何恢复其完整性的全面论述恰逢其时。在 1.23,马尔库斯答应思考一下如何用贯穿于父系(agnatio)中的关系区分家族地位。当然,在继承法中这种区分很关键。这意味着,来自市民法的话题引起了关注。[104] 是否也讨论了刑法,这是一个问题。里格斯比认为第三卷充分论及了刑法,[105]但是却只字不提公共司法(iudicia publica)(参见《论法律》3.8.1,3.11.10)。公共司法被剔除了吗? 或是留给了第四卷? 假如第四卷的引言部分对非常广泛的犯罪和刑罚的议题列出了梗概,那么第四卷可能就是这个样子的。人们会据此认为,西塞罗撰写的第四卷的前言包括对人性的一般性反思(出

---

[104] 在第六卷中吗? 参见 Peter Lebrecht Schmidt, "The Original Version of *De Re Publica and De Legibus*", 15。但是他把关于当权者的法律(de iure potestatum)归于第四卷,而非作为第三卷附录。参见《论法律》3.49。

[105] Andrew M. Riggsby, *Crime and Community in Ciceronian Rome*, 168 and 228 n. 54.

现在 ex inc. lib. 1 残篇"他们驳斥曲解"［pravitate dissentiunt］）⑩，
还包括奥古斯丁划归给西塞罗的八类刑罚（《论上帝之城》
21. 11）。⑩ 在 3. 29 提及了教育和训练（educatio…et disciplina），
假如能顺便谈一下的话，马尔库斯建议讨论一下这个话题，阿提
库斯鼓励马尔库斯谈论这个话题（《论法律》3. 30），但不清楚的
是，3. 30-32 的相对简短的评论是不是他们想讨论的全部内容，
抑或西塞罗对这个观点有更复杂的态度？假如有的话，就很容易
勾勒《论法律》中所有卷册（第五卷？）的主题，尽管有人对这里对
教育的处理与《论共和国》第四卷对教育的处理的不同感到诧异
（参见《论法律》3. 29）。

最后的问题是，西塞罗计划写几卷？有人认为与《论共和国》
一样，预计是六卷，甚至可能完成了五卷，但是我们找不到过硬的
证据。

八 几个世纪以来的影响

即便在古代，也只能零星见到对《论法律》的引用。西塞罗的
其他任何著作都没有引用《论法律》，在《论诸神的本性》2. 1-4 有
一个西塞罗哲学著述的目录，这个目录也没有提及《论法律》，极有

---

⑩ Peter Lebrecht Schmidt, "Zeugnisse antiker Autoren zu Ciceros Werk *De Legibus*", 319-320.

⑩ 在 Baiter 和 Halm 的 1861 年的版本中，这段属于《论法律》（正如残篇 4 所示）。类似的参见 Peter Lebrecht Schmidt, "Zeugnisse antiker Autoren zu Ciceros Werk *De Legibus*", 319-320。

可能西塞罗生前并没有出版《论法律》。⑩ 但是,在西塞罗死后不久,奈波斯(Cornelius Nepos)似乎提到了这部作品,在马歇尔第 58 残篇中(fr. 58 Marshall)他明确把这部作品归到了《论拉丁史》(de Historicis Latinis)中,《论拉丁史》是《论伟大的力量》(de Viris Illus-tribus)的一部分。奈波斯在对西塞罗的《反腓力辞》(Philippics)的古迪阿拉斯(Codex Guelferbytanus Gudian)278(g)古抄本的序言式注解中保留了这一段:

> 你不应该忽略这点,这是拉丁文学的唯一分支,不仅在我所处的时代不能和古希腊文学相媲美,而且西塞罗的死让这一切全部变得粗鄙不堪和残缺不全。因为西塞罗是唯一一个这样的人,他能够尝试去让历史有效地发声,因为他把从老祖宗那里承继而来的粗鄙演讲术发扬光大,并完善了拉丁哲学的风格,在西塞罗之前,拉丁哲学毫无教养。所以我都搞不清楚,西塞罗的死对国家造成的损失大,不是对历史学的打击更大。

在《论法律》1.5-7 中,阿提库斯评价了罗马编年史上的国家,上面这段与阿提库斯的要旨非常相似,特别是对早期作家无文雅气的批评(没有什么比这更枯燥无味的了……谁比所有那些家伙更乏

---

⑩ 人们还会期待援引《论法律》1.41 ff. ,因为这里更全面地阐述了这套理论:utilitas(实用)是错误的价值。在《论善恶之极》2.59 也有这套理论。但西塞罗只是说:"在我的《论共和国》之书中,莱利乌斯已经详尽地讨论过这个主题(deque his rebus satis multa in nostris de republica libris sunt dicta a Lae-lio)。"这一事实表明,公元前 45 年夏天,西塞罗已经放弃了出版《论法律》,另见上文第 2 节。

味呢？……比同代人更有活力……但也粗糙，缺乏光泽和锻炼等
[quibus nihil potest esse ieiunius…quid tam exile quam isti omnes? …
habuitque vires agrestes … atque horridas, sine nitore ac palaestra
etc.])。在《论法律》中，西塞罗的智慧弥补了这些不足，人们推测
西塞罗的智慧建立在这种风格特征(诸如最优美的演说作品[opus
…oratorium maxime])的基础之上，奈波斯讲清楚了西塞罗对演说
词和哲学作品的贡献。这两段的共同之处就是西塞罗能写出历史
和"允诺将来写(owing)"历史的思想(他能够尝试去让历史有效地
发声……对我来说，你应该能看到……所负的对祖国的责任……但
是，你完全能胜任在这里耕耘[qui potuerit et etiam debuerit historiam
digna voce pronuntiare…mihi videris…patriae debere hoc munus…potes
autem tu profecto satis facere in ea…])。⑩ 似乎可以相当自然地推断
说，马尔库斯和昆图斯去世的时候，《论法律》的抄本要么就在阿提
库斯的手上要么传给了阿提库斯，并且阿提库斯提醒了奈波斯这一
段与《论拉丁史》的前言有关。考虑到奈波斯明显不喜欢哲学，⑪所

---

　　⑩　关于对这两段的比较,参见 Edward A. Robinson,"Cornelius Nepos and
the Date of Cicero's *De Legibus*",*TAPhA* 71(1940):524-531。尽管他提到了《论
法律》的成书时间(同上注,529-531),但具有误导性。参见 Schmidt Peter Leb-
recht, *Interpretatorische und chronologische Grundfragen zu Cicero Werk De Legibus*,
Diss. ,Freiburg, 1959,402 ff。

　　⑪　参见《致阿提库斯》16.5.5:"我期待奈波斯来信,当他认为我所热衷
的主题不值得读时,他真的会渴望读我的书吗? (Nepotis epistulam expec-
to. cupidus ille meorum, qui ea quibus maxime γαυριῶ legenda non putat?)"在这
里,鉴于拉克坦提乌斯的《神圣法规》3.15.10(Lact. *inst*. 3. 15. 10)等同于马歇
尔第39残篇(fr. 39 Marshall),在那儿,奈波斯贬低哲学引导生活的功能,我所
热衷的那个(ea quibus maxime γαυριῶ)经常被认为是哲学著作。See
D. R. Shackleton Bailey, *Onomasticon to Cicero's Letters*, Stuttgart-Leipzig, 1995,

以我们可以怀疑他按自己的喜好独自编辑了手稿。⑪从奈波斯给阿提库斯的信中(奈波斯《致阿提库斯》16.3)可知,奈波斯从阿提库斯的手上取得了未出版的西塞罗作品。从奈波斯对《论法律》的那段的了解不能必然推出《论法律》已经出版,尽管有人猜测阿提库斯看到了它的出版。

　　下一次对《论法律》的引用让我们等待了差不多一个世纪,老普林尼(Pliny)考察了《论法律》中的古老学问。在《博物志》(*Historia Naturalis*)第七卷的片段中,他全力以赴地考察了从生到死的人类生活,科妮莉亚族人(gens Cornelia)变化多端的葬礼实践经历了从土葬到火葬的变化,这源自苏拉的恐惧,他担心自己的遗骨会受到惊扰,正如他惊扰他的对头马略的遗体那样。西塞罗对葬礼的变化有观察和思考,老普林尼改写了西塞罗的观点。老普林尼还改变了葬礼和未埋葬的(sepultus and inhumatus)术语的定义(《论法律》2.56-57;《博物志》7.187)。然而,从标题中没有引用《论法律》来

Att. 410.5; Nicholas Horsfall, tr., and comm., Cornelius Nepos. *A Selection, Including the Lives of Cato and Atticus*, Oxford, 1989.

　　⑪　施密特对后者提出了质疑(Peter Lebrecht Schmidt, "Zeugnisse antiker Autoren zu Ciceros Werk De Legibus", 325, n.10.)。同样,在《致阿提库斯》16.2-3(类似地,在《致阿提库斯》5.3),西塞罗与阿提库斯之间关系的比较是一方面,西塞罗和昆图斯的关系是另一方面,无需特别指向《论法律》,因为奈波斯只是泛泛地将已出版的书籍以及写给阿提库斯的信作为证据(施密特在第302页认为《论法律》"可作为奈波斯……声明的证据"[als Beweis für die…Feststellung des Nepos dienen konnte])。在撒路斯提乌斯的《罗马共和纪事》(Sallust's *Historiae*)的弁言和《论法律》1.5b-7之间存在几个连接点,但不清楚这是不是直接依赖的情况。See Thomas F. Scanlon, "Reflexivity and Irony in the Proem of Sallust's Historiae", In *Studies in Latin Literature and Roman History*, Ed., Carl Deroux, Vol., 9, Brussels, 1998,202-203.

看,西塞罗仅仅是这本书的索引中的作者之一。令人惊奇的是,老普林尼没有更广泛地应用罗马礼仪中有价值的信息,也没有广泛地应用《论法律》第二、三卷中的政体。[⑫] 昆体良(Quintilian)的著作中也没有引用《论法律》,《论法律》也不在流行之列,演说词和修辞学文章在修辞学派中很吃香。很明显,法学家对《论法律》也保持沉默。[⑬] 然而,普鲁塔克好像知道《论法律》(参见《论法律》2.54, 2.58)。

　　公元四世纪对《论法律》的古籍引述最为丰富,包括一位古典作家拉克坦提乌斯(Lactantius),他显现了对作品的整体目的的理解,自从后古典时代以来,拉克坦提乌斯被看作是"基督教式的西塞罗"。[⑭] 拉克坦提乌斯认为西塞罗不仅是完美的演说家,而且是卓越的哲学家(non tantum perfectus orator, sed etiam philosophus)(《神圣法规》[inst.] 1. 15. 16)。拉克坦提乌斯还以这种方式描述了西塞罗在《论法律》中的成就:追随柏拉图,他自愿写下了法律,他相信正直的和明智的公民将想要适用哪些法律(Platonem secutus leges voluit ponere, quibus putaret usuram esse iustam et sapientem civitatem)(《神圣法规》1. 15. 23;参见《论法律》3. 29)。尽管拉克坦提乌斯对《论法律》有相当程度的认知和理解,但是,假如拉克坦提乌斯的十处明确引用《论法律》的地方就是我们唯一的证据,那么我们

---

⑫　See Peter Lebrecht Schmidt, "Zeugnisse antiker Autoren zu Ciceros Werk *De Legibus*", 303-305.

⑬　参见 D. Norr, "Cicero-Zitate bei den klassischen Juristen", *Ciceroniana* n. s. 3(1978) :111-150,特别是第 143 页的结论:"在某种意义上,《论法律》是西塞罗的主要法学著作中的法哲学部分,但是对于法理学而言,他无足轻重。"

⑭　Peter Lebrecht Schmidt, "Zeugnisse antiker Autoren zu Ciceros Werk *De Legibus*", 327, n. 19.

就有了一幅该作品的侧面像(one-side picture),因为作者的神学目的(theological agenda)决定了这十处引用。五处来自 1. 22-28 中的人类学相关内容,[115]这些对拉克坦提乌斯产生了重大影响,特别是把人类(《论法律》1. 22)[116]描述为站立的姿态(《论法律》1. 26);即便拉克坦提乌斯承认动物有某种形式的认知,但仍把关于神的观念(notitia dei)看作人类所专有(《论法律》1. 24)。三处引用提到了第二卷的宗教法,[117]在这里拉克坦提乌斯赞同西塞罗对贞洁(castitas)和虔敬(pietas)的要求,以及去除宗教礼仪中的奢华的要求(《神圣法规》5. 20. 3 引用了《论法律》2. 19. 1),但在同一章稍偏后的地方,在合法诸神(licit deities)的清单中(《神圣法规》1. 15. 23,1. 20. 19),拉克坦提乌斯有很多批评。这三处引用中,一处可能针对第四卷(参考 ex inc. lib. 1 残篇),一处(dubium 残篇)是对 2. 28佚失部分的引用,第三处可能属于《论悼颂》(de Consolatione)(参考 ex inc. lib. 2 的残篇)。

拉克坦提乌斯没有依据文本来解释西塞罗的话语,他严重偏离文本解释的方法,假如这么做符合他的意图的话,他打算把西塞罗的字句从文本中抠出来,以此方式赋予这些字句以不同的意义。典型的例子出现在《神圣法规》2. 11. 1 以下讨论创生(creation)时,在

---

[115] 《神圣法规》1. 5. 24 和 2. 11. 16 引用了《论法律》1. 22;《论上帝的技艺》(opif.)1. 13 引用了《论法律》1. 27;《神圣法规》6. 24. 9 和《论上帝之怒》(ira)14. 4 引用了《论法律》1. 28。

[116] 特别是这几个字(……人,在极好的状态下,被最高的神创造出来[…hominem, praeclara quadam condicione generatum esse a supremo deo])非常符合基督教关于造物主特殊恩典的教义。See Thaddäus Zielinski, *Cicero im Wandel der Jahrhunderte*, 4th ed.,Leipzig, 1929,123.

[117] 《神圣法规》1. 15. 23,1. 20. 19 和 5. 20. 3 引用了《论法律》2. 19。

这个地方拉克坦提乌斯(匿名)引用了《论法律》1.24 的字句,这部分是说,大地经过时间的酝酿准备好了接受人类的种子,但是在拉克坦提乌斯的文本中却不是 a maturitas…serendi generis humani(对人类进行播种的成熟状态),而是 a maturitas…animalium serendorum(对动物进行播种的成熟状态)。这不是简单的记忆错误,而是把文本调整到动物的起源问题上,正如卢克莱修在《物性论》5.783 以下所描述的那样,拉克坦提乌斯在这个地方既有引用又有改写。但是在后面(第 14 章),拉克坦提乌斯又带着赞成引用了《论法律》1.22 对人类的描述,[118]并且毫不隐晦地提到了作者和著作。在《神圣法规》6.25.1 拉克坦提乌斯又引用了柏拉图的观点——西塞罗在《论法律》2.45 也引用了柏拉图的这个观点:象牙不适合敬献给神——并继续批评了宝贵的织物同样也不合适,但在相同的文本中,却没有提到柏拉图对这些东西的消费所施加的限制(脚注 118,Schmidt,页 315)。从这个例子中可以很清楚地看出,当不能获取全文时,拉克坦提乌斯的引用多么小心谨慎(参考来自 inc. lib. 1 和 2 的残篇)。

尽管《论法律》并没有发挥像《霍尔腾西乌斯》对奥古斯丁那样的影响,但是在一些措辞中能很清晰地看到它的影响。奥古斯丁为了让术语符合他相当不同的综合体系,赋予相同的术语以不同的意涵。最重要的是,奥古斯丁对基本概念的定义——例如永恒法(lex aeterna)——很明显改编自《论法律》:永恒法是神圣理性或者神的意志,他命令保卫自然秩序,禁止破坏自然秩序(lex vero aeterna est

---

⑱　参见 Peter Lebrecht Schmidt, "Zeugnisse antiker Autoren zu Ciceros Werk *De Legibus*", 307-308,第 313 页也讨论了类似的现象。

ratio divina vel voluntas dei ordinem naturalem conservari iubens, per-
turbari vetams.). [119]（《反福斯图斯的摩尼教》22. 27;《教会拉丁作
家集成》25. 6. 1,621. 13-15）[120] 在 1. 18 也有类似的话:"法律乃植根
于自然的最高理性,法律命令一些人们应该去做的事,禁止相反的
行为。"然而,同时奥古斯丁思考永恒法的结构以及永恒法与实证法
的关系,不同于西塞罗对自然法和实证法之关系的看法,因为奥古
斯丁协调了这两类分开的法律,但是西塞罗没有。[121]

当然,假如奥古斯丁为了重构手头的《论法律》佚失的片段,提
出了有用的材料,这将激起极大的兴趣。施密特貌似有道理地认
为,[122] 奥古斯丁在《论上帝之城》21. 11 引用了西塞罗,法律中具体的
八种刑罚[123] 来自第四卷中司法(de iudiciis)的段落(参见本文上述第
7 节)。在奥古斯丁那儿可能存在另外一段话,也许会帮助我们理
解得以流传的其中一卷中的一段话的要旨,这卷由于羊皮纸的缺裂
而损毁了。问题段落在奥古斯丁的《论自由意志》1. 48(《教会拉丁
作家集成》74. 6. 3)∶"什么? 那称作最高理性的法律,要常常遵守

---

[119] 参考《论法律》2. 8:法律是永恒之物……法律是心智……一切或行或
止的神明的理性(legem…esse…aeternum quiddam…ita…legem…mentem esse…
omnia ratione aut cogentis aut vetantis dei)。

[120] Peter Lebrecht Schmidt("Zeugnisse antiker Autoren zu Ciceros Werk *De
Legibus*",323)呼吁人们注意这段,极可能与它来自《论法律》有关。

[121] 进一步参考 K. M. Girardet, "Naturrecht und Naturgesetz: eine gerade
Linie von Cicero Zu Augustinus?" *RhM* 138 (1995):266-298。

[122] Peter Lebrecht Schmidt, "Zeugnisse antiker Autoren zu Ciceros Werk *De
Legibus*", 320.

[123] 西塞罗写下了法律的八种惩罚:罚款、监禁、斥责、赔偿、羞辱、流放、
死刑、奴役(Octo genera poenarum in *legibus* esse scribit Tullius, damnum, vincla,
verbera, talionem, ignominiam, exilium, mortem, servitutem)。

它,且恶人因之得苦难,善人因之得幸福……任何理智之人能否认
这法律是永恒不变的吗?"[124]也许我们能在这儿寻找一份思考的片
段,因为《论法律》1.40 开头这个片段佚失了,虽然在《论法律》中没
有以直接的形式表达那些顺从最高理性(summa ratio)[125]的人的幸
福的想法,以及那些没有顺从最高理性的人的不幸福的想法,但是
《论法律》1.40-41 中的例子明确暗示了这一想法。[126]

为了超越这种为基督教护教文学(Christian apologetic litera-
ture)而做的引用,和其他文本一起,《论法律》被文法学家仔细研
究——那些文法学家为了研究维吉尔(Vergil)的语言和材料而需要
做对堪研究。塞尔维乌斯(Danieline Servius)在对《埃涅阿斯纪》
6.611(也不为他们的家庭留出一部分[nec partem posuere suis])的
评述中,注意到人们被期望给自己的关系人提供帮助,于是他改写
和简化了西塞罗对小型牲礼(stips)的禁令以及源自《论法律》2.40
的基本原理。关于"全心全意"(pectore toto;《埃涅阿斯纪》9.276),
塞尔维乌斯引用了《论法律》1.49 来说明这是一个谚语式的短语
(如果不是为了朋友自身的缘故而爱朋友,正如人们所说的全心全

---

124 尽管与这段话有联系的是《论法律》1.18 而非 1.40,但是 Maurice Tes-
tard(*Saint Augustin et Cicéron*,Paris,1958,2、17)呼吁关注这段话。

125 关于这个术语,参见《论法律》1.18。

126 Maurice Testard(*Saint Augustin et Cicéron*,Paris,1958,2、73)把注意力
放到了《对圣经旧约的开首七卷的探赜》(*quaest. hept.*)3.20(《教会拉丁作家
集成》28.249.2-4)与《论法律》1.19(法[lex]的词源)的对应句上了,尽管没
有特别引用西塞罗(仅仅引用了拉丁作家[Latini auctores]),但在奥古斯丁之
前像奥古斯丁那样在词源上把 lego 解释为"选择"而非"阅读"的人之中,西塞
罗明显与众不同。See Robert Maltby, *A Lexicon of Ancient Etymologies*, Leeds,
1991, s. v. *lex*.

意,那么哪里有神圣的友谊？［ubi illa sancta amicitia, si non ipse amicus per se amatur toto pectore, ut dicitur?］）。[126]

马克罗比乌斯（Macrobius）引用了其他两个未知的残篇。[127] 在其著作《论希腊和拉丁文法的异同》（*de Verborum Graeci et Latini Differentiis vel societatibus*）中,马克罗比乌斯把来自《论法律》第三卷中（当不能区分有益和无益时,怎么能保护同盟者呢？［Qui poterit socios tueri, si dilectum rerum utilium et inutilium non habebit?］）的虚拟句引用为陈述句。瓦伦（Vahlen）立即把这句话插入 3.17 的佚失之处,作为评述保护同盟法（law sociis parcunto）（3.9.4）的一部分。[128] 源自第三卷之外的唯一残篇,即第五卷的残篇,出自马克罗比乌斯《萨图尔努斯节会叙》6.4.8,是三个段落组成的残篇,引用这三个段落是为了说明"阴影"（umbraculum;《牧歌》9.42）不是维吉尔的创造,由于文法学家们喜欢引用卷首,对应第二卷开头的部分,

---

[126] Peter Lebrecht Schmidt, "Zeugnisse antiker Autoren zu Ciceros Werk *De Legibus*", 322.

[127] 关于他在公元 430 年的文学作品的日期请参考 Alan Cameron, "The Date and Identity of Macrobius," *JRS* 56（1966）:25-38。在词典编纂者 Nonius Marcellus 十五世纪早期的作品中,有两处对《论法律》句子残篇的引用（关于时间,参考 Peter Lebrecht Schmidt, "Traditio Latinitatis" in *Studien zur Rezeption und Überlieferung der lateinischen Literatur*. Ed. J. Fugmann, M. Hose, and B. Zimmermann. Stuttgart, 2000, 107）。这两次引用并没有显示他个人对文本很熟,因为《论法律》并非他以一套秩序系统研究的著作之一,反之,这两次引用似乎是来自其词典编纂例子的知识库。问题涉及 Non. p. 307M s. v. facessere（《论法律》1.39:让我们要求他们暂时不要做［paulisper facessant rogemus］）, Non. P. 347M s. v. molle（《论法律》2.38:起伏动听的歌声熏染柔软和温和的心灵［in animos teneros atque molles influere quam varios canendi sonos］）。See Peter Lebrecht Schmidt, "Zeugnisse antiker Autoren zu Ciceros Werk *De Legibus*", 321 and 331, n.65.

[128] 详见出自《论法律》第三卷的残篇。

上面残篇中的段落可能来自第五卷开头。⑫⑨ 因此,在公元五世纪早期,人们依然能阅读《论法律》第五卷中的大量内容。

后面第 10 节讨论了《论法律》在中世纪的流传。它曾经在1471 年出版,吸引了大量的崇拜者,在这些崇拜者中,最早和最热情的是受伊拉斯莫(Erasmus)影响的西班牙基督教人文主义者维韦斯(Juan Luis de Vivès,1492—1540)。⑬⓪ 在 1519 年出版的《论法律》的序言中,维韦斯借用老普林尼对《论共和国》《论义务》及《论悼颂》(Consolatio)的赞美(老普林尼《博物志》序言第 22 节),对《论法律》赞不绝口,他认为没有其他的(异教徒的)著作值得反复阅读和用心学习。他把《论义务》评为上乘之作,把另外两部作品并列作为单凭人类智慧所能达到的巅峰之作。⑬①

与此同时,《论法律》中"自然法"(lex naturalis)的概念已被人接受,⑬②

---

⑫⑨ Peter Lebrecht Schmidt, "Zeugnisse antiker Autoren zu Ciceros Werk *De Legibus*", 321.

⑬⓪ 关于 Petrarch 对《论法律》的论述,参见下述第 10 节及脚注 160-161。

⑬① Ioannis Lodovici Vivis Valentini *Praefatio in Leges Ciceronis et Aedes Legum*, ed., Constantinus Matheeussen, Leipzig, 1984, at Praef. in Leg. 22–24, esp. 24:"并且,在他自己的观念中,我被说服。就人自身的力量而言,我不相信任何人的智慧,除了神的私人恩惠和恩赐,在《论法律》和《论义务》书中,智慧结果被书写出来了。"

⑬② 参见 Thomas Hobbes, "Opera philosophica quae Latinè scripsit omnia" (Amsterdam, 1568),no. 5, c. 2:"所以,这是自然法,倘若让我给定下定义,它大概就是正确的理性的命令,为了尽可能长久地促进生活和身体的维系,而应做或应避免之事(Est igitur lex naturalis, ut eam definiam, dictamen rectae rationis circa ea, quae agenda vel omittenda sunt ad vitae membrorumque conservationem, quantum feri potest, diuturnam)。"很明显,这儿把《论法律》1. 18 和 1. 23 糅合成了一个剽窃(οἰκείωσις)而来的学说版本(ad vitae membrorumque conservationem;参见《论义务》1. 11-17)。

十七和十八世纪的基督教自然神论者很满意西塞罗的哲学著作,他们的满意具有特殊意义。单是自然宗教就足以救赎并发展出对天启教(revealed religion)的批评,从这种观点开始,自然神论者在西塞罗的著作中找到了支持前面两种想法的证据,在《论诸神的本性》和《论预言》中有消极证据,在《论法律》中有积极证据。[133] 因此,英国自然神论者的奠基者,例如赫伯特(Edward Herbert)、切尔伯里(Lord Cherbury),称赞《论法律》是"古典宗教要义"(religionis veterum compendium),《论法律》包含纯形式的自然宗教,[134]他们也广泛地引用《论法律》。[135] 类似地,在《人类理解论》的主题页,洛克承认了一个疏忽,由此而引用了《论诸神的本性》1.84。关于神的存在,有一种"民众一致同意"(consensus gentium)的论证,洛克驳倒了这个论证,但留下了宇宙论,宇宙论赞同对《论法律》2.16 的具体引用(没有东西靠理性而运动……这是正确的吗?[Quid est verius …nulla ratione moveri putet?])。[136] 托兰德(John Toland)(1670—1722)第一次出版《基督教并不神秘》(*Christianity not Mysterious*, 1696)时夸大了洛克的一些想法,让自己声名狼藉。但是《上塞琳娜书》(*Letters to Serena*, 1704)标志着他的哲学步入新时期,这本书是献给普鲁士的女王夏洛特(Sophia Charlotte)的。在序言中,托兰德

---

[133] See Günter Gawlick, "Cicero and the Enlightenment", *Studies on Voltaire and the Eighteerth Century* 25 (1963):657-682 at 660. 我对自然神论的处理要感谢 Gawlick 的文章。

[134] 《论异教宗教》(*De religione gentilium*),Amsterdam, 1663,184。

[135] 《论异教宗教》,17:2.37;96:2.40;150:242;185 及 192:2.28;192:2.27;193:2.21;197:1.40;198:2.22。

[136] John Locke, *An Essay concerning Human Understanding*(orig., 1690), ed.,Peter H. Nidditch(Oxford, 1975, based on ed. London, 1700),IV.10.6.

向学富五车的女王展示了《论法律》1.47(我们的感觉……不足以
检视[sensus nostros…non cernimus satis]),解释了之前那封信的起
因。女王回信说,她认为她能纠正自己的偏见,但是要求托兰德以
书面的形式详述该话题。这封信催生了《偏见的力量和起源》(*The
Origin and Force of Predudice*),托兰德认为这篇作品是理解他的其
他著作的关键。⑬ 托兰德的最后一部著作是 1720 年的《泛神论要
义》(*Pantheisticon*),书中有地方认为泛神论主义者的礼拜仪式嘲弄
了教堂中的礼拜仪式。这本书激起了民愤,波及范围类似于他第一
封信的影响。在这里,《论法律》的影响相当明显,在描述道德上完
美的人的时候,托兰德一字不差地引用了《论法律》1.59-62。⑬

穿过时间的隧道,《论法律》(特别是他的政治意涵)被法国哲
学家们广泛研究。孟德斯鸠在其名著《论法律的精神》(1748 年版)
中六次引用了《论法律》,⑬尽管他很崇敬西塞罗,但是在托兰德所
能达到的那种程度上,他也具有原创性,他是一个自己主导自己的
思想家。⑭ 但是,在马布利神父(abbé Gabriel Bonnot de Mably,

---

⑬ F. H. Heinemann,"John Toland and the Age of Reason",Archiv für Phi-
losophie 4 (1952), 42,其中引用了尚未出版的 1709 年 12 月 28 日的信。参见
John Toland, *Letters to Serena*, ed. Günter Gawlick (facsimile rp. of 1704 ed.;
Stuttgart-Bad Cannstatt, 1964);在第 4-8 页中 Toland 详细阐述了西塞罗这段话
的主题。

⑬ John Toland, *Pantheisticon sive Formula celebrandae sodalitatis Socrati-
cae*,Cosmopoli, 1720,83-85.

⑬ 孟德斯鸠:《论法的精神》(*De l'esprit des lois*, ed. Gonzague Truc, 2
vols. ,Paris, 1949)2.2:《论法律》3.34-37;5.11:《论法律》3.23;12.19:《论法
律》3.44;23.22:《论法律》3.19; 24.13:《论法律》1.40; 29.16:《论法律》2.59。

⑭ See Thaddäus Zielinski, *Cicero im Wandel der Jahrhunderte*, 4th ed.,
Leipzig, 1929,254.

1709—1785）的《论公民的权利和义务》（*Des droits et des devoirs du citoyen*）中，《论法律》的影响力达臻顶峰。《论公民的权利和义务》是作者和一位英国朋友斯坦霍普勋爵（Lord Stanhope）之间的系列对话，本书的作者在他的《罗马人和法国人之间的相似之处》（*Parallèle des Romains et des Français*）（1740）中为绝对专制进行了辩护。开放式的对话借鉴了《论法律》这部漫步式对话录，在《论法律》中，自然风景是最初主题，后来逐渐转移到更重要的事情上，例如"公民的责任"，这像是一个偶然出现的成语，逐渐就变成了讨论的焦点。

在对话的结尾处，有一个对《论法律》的场景的明确引用。[141] 对话者同意《论法律》3.2 所阐释的观点：官员拥有凌驾于公民之上的权力，法律在官员之上。但是英国人斯坦霍普勋爵认为绝对服从的责任永远是恶。首轮谈话以分歧告终，忧心忡忡的作者返回家中到《论法律》中寻找指导，在 1.42 中他偶然看到了对不义之法的谴责。接下来的日子，作者向斯坦霍普勋爵展示了相关段落，谈话重新开始。和托兰德的情形一样，《论法律》中的段落被用作与过去果断决裂的基本理由，在马布利神父的情形中，西塞罗对实证法的批判促使人们怀疑遵守人类所制定的法律的任何绝对责任。因此，马布利神父转变了想法，他后来的论述对法国大革命的爆发起了推波助

---

[141] Gabriel Bonnotet de Mably, *Des droits des devoirs du citoyen*, ed. Jean-Louis Lecercle(orig. Kell, 1789; Paris, 1972) ,213:"我以为我被带到了图斯库路姆，我以为我和西塞罗一起漫步在利里斯河畔（…je me croyois transporté à Tusculum, je croyois mepromener avec Cicéron sur les bords du Liris…）。"（作者记错了：利里斯靠近阿尔皮鲁斯，而非图斯库路姆！）

澜的作用。⑭

　　但是,在公民和国家的共同权利和义务的争议节点上,《论法律》不能长期坚持上述立场。十九世纪的几处文本发展在一般意义上削弱了西塞罗的影响力,即削弱了《论法律》的影响力。西塞罗是其中一个创作者(斗转星移,"诸作者"变成了"写作团队"),学院人士期待他的学说能在几乎任何话题的有教养的讨论中发挥一些作用,在整个中世纪、文艺复兴和启蒙时期都保有这个立场。该立场受到了历史学家的挑战,例如德鲁曼(Wilhelm Drumann)和蒙森(Theodor Mommsen),他们发现西塞罗在历史进程中扮演的角色小于他的著作表面上所扮演的角色,⑭并且,古典哲学的研习者们也批评那个立场,他们热衷于揭露构成西塞罗哲学基础的希腊渊源。鉴于后面这种研究,西塞罗不再被描述为"最伟大的哲学家",像托兰德曾描述的那样。⑭ 有一种观点认为西塞罗政治哲学观点的主体渊源就是《论法律》这部书,这种观点在 1822 年突然受到强烈质

---

⑭　革命议会通过了受 Mably 思想的启发而制定的法律。参见 Aldo Maffey, "Il Mably e la Rivoluzione francese", *Studi francesi* 20 (1963), 248-257, esp. 251 ff. ;Georg Müller, *Die Gesellschafts-und Staatslehren des Abbés Mably und ihr Einfluß auf das Werk der Konstituante*, Berlin, 1932, ch. 5; Wilfried Nippel, *Mischverfassungstheorie und Verfassungsrealität in Antike und früher Neuzeit*, Stuttgart, 1980,156, n. 66。Nippel 错误地拒绝了西塞罗宪制理论的影响——因为《论共和国》的佚失,直到 Mai 重新发现这部书。

⑭　历史学家研究西塞罗的这种方式,绝不是过去的事情。See Christian Habicht, *Cicero the Politician*, Baltimore and London, 1990,3-8.

⑭　John Toland, *Life of John Milton*, London, 1699,147: "在这个世界上,必须承认在西塞罗之后,最伟大的哲学家是……洛克。"John Toland(*Collection of Several Pieces*, 1, London, 1726, 232)说西塞罗是"最伟大的哲学家(summus philosophus)"。

疑,这一年,安吉洛·梅(Angelo Mai)发现并出版了《论共和国》的残篇的梵蒂冈重写本。这让《斯基皮奥之梦》的片段望尘莫及,通过马克罗比乌斯的评注的手稿,这个片段得以在中世纪幸存并流传下来,现在,新的实质性材料添加到了马克罗比乌斯的手稿中,也许更让人叹为观止的是,对这些零星残存的东西的保留和它的意外重现。因此,尽管最后一个世纪过去了,但是一半的进展是在分析《论共和国》而非《论法律》的文本传承(参考下面第 10 节),在讨论西塞罗的政治哲学时,占据舞台中央的注定是《论共和国》。[145]

九 语言和文风

《论法律》融合了两种基本类型的材料,每一种都需要不同的风格分析:(1)在马尔库斯·西塞罗、其兄弟昆图斯和阿提库斯之间的对话;(2)以温和的古风拉丁语书写的法律本身。在(1)之中,存在进一步的细分:(a)关于阿尔皮鲁斯地方风貌和民间传说的风趣而又提纲挈领的谈话;(b)第一卷中对自然法学说的讲解。为此马尔库斯采用了两种不同的文风,以便于首先广泛和自由地(fuse ac libere)讨论,然后一部分一部分地(articulatim distincte<que>)讨论,尽管这个描述隐藏——而非详细解释——了区分的本质(1.36 及其注释);(c)解释法律并为法律进行正当性辩护,大多数时候处理得井井有条、朴实无华,只特别在围绕克劳狄乌斯的活动展开讨论时,偶尔会油然生出激烈情绪(2.42−44,3.21−22,2.25−26);和《论共和国》一样,这里植入了许多翻译和改写的东西,有的来自柏

---

[145]　See Gelzer, *RE* 7A (1948):972. 37−976. 20 (on *Rep.*).

拉图、色诺芬(2.45,2.56,2.67-68),有的来自雅典法律(2.64)。哲学著作(《论义务》1.3)中平静温和的演讲风格(aequabile et temperatum orationis genus)提供了一套分类,但是《论法律》的文风变化多端,这套分类远远不够。

与日常谈话相比,《论法律》的读者遇到的篇章布局、遣词造句及句法现象更宽泛多变。在严格意义上的法律中能发现古典的词态学(morphology),那里有大量的"将来"命令式,还有老古董式词汇,例如 ollos(那)对应 illos,endo(里面、之内)对应 in(2.19.7),escunt(是、存在)对应 erunt(3.9.2),还有第三变格名称的复数主格词尾-is(3.6.5),甚至存在罕见的形式 appellamino(应该被称为)(3.8.2)。不知是西塞罗自己发明了这种虚假的古风,还是对原型的双重阅读导致了蜕变(3.8.2)。古风体的连词 ast(但是、至少)在这里也扮演了一个角色(3.9.2 等)。在古风中也流行把 nec(不、也不)和 non(不)(2.22.1)等同。还有一些古风体的拼写,例如 duellum(战争)(2.21.2,3.9.2、4)、loedis(赛会)(2.22.2)、coeret(管理)(3.10.7),但在手稿中,这些并非持续贯穿始终,参见 bella(战斗)(2.21.7)和 ludorumque and curatores(管理和市政官)(3.7.1)。但是,在法律之外的一种情形中,西塞罗用了一种他在散文中回避的形式,即用词尾-ere 表示第三人称复数完成时,以模仿他讨论的历史学家的风格(还有 1.6 的 successere[接替];参考前面),[140]并且,在他自己撰写的法律中(参阅上面),以及在 2.45 用古风色彩翻

---

[140]　为何西塞罗在《论法律》1.36 中使用 sequare 而不是 sequaris(你现在要遵循),这是不清楚的,尽管他在其他地方使用-ris 形式表示第二人称单数现在时。

译柏拉图的《法义》时,都出现了 duellum(战争)。

在西塞罗对法律的评述中,他把自己展现为一个敏锐观察惯常用语的人,他注意了像 humatus(埋葬)和 lessus(哀悼)(2.57、59)这类词的意思。在《论法律》中,西塞罗用自己的词汇展现了这种敏锐性。古体诗丰富了这种表达,例如 catus(博学多才的)(1.45)、delubrum(神殿)(2.19.5 的立法中,2.45 对柏拉图的翻译中)、opaco(阴影)(第五卷的残篇中),可能还有 fatidicus(预言的),尽管早期诗歌并没有为他们提供明证(参考《论法律》2.20.5)。就像 suboles(民族)(3.7.3)的使用情形那样,诗歌体和古风体可能会重合。在古风体措辞方面,《论法律》有时堪比《论共和国》,例如两部著作都使用了 proles(子孙后裔)(《论法律》3.7.3;《论共和国》2.40),《论法律》1.34a 中的古体词 sepse(某人自己,反身代词)会让人想起更早的对话。也有一些明显新造的词,例如 coangusto(设限)、commendatrix(赞扬)、compositor(创作者)、conciliatrix(调停人)、deducta(携带者,作为名词性实词)、diudicatio(裁决)、effatum(可辩论的命题,作为名词性实词)、emendatrix(纠正)、obtemperatio(服从)、perturbatrix(干扰者)、saepimentum(篱笆)和 temperamentum(按比例合成之物),他们都是首次出现(参见 Index of Latin Words s. vv.)。deducta(携带者)和 effatum(可辩论的命题)是两个新的名词化的分词,也表明西塞罗对一些分别源自商法和占卜法领域的技术性术语很宽容。[147] 商法领域的用法也属于希腊外来词

------

[147] 在《论法律》2.45 中,exempli(典型的)出现在技术性的法律场景中,并且把 cado(拉下)和 in 一起使用并加夺格的用法也是因为法律习语用法。参见《论法律》2.19.9。

的用法,例如 syngrapha($\sigma\upsilon\gamma\gamma\varrho\alpha\varphi\acute{\eta}$[收债])(《论法律》3.18)或 astu($\check{\alpha}\sigma\tau\upsilon$[特别是像雅典这样的城市])(《论法律》2.5),在演讲中也使用 syngrapha 这个词。西塞罗也没有回避使用$\nu o\mu o\varphi\acute{\upsilon}\lambda\alpha\varkappa\epsilon\varsigma$(法律守护官)这样的希腊官名(《论法律》3.46)。他也引用和翻译梭伦的词 $\tau\acute{\upsilon}\mu\beta o\varsigma$(坟墓),并毫不犹豫地使用源自希腊的 prooemium(序曲[$\pi\varrho o o\acute{\iota}\mu\iota o\nu$]),而他之前避免使用这个词(参见《论法律》2.16)。[148] 《论法律》中也有一些源自希腊的隐喻性的用法,[149]例如西塞罗极力拓展拉丁词汇以符合自己的语义要求。在这里,我们首次遇到把 intellegentiae(理解)作为廊下派的$\check{\epsilon}\nu\nu o\iota\alpha\iota$(沉思)的同义词的情形(参考《论法律》1.26b),但这个词是被悄悄地引入,不像《论善恶之极》3.3-5 中那样大张旗鼓。此外,我还要单独列出 aequali-tas(平等),在《论法律》1.49 被首次使用,意指法律之下的权利平等,可以进一步参考《语法和文风特征的索引》(*Index of Grammatical and Stylistic Features*)中的“新造词”(Coinages)和“引喻”(Metephor)词条。泛泛而言,西塞罗成功地敉平了拉丁语中的缝隙,如他不用合成词就可翻译柏拉图的$\mu o\nu\acute{o}\xi\upsilon\lambda o\nu$(木制品)(参考《论法律》2.45)。

　　法条的句法也刻意仿古,例如用-que(和)作为主要的句子连词(参考《论法律》2.19.9),还有古风体的-que…-que 并列关系句(参考《论法律》2.21.2)。引人注目的是用仿古风来组织句子,把

---

[148]　关于《论法律》中的希腊外来词,详见 Paivo Oksala, *Die griechischen Lehnwörter in den Prosaschriften Ciceros*, Helsinki, 1953, p. 136。

[149]　在公元前 45 年时他说:“我们注意到,借助那个东西,伟大的民族已然被影响,我们竟然没有从希腊继承词语上的财富。”(《论诸神的本性》1.8;参见《论善恶之极》3.5)

关系从句放在主句前面,有时用一个词引出关系从句并置于句首,例如在《论法律》2.19.2 中说 qui secus faxit(任何人不得另奉神)。这也是一些从希腊模式中新引进的句法,包括修饰性与格(adnominal dative)(例如《论法律》1.42:obtemperatio scriptis legibus[对成文法的遵守])。尽管西塞罗对希腊语的翻译工作显示其减少了对分词的使用(参考《论法律》2.67-68),这是意料之中的,但这预示着,在西塞罗后期的风格中,将会更多地挖掘动词的属性特征。⑮

正如人们所期待的那样,西塞罗以精湛的技艺使用了拉丁语千差万别的语域(registers)。其范围宽广无比,从马尔库斯和阿提库斯之间的风格转换(特别是《论法律》1.21,36)到 1.58-62 对智慧(sapientia)的高度赞颂。马尔库斯和阿提库斯之间的风格转换写在城镇对话(sermo urbanus)中,这不同于信件中的风格,并且,这种风格的转换表现为强化前缀,而不是烦人的后缀,⑮甚至在 2.42-43 克劳狄乌斯反复地责难匿名者(tacito nomine)的简洁的抨击性演说中也有这类风格的转换。西塞罗式修辞学的全部宝库就是通过句尾共鸣(resonant clausulae)实现恰当的效果,包括轻蔑(contempt)、拟人化(personification)、双关语(puns)、省略(praeteritio)、三行体

---

⑮　参考《论法律》3.35:Lucio Cassio…dissidente a bonis atque omnes rumusculos populari ratione aucupante.(卢基乌斯·卡西乌斯……[提出这部法律时],违背德高望重者的看法,且按民众的理由对全部流言蜚语捕风捉影。)

⑮　关于西塞罗对 per-的特别喜爱,参见 J. André, "Les adjectifs et adverbes à valeur intensive en *per*-et *prae*-", *REL* 29 (1951):121-154, esp. 141-147;另见 Peter Parzinger, *Beiträge zur Kenntnis der Entwicklung des Ciceronischen Stils*, Diss., Erlangen, Landshut, 1910, 120-122; J. G. F. Powell, ed., and comm., Cicero. *Cato maior de Senectute*, Cambridge, 1988。其中《老卡托论老年》在 3.9 处省略了带有比较词的 quam,被认为是受口语的影响。

(tricola)(参考《语法和文风特征的索引》中的相关词条和《拉丁词索引》中的"per-"词条)。另一方面,应该说,文本有一些修补,这些修补并没有像人们在公开流通的西塞罗的著作中所期待的那样被仔细完成,这不仅体现在贯穿于目录中的差强人意的思想中,[132]而且体现在风格中,例如 3.19b 中 cuius…ortum…procreatum videmus(我们看到……它[职权]……产生……存在)。有时候,很难弄清楚我们是否应该修改西塞罗手稿的粗陋之处(参见《论法律》1.46,2.28)。

十　文本

像一般的拉丁文经典著作那样,公元五世纪之后的几个世纪里,《论法律》严重残损。公元九世纪,幸存下来的中世纪抄本的原版(鲍威尔的 ω;施密特的 X)被发现,共同的错误和缺漏显示它是一个孤本、一部严重残缺的手稿,它用小书写体字母写成,也可能包含双重读法。(参考 1.33,2.20.1,2.29,2.62a,2.15b,3.8.2,3.33。)[133]

《论法律》收于所谓的《九世纪西塞罗哲学/修辞学著作莱顿集》,它以一座荷兰城命名,因为那座城市藏有几个主要证物,包括两部最早的《论法律》抄本,编号为 Voss. F. 84(A)和86(B),都是九世纪中叶抄于法国。《莱顿集》中的最后一个篇目是《论法律》,它的结尾部分受损严重,第三卷的结论部分和至少另外两卷内容佚

---

[132]　See Index of Topics s. v. "Incompleteness or Lack of Final Polish".

[133]　See Michaela and Klaus Zelzer, "Zur Überlieferung des Leidener Corpus philosophischer Schriften des Cicero", *WS* 114(2001):198,183–214.

失,这毫不奇怪。⑮ 接下来,有两个亚原版(hyparchetype):一个是 B 手稿,它自己形成了一个亚原版,很罕见地通过《论诸神的本性》1.1-2 中的 enumerare sententias(琢磨想法)保留了 esse debeat(他应该是),这表明了这个版本的独立性;而另一个分支(y)需要从其他两个证物中修复,一个是鲍威尔的 J 标本,它由三个十五世纪的证物组成,分别是 E(Leid. Periz. F 25),R(Rouen, Bibl. Mun. 1041)和 S(Paris, BN Lat. 15084)。人们认为,J 标本与《莱顿集》中的另一部分内容相符,就是 Vindobonensis 189(V,也是九世纪的),这部分内容保留了许多其他著作,但没有保留《论法律》。修复 y 的另一个证物是 w,w 从另外两个莱顿手稿中得以修复,它们分别是 H(Leid. BPL 118,十一世纪)和 L(London, Burn. 148,十三世纪)。《论法律》的第三个莱顿手稿 A,由于其年头长,在过去被高估了,A 似乎因混杂了来自 B 和 y 分支的内容而失真。⑮

---

⑮ 关于第三卷结尾参考《论法律》3.49;关于(至少)两卷额外内容参考本文前面第 7 节。

⑮ 参见 Peter Lebrecht Schmidt, "Die Überlieferng von Ciceros Schrift 'De Legibus' in Mittelalter und Renaissance", *Studia et Testimonia Antiqua* 10, Munich, 1974。概述参见 Peter Lebrecht Schmidt, "Die handschrifeliche Überlieferung von 'De Legibus' Resultate und Perspektiven", *Ciceroniana* n. s. 1, 1973, 83-89, 和鲍威尔的编辑前言。鲍威尔比施密特走得更远,鲍威尔认为 A 和 B 的共同错误是因为混杂失真(他从《论法律》1.26 中引用了一个对话性的例子,在那一节中,A 的 formatioris[模型]明显来自 B 的 formauitioris[模型],而 E、S、R、H、L 中有 formavit oris[标准表达]),鲍威尔还认为,没有理由否定 E、S、R、H、L 的真正文本可能源自手稿原版,而非像施密特所说源自猜测(Peter Lebrecht Schmidt, "Die Überlieferng von Ciceros Schrift 'De Legibus' in Mittelalter und Renaissance", 95-96)。鲍威尔进一步认为,那儿看来没有《论法律》的段落,即便在第三卷末尾也没有,B 和 H 都漏掉了,只有 A 保留了真正的文本。Zelzer 对文本的历史提出了不同的观点(Zelzer, Michaela and Klaus, "Zur Überlicferung des

　　和九世纪《论法律》的抄本紧密相联的传播拉丁文经典的著名人物是哈多尔德(Hadoard of Corbie)，A 和 B 都是经他之手而传播，也许他还是鲍威尔的 A^a 所认定的修订者，[154]并且，哈多尔德是各种《论法律》的抄本得以传播的核心人物。特别具有影响力的是 F(Laur. Marc. 257，九世纪)，它是 A 和 B 的杂糅体，并且 F^2 是很多著名的揣摩本的源头。在 F 之后，很快就出现了 F^2 的揣摩本，它在西弗兰肯地区(western Franconia)被抄写(Monacensis Univ. 528. 4)，被存放在斯特拉斯堡(Strasburg)大教堂。

　　在中世纪，尽管《论法律》并非学校的教材，[157]但在十二世纪，在《莱顿集》的其他部分之外，出现了该著作的特别版本 p；其主要代表是 P(Berlin, Phillipps. 1794 年，十二世纪末[158])，这个抄本处于 J

Leidener Corpus philosophischer Schriften des Cicero", *WS* 114, 2001, 183−214)，他怀疑九世纪和十世纪的抄写过于沉溺于猜测性修订并过于质疑《莱顿集》的存在，对于《论法律》而言，他们假定有一个后期的古老原版，AB、H 和 FK 分别代表了这个原版传承的三个脉络，我们将在其他地方处理这个论证。

　　[154]　See Peter Lebrecht Schmidt, " Die Überlieferng von Ciceros Schrift ' De Legibus' in Mittelalter und Renaissance", 142ff. 对哈多尔德(Hadoard)的部分传播活动的质疑，参见 Zelzer, Michaela and Klaus, "Zur Überlicferung des Leidener Corpus philosophischer Schriften des Cicero", *WS* 114,2001,211−212。

　　[157]　See Ernst Robert Curtius, *Europäische Literatur und lateinisches Mittelalter*, 3d ed. (Bern−Munich, 1961), 59 = *European Literature and the Latin Middle Ages*, tr., Willard R. Trask (London, 1953), 49 − 50; Peter Lebrecht Schmidt, "Traditio Latinitatis" in *Studien zur Rezeption und Überlieferung der lateinischen Literatur*, 105 ff. ; Ginter Glauche, "Die Rolle der Schulautoren in Unterricht von 800 bis 1100" in *Settimane di studio del certro italiano di studi sull' alto medioevo* 19. 2 (1972) :617−636, esp. 630.

　　[158]　See Peter Lebrecht Schmidt, "Die Überlieferng von Ciceros Schrift ' De Legibus' in Mittelalter und Renaissance", 201 ff.

谱系中,尽管它可能受到 B 和 A 的一些影响(参见鲍威尔的前言,
6.6)。p 最初在法国、德国南部和英国流传,大约在 1350 年,在彼
特拉克(Petrarch)的帮助下 p 得以传到意大利,并很快成为那里的
文本的主导性版本。彼特拉克在一封安慰信中两次引用了《论法
律》第二卷,信的内容涉及一位朋友的不幸——他去世后未能得到
安葬。⑤ 在其中一封写给西塞罗的信中,彼特拉克抱怨《论法律》与
《论演说家》《论学园派之书》以及一些未命名的演讲稿以如此残缺
的状态保存下来,以至于如果它们完全灭亡,那就更好了。⑥ 康斯
坦茨会议期间,波吉奥(Poggio)在莱茵河上游的一次旅行中发现了
F,并基于对勘 F 与 p 手抄本,创造了他自己的文本(Vat. Lat.
3245);他还标记了几乎所有被现代编辑认可的缺漏,并将这些部分
重新分配给合适的对话者,⑥最终搞出了一个比彼特拉克抱怨的文
本更具可读性的文本。波吉奥的版本传播广泛,该书初版(Rome:
Sweynheym and Pannartz,1471 年)承袭了这一传统。

---

⑤　Pett. *Fam.* 2. 2. 16(《论法律》2. 57)和 19(《论法律》2. 58):"因功勋卓
越而被许可在城墙内埋葬的例外。"彼得拉克[Petrarch]错误地将这一规定归
入第三卷)。

⑥　Pett. *Fam.* 24. 4. 14:"事实上,我们还佚失了所幸存的典籍的大部分,
就像被大量业已湮灭的和让人变得懒惰的油印机所盖住那样。你不仅要带领
穷途末路的我们,而且带领残缺不全或者损毁严重的我们哀伤。在其他许多
文献中也有这种情况——在你们最著名的演说论著、论学园派之书和法律著
作中。我受够了。这带来的结果是,你要继续毁灭他们,因为完全佚失是更好
的。"(当然,《论演说家》的更完整版本是后来被发现的。)

⑥　Peter Lebrecht Schmidt, "Die Überlieferng von Ciceros Schrift 'De Legi-
bus' in Mittelalter und Renaissance", 285;Peter Lebrecht Schmidt, "Traditio Lat-
initatis"in *Studien zur Rezeption und Überlieferung der lateinischen Literatur*, 27。关
于早期的混淆,参见《论法律》1. 1。

下面的图是鲍威尔的谱系图(在施密特之后),说明了主要的关系,但并不试图代表年表。

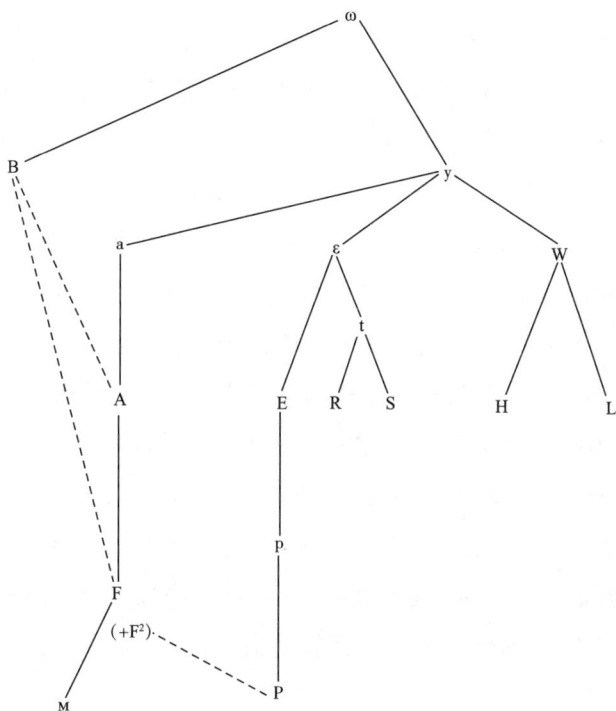

古代作家对《论法律》的引用为我们提供了观察的可能性,即超越原版所保留的传统范围来观察的可能性,但材料并不像人们所期望的那样丰富。最多只有四个片段超出了中世纪文本的范围:出自第三卷的残篇,明显属于 3.17 的缺漏处;出自第五卷的残篇(马克罗比乌斯《萨图尔努斯节会叙》6.4.8);来自 inc. lib. 1 的残篇(拉克坦提乌斯:《神圣法规》5.8.10),它要么属于第 1.33-34 的脱漏,要么属于第四卷;还有 dubium 残篇,可能出自 2.28 的脱漏。其他所谓的《论法律》的残篇可能来自《论悼颂》(*de Consolatione*)(参考来自 inc. lib. 2 的残篇)。

　　相关的引文都来自拉克坦提乌斯,⑯它们基本无助于完善流传下来的文本。虽然拉克坦提乌斯会或明或暗地大量引用《论法律》,但很少出现不同的文本。鉴于他很可能是依靠记忆,所以不能过于重视他在词序上的变化。在《论上帝之怒》(*ira*) 14.4 中,他引用了《论法律》1.28,顺序是 doctorum hominum(饱学之士),而非《论法律》的手稿中的 hominum doctorum(饱学之士),但在《神圣法规》6.2.5.9 中,他引用了同一段话,顺序是 hominum doctorum。⑯ 有些段落与其说是准确引用,不如说是转述,比如在《神圣法规》2.11.1 对《论法律》1.24 的处理。当然,也有根据句法及新的语境所进行的调整,例如《神圣法规》5.20.3 对《论法律》2.19.1-2 的引用。《论法律》的校勘者感兴趣的是《神圣法规》1.15.23,其中对《论法律》2.19.7 的引用包括文本 locaverunt(他们安排了),鲍威尔依据 ω 版本恢复成 vocaverint(他们称呼);在《神圣法规》3.10.7-8 中,拉克坦提乌斯的 haberi(有[不定式被动态])似乎比《论法律》1.24 所

　　⑯　关于拉克坦提乌斯(Lactantius)对《论法律》的使用,参见 Peter Lebrecht Schmidt,"Traditio Latinitatis" in *Studien zur Rezeption und Überlieferung der lateinischen Literatur*, 31-33; 参见 Peter Lebrecht Schmidt, "Zeugnisse antiker Autoren zu Ciceros Werk De Legibus", 305-321。

　　⑯　《神圣法规》4.4.6 引用《论法律》1.22 时也调换了词序: hominem praeclara quadam condicione a sutremo deo esse gereratum([我们称这种动物为]人,在极好的状态下,被最高的神创造出来),对比: hominem praeclara quadam condicione gereratum esse a sutremo deo([我们称这种动物为]人,在极好的状态下,被最高的神创造出来)。(《论法律》手稿)。

传下来的 habere(有[不定式主动态])⑯要好。在同一段落中,他省略了第二个 agnoscat(他将识别出),这似乎是正确的。

《论法律》的现行版本并不是基于上述的谱系图,这主要是施密特的工作成果。虽然他没有提供谱系,但瓦伦已经将他的文本的第一版(1871 年)紧密地建立在 A 和 B 之上,在第二版中,虽然他在序言中坚持以前的做法是正确的,但他将 H 的文本添进了他的结构中。齐格勒(Ziegler)在他的海德堡文本(1949 年,1963 年)中,把A、B 和 H(它们相一致的部分被称为 V)作为平等的贡献者,一起构成"真正的传承"(echte Überlieferung)。由此不可避免的是,B 的分量太轻,H 和(特别是)A 的分量太重。⑯ 戈尔勒(Görler)(1979 年)在修订齐格勒的版本时,虽熟悉施密特 1974 年的文章,但戈尔勒确立了他的原则:"尽可能少地偏离到目前为止所确立的传统"(第115 页),当流传的文本让人匪夷所思,并且对其修正不会引起智力上的质疑时,固守上述原则的可能性就会降低(第 17 页)。在实践中,这意味着文本已经从齐格勒的许多不必要的修改中解放出来,但代价是有时会出现西塞罗的其他作品中没有的赘语。戈尔勒的辩护理由是,这部作品从未获得过定本(summa manus)的称呼,因

---

⑯ 在《神圣法规》1. 20. 16(对《论法律》2. 28 的改编,参见 Peter Lebrecht Schmidt, "Zeugnisse antiker Autoren zu Ciceros Werk De Legibus", 305-321)还有一个拉克坦提乌斯的被动词,对应已确证的主动词(consecrari 对应 consecrare[把……作祭祀用])。

⑯ 关于对 A 的高估,参见 Peter Lebrecht Schmidt, "Traditio Latinitatis" in *Studien zur Rezeption und Überlieferung der lateinischen Literatur*, p. 41 和 n. 146。关于在《论法律》其他现行版本(例如 de Plinval 版)中甄选手稿的困难,参见 Peter Lebrecht Schmidt, "Die Überlieferng von Ciceros Schrift 'De Legibus' in Mittelalter und Renaissance", 395-396。

此"不均衡是……意料之中的"(第17页)。

　　齐格勒在一篇文章中认为,由于《论法律》是一个讹误迭出的文本,所以应赋予编辑更多的自由来修改流传的版本。[166] 戈尔勒驳斥了这个观点(第16-17页)。齐格勒的论证需要依据手稿传承的状态来重述,如果传承本身很薄弱,就像《论法律》那样,基本上只靠一个支柱(ω),那么就需要非常严格地审查流传下来的文本,并参考作者在其他作品中的做法。我们没法知道西塞罗留下的手稿是什么状态,[167]但他的即便是速成的、没有为出版而打磨的信件,也具有优雅的表达,不冗赘拗口。[168] 即使是专业的拉丁语学家,最近也没有深入研究《论法律》,这是事实,因此,对一些疑难问题的解决方案可能是可行的。

　　鲍威尔(J. G. F. Powell)准备好了《论法律》的新版本,大概会在一年后面世。他列出了一个在谱系上富有意义的诸多文本的完整清单;读者也应该参考这个版本,以了解手稿识别符等的完整解释。这里引用的文本符合鲍威尔的版本——在出版前他非常友好地提供给我了,我们已经详细讨论了文本问题(因此在评注中使用了第一人称复数来判定文本)。正如评注中的文本注释所显示的那样,在他的慷慨允许下,他的观点经常被引用。鲍威尔的文本可称为"温和改良派",即对流传的文本予以严格审查,在不进行不合情理

---

[166]　Konrat Ziegler, "Zur Textgestaltung von Cicero De Legibus", *Hermes* 81, p. 303.

[167]　尽管有些地方能被看作是缺乏最终打磨;参见《主题索引》中"不完整"词条。

[168]　参见《致亲友书》3. 11. 5:si, ut scribis, eae litterae non fuerunt disertae, scito meas non fuisse(如你所写,那些没有得到优雅表达的信件,你必定要知道就不是我的信件)。

的重写的情况下,使文本达到西塞罗其他作品的文风水平。在这个过程中,我们考虑到了原版的特点,包括它包含双重理解的可能性,以及抄工们可能会陷入的错误类型,特别是跳跃错误,⑯以及西塞罗在韵律上的偏好。

---

⑯　参见《主题索引》中的"原版,疑似双重理解之处""重复字母的漏写""跳跃性错误"词条(Archetype, suspected double readings in; Haplography; Saltation error)。

西塞罗《论法律》疏解

罗森(Elizabeth Donata Rawson)

引　言

　　人们通常不认为西塞罗是一位高深莫测的作家。其文风质朴清晰,在许多作品的撰写过程中,他完全知道澄清文本意图的细节,这些文本也常常彼此参照。但是,《论法律》是个例外,其成书日期不明确,其起源也争论不休,残篇的保存方面似乎既没有顾及文辞又没有顾及篇章,一些部分很难解,且文风仿古(由此使得部分内容在文本上错误百出),引发重重问题。这致使《论法律》的作者的许多门徒直接绕开了文本,或者仅仅致力于发表一些老生常谈的论调。最近,有相当数量的人致力于解读它,它还被编辑了好几次。但是,百年来,基本没有可靠的进展,这令人沮丧。其原因在于,瓦伦(Vahlen)的编辑为文本打下了基础,并且梅尼尔(A. du Mesnil)的最终完整评注也已经出来了。① 从那时开始,好的想法经常被埋

---

① J. Vahlen, 1871 and 1883; A, du Mesnil, 带评注, Leipzig, 1879,几乎与 G. Sichirollo(有非常多的评注)同时期,Padua,1878。注意 E. Schramm, *De*

没,而新的想法却不甚了了。

一　《论法律》的成书日期

　　《论法律》所引发的许多问题都是相互牵扯的,但是基本问题

M. Tullii Ciceronis libris de legibus recensendis, Diss. Marburg, 1897。《论法律》还
被 C. F. W. Müller(Leipzig, 1878)、Th. Schiche(和《廊下派的辩驳》一起, Leip-
zig, 1913)、C. W. Keyes(Loeb edn., 1928,带英语译文、较少的注解和脚注)、
Ch. Appuhn(Garnier, Paris, 1933,带法语译文和简短注释)编辑过。G. de Plin-
val(Budé, Paris, 1959)因过于粗暴的修改倍受批评,但导言和简短的注释有时
很有用。Plinval 在以下文章中为他的一些读物辩护(并列出了他的评论者):
Autour du De Legibus, *Rev. Ét. Lat.* 47(1969):294。现在最好的文本是 K. Zie-
gler(Heidelberger Texte, 1950 和 1963),不幸的是注释非常简短(也参考他的文
章:"Zur Textgestaltung von Ciceros de legibus", *Hermes* 81[1953]:303)。
J. Busuttil(*Cicero de legibus Book* 1, Diss. London 1964)提供了一个保守的文本,
一个英语译本和一个评注,评注中带有许多来自廊下派和西塞罗作品的对应
段落的比较。L. P. Kenter's edn. of Bk. 1(Amsterdam, 1972)有一个不充分的介
绍,但有冗长的、有时有用的注释。关于单一文本,参考 R. G. Tanner, "Cicero
de legibus 1.4", 14, *Latomus* 27(1968):598。我没有看到 P. M. Rossi, Milan
1925, C. Boselli(Bk. 1)和 A. Ottolini(Bks. 2 and 3), Milan 1935,或 C. A. Costa,
Turin 1937 的学院版,也没有见到 A. d'Ors, 1953 年的西班牙语版。关于 Vahl-
en 之前的版本介绍,参见 Ziegler,同前书。关于法律的古风体语言,见
H. Jordan, "Ciceros Archaismen in den Gesetzen", in: id., *Kritische Beiträge*, Ber-
lin 1879; J. W. Wilhelms, *Is the Language of the Ideal Laws in Cicero's de legibus
Truly Archaic?* (Diss. Minnesota 1942,参见 *Class. Journ.* 38[1943]458。)结果发
现,在西塞罗的时代,几乎没有完全脱离(法律)使用的语言,但有一些伪古文。
G. Pascucci(*L'arcaismo nel de legibus di Cicerone*, Studia Florentina A. Ronconi,
Florence 1970, 311)集中于实际法律之外的古文:他区分了法律古文和宗教古
文("Aspetti del latino giuridico", *Stud. It. Fil. Class.* 40[1968]:37)。

就是其成书之谜,现在,这方面稍有进展。施密特(P. L. Schmidt)②竭尽全力的漂亮工作让问题变得更易解决。诚如他所言,这些事充满争论和分歧,但迟早会得到裁决(《论法律》1.52)。在某种程度上,现在有了裁决结果(iudicata)。有观点认为,《论法律》作为整体,创作于公元前四十年代,具体而言,正如罗宾逊(E. A. Robinson)③所论证的,创作于公元前44年11月到前43年6月之间;这种观点很难再次成为主流。施密特的论证很有说服力,但绝不新颖。很明显,西塞罗及其兄弟和阿提库斯之间的对话发生在公元前五十年代后期,那时,克劳狄乌斯(Clodius)已去世,他的兄弟阿皮乌斯(Appius)④、庞培和卡图依然活着,并且,《论共和国》成书于公元前51年春天,《论法律》是作为《论共和国》的续篇被创作出来的,这是很清楚的。因此,举证责任在那些认为《论法律》的写作时间靠后的人,

---

② Peter Lebrecht Schmidt, "Die Abfassungszeit von Ciceros Schrift über die Gesetze", *Collana di Studi Ciceroniani* 4. Rome, 1969 (基于他的 Freiburg 博士论文:Interpretatorische und Chronologische Grundfragen zu Ciceros Werk *de legibus*, 1959), 附有关于此争议的详细文献和学说史。注意 E. Kalbe, *Quibus temporibus M. Tullius Cicero libros de legibus III scripserit*, Diss. Leipzig 1934。我没有看到 G. Lazić, *Über die Entstehung von Ciceros Schrift de legibus*, Vienna 1912。

③ E. A. Robinson, *The Date of Cicero's de legibus*, Diss. Harvard 1950 (其摘要载入 *Trans. Am. Philol. Ass.* 77 [1946]:321)。参见 E. A. Robinson, "Did Cicero Complete the De Legibus?" *Trans. Am. Philol. Ass.* 74 (1943):109; E. A. Robinson, "Cornelius Nepos and the Date of Cicero's de legibus", *Trans. Am. Philol. Ass.* 71 (1940):524。M. Ruch ("La question du *de legibus*", *Les Études Classiques* 17, 1949, 3) 在一定程度上追随了他。(然而,M. Ruch 的文章认为《论法律》的构思很早,在《布鲁图斯》中有所提及,并非未完成。)E. Paratore 在为 Schmidt 的书所写的导言中仍然认为《论法律》是作者后期修订的;但很难相信在凯撒死后《论法律》仍是"令人激动的话题"(di palpitate attualità)。

④ [译注]阿皮乌斯曾于公元前54年任执政官,曾撰《占卜》一书。

这些人要解释为什么《论法律》成书时间被推迟。可以确定的是，在《论占卜》(*De div.*)2.1-2 的要目中，西塞罗没有提及《论法律》，但这并不意味着《论法律》的写作靠后，也许意味着《论法律》没有出版或没有完成，西塞罗写作时或许被公元前 51 年的意外出使基里基亚(cilicia)所打断，然后就陷入了内战的焦虑之中。

施密特认为，在内战的创伤和凯撒的独裁之后(他可能认为公元前 46 年的《廊下派的辩驳》仍然有克劳狄乌斯和战前时期的影子)，西塞罗经历了一些令人难以相信且让他耿耿于怀的事情，诸如忍受克劳狄乌斯的不义之举、对占卜的重视(西塞罗在公元前 53 年被提名为占卜师)、对马略歌功颂德、他和他兄弟与庞培的日益紧张的关系——完全没有提及凯撒。但是，在《论法律》1.9-12 中，西塞罗说他忙于上法庭以致没有多少时间写作，但是在内战后，这是不能令人信服的，这过于详细和严肃，以至于只能被看作是一个真诚的辩解。此外，西塞罗设计法律的真实文本值得关注，在凯撒永久改革大祭司条款之后，大祭司负责查明历法的条款变得毫无意义，并且在西塞罗看来，凯撒不信任官员，且安东尼永久废止它(西塞罗赞成这个行为)之后，(受到谨慎限制的)权力不可能被赋予独裁官。凯撒颁布法律限制自由法和限制墓地的消费，这使得西塞罗不足以对这些主题发表意见。至少，西塞罗在《论占卜》中公开反对各种形式的占卜之后，在《论法律》2.32 中不可能写下接受占卜的话。梅尼尔也留意到《论法律》1.17 中匿名提到了鲁弗斯(Ser. Sulpicius Rufus)是最博学的罗马法学家——梅尼尔是关心细节的人，但是公元前 46 年的《布鲁图斯》赞扬鲁弗斯采用哲学素养来研习法律，所以，在《论法律》中，西塞罗自己来做这类工作是不可能的，在这期间，鲁弗斯做了相关的工作。

此外,《论法律》的对话模式充满趣味,并且,像公元前五十年的其他著作如《论演说家》《论共和国》那样,西塞罗公开承认受到柏拉图的启发。尽管在《图斯库路姆论辩录》中还有柏拉图的痕迹,但后期的西塞罗对这种对话形式丧失了兴趣——这种影响在《论义务》中消失殆尽。施密特反驳了其对手,也正确地察觉到《致阿提库斯》13. 19. 4 中西塞罗把他最近的对话录描述为亚里士多德式的,例如,作者就是著作的主角;但是不能排除早期著作也采取了这种形式。尽管在《致阿提库斯》13. 22. 1 中,西塞罗说他将让阿提库斯参与哲学对话,他知道他的朋友不会介意,但《致阿提库斯》13. 22. 1 不是基于学究们所发明的故事,在《布鲁图斯》中,西塞罗才首次介绍了阿提库斯,并且让阿提库斯对此承担责任(我进一步认为,西塞罗的观点是正确的,在严肃的哲学对话中,阿提库斯要么必须扮演伊壁鸠鲁的形象——此人受到了猛烈攻击,要么以呆板的形象[κωφόν πρόσωπον]出现。

事实上,在《学园派后篇》[Ac. Post]和《论善恶之极》第五卷中阿提库斯就是一副呆板的形象,基于政治的对话录就全然是另一副模样了)。施密特也从《论演说家》和《论共和国》中钩稽出了大量类似的想法和句子,并论证无需重视西塞罗的晚期哲学著作。但他的观点的说服力进一步被削弱了,大概因为他相信西塞罗的著作中有一些基本不符合时代的人或事(公元前 52 年或前 51 年夏天,昆图斯压根不在意大利),这些不符合时代的人或事应该提前确认,而非事后回顾。值得注意的还有,西塞罗在给阿提库斯的信中几乎没有提及公元前 52 年至前 51 年的事(直到他出发前往基里基亚),阿提库斯那时可能在罗马。假如关于写作的进度并没有在书信中被提及,那么,公元前 44 年 11 月之后,纵使没有给阿提库斯的信,我们也难相信西塞罗正在写《论法律》。他当时在奔向罗马的途中，很难有空撰写《论法律》这样的大部头著作。事实上，此信中有内容与《论法律》有关——《致阿提库斯》6.1.18（忒奥弗拉斯图斯和蒂迈欧就札勒库斯是否存在发生了分歧）与《论法律》2.15紧密呼应。信写自基里基亚，因此认为西塞罗此时还在写作是有根据的。

许多证据证明西塞罗的大多数著作写于公元前五十年代后期，无论如何，十九世纪以来多数最权威的学者都持此观点。⑤ 但是，在1893年，赖岑施泰因（Reitzenstein）把事情搞复杂了，他认为第一卷中关于自然法的长篇讨论和第二卷中部分与自然法相关的内容是后来添加到原著中的。⑥ 施密特也详细讨论过这个问题，但反对此观点。赖岑施泰因的结论可能不够坚定。有趣的是，赖岑施泰因认为，在《论法律》中，西塞罗的哲学术语与其晚期作品相比，不够成熟和专业，尽管依据这点可以排除其写作时间为公元前46年后，但是无法排除那几年是转变期，那时西塞罗写信给瓦罗（Varro）讨论哲学并着手写作受欢迎的《廊下派的辩驳》。许多学者发现了这个时期的一些证据，西塞罗在给瓦罗的信中至少在思考《论法律》，此信建议，假如不能参与政治，那么应该写一写和读

---

⑤　E. g. A. du Mesnil, 同前书, no. 1; M. Pohlenz, "Der Eingang von Ciceros Gesetzen" *Philologus* 93（1938）：102（同上，Kleine Schriften, hrsg., Heinrich Dörrie, Hildesheim, 1965, Vol. , 2,410）。P. Boyancé, "Travaux récents sur Ciceron", now in：Jd., *Études sur l'humanisme Cicéronien*, Brussels 1970, 36; E. Lepore, *Il princeps Ciceroniano*, Naples 1954; R. Philippson, *RE* 7A I, 1939, 1117, s. v. M. Tullius Cicero; Plinval and Ziegler in edd.

⑥　R. Reitzenstein, *Drei Vermutungen zur Geschichte der romischen Literatur*：*I. Die Abfassugszeit des ersten Buches Ciceros de legibus*, Marburg 1893. 参见 A. Lörcher, *Bursians Jahresbericht* 162（1913）：124 and E. Kalbe, 同前书, n. 1。

一读理想政制,还可以思考一下风俗和法律。这是不能让人信服的,尤其当你试图去看《布鲁图斯》16 时,它就更加不能让人信服。在《布鲁图斯》16 中,西塞罗提到了《论法律》,他承诺写一部著作献给阿提库斯(就像我们可能做的那样)⑦:"我们将开始一部新作,而非重拾旧作。"

然而,毕希纳(Büchner)提出的修订版的观点尤其富有吸引力。⑧ 毕希纳认为《论法律》2.1 以下再次提到了著作的开篇内容(引出对话者之前提到了朱庇特和全天[tota dies]),也就是说,在第二卷第一节所提到的几个点,在第一卷中重复了,且被更全面地讨论,并且第二卷的廊下派风格更淡,柏拉图色彩更浓(施密特通过区别两部分的宗旨全面阐释了这点)。对毕希纳的主要反驳是:第一卷的弁言确实更早一些,因此必须先有第一卷——但是,除了讨论自然法外,第一卷还可由什么构成呢? 正如波伦茨(Pohlenz)指出,第一卷和第二卷的弁言太长以致不能合在一块。毕希纳注意到了一些独特内容,但是学者们忽略了,在著作杀青一个小时、一天或者一周甚至几年之后,作者都能在他的文本中插入内容。

---

⑦　A. E. Douglas 在其编辑的 *Brutus*(Oxford,1966)中仍认为有可能。不过可以想象"qui iacent in tenebris et ad quos omnis nobis aditus, qui paene solis patuit, obstructus est(他们置身于黑暗之中,而我们通往那儿的所有途径——那几乎曾是唯一敞开的通路——都已被切断了)"这一模糊的引用可能是指《论法律》(或未刊作品[ἀνέκδοτα])。

⑧　K. Büchner, "Sinn und Entstehung von de legibus", *Atti del I Congresso Internazionale di Studi Ciceroniani I*, Rome, 1961, 81; 参见他的 *Cicero. Bestand und Wandel seiner geistigen Welt*, Heidelberg, 1964, 233。

二　对话录的形式和框架

那么,什么是《论法律》的总体形式? 西塞罗完成了这个形式吗?⑨ 在传世的遗本中,西塞罗承诺讨论官员的权力,倘若第三卷有一个简短的结尾的话,可能讨论司法(iudicia)或者教育,尽管我们心中有《论共和国》第四卷,但我们不能设想那将是一些现实立法(我们也许注意到,柏拉图在其《法义》中讨论了法庭)。有可能在流传下来的三卷之外,还有两卷多的内容以支离破碎的形式存在——事实上马克罗比乌斯(Macrobius)引用了第五卷。一些学者相信《论法律》与《论共和国》一样,其完整版是六卷。1727年,戴维斯(Davies)认为第五卷的残篇明显来自弁言,这个残篇描述了太阳经过正午,这意味着此后还会有很多内容出现,全书共八卷。戴维斯找到了很多支持者。其他的假设更多,但缺乏证据。此书是否在被证实的第五卷后就已写完,或仍有多卷,难以定论。施密特和其他学者一致认为第一卷缺乏一篇私人性的序言——序言中的素材经常会被用到谈话中(但是西塞罗的惯常写作模式和柏拉图的《法义》都没有此类序言),但这并不能证实作品没完成。然而,有一个可能,姑妄一猜,就是关于死后生活的残篇(拉克坦提乌斯:《神圣

---

⑨　C. W. Keyes, "Did Cicero Complete the de legibus?" *Am. Journ. Phil.* 58 (1937):403; E. Vianello, "Il trattato sulle leggi di M. Tullio Cicerone", *Historia* 2 (1928):121.

法规》3.19)呼应了《厄庇诺米斯》(*Epinomis*)开篇对死后幸福的讨论,⑩并且,西塞罗接受了这个假托柏拉图以补充《法义》的作品,伪作《厄庇诺米斯》公开讨论了教育,也以教育这一主题收尾。这至少在引言中写出来了。但是,大量晦涩的段落使我们不能接受最后的润色修改,某些内容将在下文讨论。

《论法律》的迷人框架曾被深入研究过。⑪ 这个框架确定与书信《致昆图斯》(残篇)(*Ad Q. fr.* 3.5.)所提到的写作计划相关,但是,事实上它并不依附于书信的计划。正如西塞罗的朋友撒路斯提乌斯(Sallustius)所认为的,为了能处理最近发生的事,西塞罗借斯基皮奥的口吻,用更大的权威,将《论共和国》移到当下。这个框架也明确参考了柏拉图的《法义》——三位谈话者,主导者是作者本人(在《论法律》1.15 中,西塞罗明确将雅典异乡人等同于柏拉图本人),他们的对话在夏日的乡间进行,持续了一整天。柏拉图的《斐德若》持续发挥影响,在《论法律》2.6 中甚至提到了这点(利里斯[Liris]河很冷,几乎很难把脚伸进水里试探,就像苏格拉底在《斐德若》中那样),同时,《论法律》第一卷中对诗歌和历史真实性的讨论

---

⑩　Vahlen 将其置于第 2.53 节之后的缺漏处,正如 Schmidt 所做的那样。Peter Lebrecht Schmidt, "Zeugnisse antiker Autoren zu Ciceros Werk *De Legibus*", In *Miscellanea Critica*, Vol. , 2, Leipzig, 1965, 301。Vahlen 也论证拉克坦提乌斯对丘比特的崇敬的援引,不是来自《论法律》残篇,而是对《论诸神的本性》2.61 的复述。Vahlen 也讨论了拉克坦提乌斯和奥古斯丁对《论法律》第四卷的评述。

⑪　R. Hirzel, *Der Dialog* I, Leipzig, 1895, 471; E. Becker, "Technik und Szenerie des Ciceronischen Dialogs", Diss. Münster, 1938; M. Pohlenz, 同前书, n. 4; M. Ruch, *Le Préambule dans les aeuvres philosophiques de Cicéron*, Paris, 1958, 117。

对应《斐德若》中生活的真实性的讨论(都提到了奥莱蒂娅[Orithy-ia]的传说)。⑫ 不仅《论演说家》(《论共和国》也发生在罗马)而且布鲁图斯(M. Junius Brutus)的法律对话(参见《论演说家》2. 224),都在乡间展开,伟人们假日在乡间静修,这在罗马素有传统。简洁的乡土氛围使西塞罗在《论法律》和其他哲学著述中用自然作为主题。尼可雷特(C Nicolet)⑬把注意力放在了其著作的意大利主题上(这部著作"在某种程度上可以被视为名副其实的市政宣言")。更严格地说,西塞罗通过双重祖邦(patriae)理论和罗马帝国更优越的观点,通过提及伟大的政治家马略和卡图,通过提及他自己的农场和库赫乌斯(M. Curius)的相似,通过提及伟大的斯考卢斯(Scaurus)赞扬过的其祖父的政治立场,试图揭示,即便是一位阿尔皮鲁斯人(Arpinate),也能在罗马政治上以权威身份发言。西塞罗提及与庞培的友谊,提及公元前 63 年做执政官的荣誉,都有相同的目的,就是丰富自己的资历(credentials)。然而,西塞罗不仅仅以自我为中心,同时,我们也许记得,在《论演说家》和《论共和国》中,西塞罗乐于刻画其书中主角的人物性格和生活环境。正如波伦茨指出的,我们可以理解西塞罗再次这样做,即使以这种方式刻画自己可能相当独特。对我们来说,这些自传体段落确定是有价值的,并且,出于这些重大理由,我们为《论法律》其余篇章的佚失感到遗憾(很清楚,来自第五卷残篇的一个事件显示,我们应该继续全面考查阿

---

⑫　Hirzel,同前书,n. 10。

⑬　C. Nicolet, "Arpinum, Aemilius Scaurus et les Tulli Cicerones", *Rev. Ét. Lat.* 45 (1967) :276.

尔皮鲁斯,并从中看到一些西塞罗在那里的改进——注意新栽的树木)。⑭

三 法律与哲学背景

我们告别了对对话框架的适当讨论后,就触及了这个探究法律、哲学和政治之作的真正困难。在这些编者之中,普林瓦尔(G. de Plinval)不同寻常,他试图在法律文本中为这部著作找到定位,他强调,在西塞罗所处的时代,法律混乱不堪,有很多人试图厘清它,使它变得更为有序。西塞罗的立场基于自然法,这与其他那些法学家的立场有很大区分,西塞罗从不与那些法学家为伍。⑮ 西塞罗对其法学知识相当自负,因此很容易发现他在这部著作中吹毛

---

⑭ 在该纲要提出的各点中,注意《论法律》2.7 让其更清晰了,综合考虑(pace)一些西塞罗的传记作品,他并没有在公元前 57 年访问阿提库斯的 Epirote 庄园;尼可雷特非常有意思地讨论了西塞罗与 Scaurus(阿尔皮鲁斯庄园的庇护人?)之间的关系(Nicolet, 同前书, n. 12.)。多年前,M. I. Henderson 女士向我指出,3. 36-38 提到了阿尔皮鲁斯的格拉提狄乌斯票版表决法(Gratidius' ballot-law at Arpinum), 评述说 excitabat enim fluctus in simpulo . . . quos post filius eius Marius in Aegaeo excitavit mari(在祭祀斟酒勺里掀起了波涛,如同他的儿子马略后来在爱琴海掀起的类似的巨澜)(例如在罗马),以及稍后的 Lex Maria etiam pontes fecit angustos(马略法甚至规定通道要建得狭窄),这些词句必须放在一起,因此 Lex Maria(马略法)应属于马略·格拉提狄乌斯。我不太确信,正如 Henderson 女士也认为的那样,在马略的保民官任期内,伟大的马略表决法的整个(混乱的)故事(Plut. *Marius* 4)是基于对西塞罗这段话的误读。

⑮ 上文脚注 1 中提到的 Plinval 的文献,导言,第 x 页;参见 R. Filhol, *Latomus* 18 (1959):805 的评述。V. A. Georgesco, "Nihil hoc ad ius, ad Ciceronem", *Mélanges J. Marouzeau*, Paris,1948, 189;U. Knoche, "Ciceros Verbindung

求疵甚至肆无忌惮。布鲁克(E. F. Bruck)甚至认为,在其著作的某段,西塞罗点名攻击了职业法律人(在 2.47 以下,针对宗教继承的问题,点了斯凯沃拉[Scaevolae])。西塞罗还很乐意陷入这个偏见中。⑯

《论法律》所引发的哲学问题主要是那些史料考据(quellenkritik),也有些问题源自第一卷和第二卷中廊下派对自然法的论述,这些问题一直没得到解决——在宽泛意义上,直到最近才得以解决。盲目效仿希腊不是西塞罗一贯的做法,至少,深切关怀西塞罗的徒子徒孙们认识到了这一点——虽然姗姗来迟。西塞罗的主要对手是帕奈提奥斯(Panaetius)⑰和安提库斯(Antiochus)⑱,西塞罗确定知道他二人,也在其他地方借用过他们的学说,但争论是让人恼火

---

der Lehre vom Naturrecht mit dem römischen Recht und Gesetz" in *Cicero, ein Mensch seiner Zeit*, ed. 。G. Radke(Berlin, 1968, 38)可能在某种程度上有些扩张,说西塞罗的观点似乎令人恼怒(schockant)。《论法律》与西塞罗所写但佚失的《论市民法以科学方式简化》(*De iure civili in artem redigendo*)之间的关系尚不清楚。

⑯ E. F. Bruck, "Cicero versus the Scaevolae: Law of Inheritance and Decay of Roman Religion", *Seminar* 3 (1945):1(附法学家对该段落的讨论文献)。

⑰ 关于帕奈提奥斯,试试参考 du Mesnil; A. Schmekel, *Die Philosophie der Mitleren Stoa*, Berlin, 1892, 47; J. Galbiatius, *De fontibus M. Tullii Ciceronis librorum qui manserunt de re publica etde legibus quaestiones*, Milan, 1916, 364; M. Valente, *L'Éthique stoicienne chez Cicéron*, Paris, 196s, 61; M. van Straaten, *Panétius*, Amsterdam, 1946, 留心第 316 页。

⑱ R. Hoyer, *De Antiocho Ascalonita*, Bonn, 1883, 15; R. Reitzenstein, 同前书, n. 5; R. Hirzel, *Untersuchungen zu Ciceros philosophischen Schriften*, Ⅲ, Leipzig, 1883, 488, 1 (参考上述脚注, *Der Dialog I*, Leipzig, 1895, 471); R. Philippson, 同前书, n. 4; G. Luck, "Der Akademiker Antiochos", *Noctes Romanae* 7 (Bern and Stuttgart, 1953) 69。

的。《论共和国》第三卷讨论了作为城邦基础的正义,也讨论了这个基于帕奈提奥斯的假设:在《论共和国》1.34 中小斯基皮奥提及帕奈提奥斯,由此证实了其著述的大部分内容。正是由于与《论共和国》第三卷的讨论具有假定的类似性,在自由的公元前二世纪(the liberal second-century),廊下派哲人帕奈提奥斯才被首次抬出来。并且,《论法律》3.14 提到帕奈提奥斯是一本论说官员的著作的作者,但是提到的地方不多,所以不清楚《论共和国》第三卷大量佚失的论述(借莱利乌斯之口出现过的)是来自帕奈提奥斯的,还是就像《论法律》第一卷的内容那样。结果,《论法律》中与帕奈提奥斯的众所周知的观点形成鲜明对比的大量段落被人(特别被波伦茨和拉克[Luck])指了出来,并且,海涅曼(Heinemann)抬出了帕奈提奥斯的小跟班波塞多纽(Posidonius),但基于相同的理由,[19]波塞多纽被排除了(例如,他俩反对正统的廊下派对人类平等性的主张,而《论法律》接受了这套主张,并且,不像《论法律》1.24,在《论义务》2.16 中帕奈提奥斯认为人类永远存在)。[20] 至于安提库斯(Antiochus),他是选举出的学园负责人,西塞罗曾听过他的演说,据观察,《论法律》1.37-39 与 1.53-54 所综合提炼出来的旨趣很适合安

---

[19]　I. Heinemann, *Posidonios' Metaphysische Schriften*, Breslau, 1928, 225. See M. Reesor, *The Political Theory of the Old and Middle Stoa*, New York, 1951, 42.

[20]　M. Pohlenz, *Die Stoa II*, Göttingen, 1949, 126. 也注意《论法律》1.24 和 1.61 是非帕奈提奥斯风格的(unpanaetian),认为灵魂是不朽的:参见《图斯库路姆论辩集》1.79. 依据 Schmidt 前书第 173 页,"超出讨论或辩论的范畴"(Außerhalb der Grenze des Diskutablen)出自 P. Finger, "Die drei Grundlegungen des Rechts im I. Buche von Ciceros Schrift de Legibus", *Rhein. Mus.* 81 (1932): 155, 243, P. Finger 将素材分为 Panaetius、Antiochus 和 Posidonius 三部分。

提库斯,但是,其他人认为这些段落是插入到论证中去的,并且西塞罗对安提库斯的目的论(view of the telos)表达过不同意见。所以,波伦茨认为西塞罗既没有追随帕奈提奥斯,也没有追随安提库斯,而是追随他所处的那个时代的一般廊下派的哲学教义,这个哲学教义传自塔尔苏斯的安提帕特(Antipater of Tarsus)——帕奈提奥斯的一位更加正统的学生。但是,拉克在其对帕奈提奥斯的研究中,列出一些安提库斯明确用过的话语,这些话语与《论善恶之极》(*De Finibus*)的部分篇章能勉强对应,所以,拉克依然认为,哲人帕奈提奥斯对西塞罗的论证有莫大影响。这也显示出,西塞罗所依赖的那些源头思想并不具体讨论法律,这帮助我们解释了为什么西塞罗在改写素材时显得黔驴技穷,也解释了他的论证为什么不总是很清晰,㉑但是我们应该持续讨论和思考自然法(《论法律》3.49),这似乎使得西塞罗不可能紧密追随任何单一的思想源头。

探究西塞罗的某些个别论据,这被证实相当富有成效。因此我们注意到了对毕达哥拉斯(pythagoras)的引用。波扬克(Boyancé)指出:在《论法律》1.24 中,西塞罗思考了柏拉图在《蒂迈欧》90A 和《政治家篇》272A 中提出的学说,并且西塞罗后期对《蒂迈欧》的翻译中误解了这段话,将其理解为时间与大年(the Great year)之间的循环,卡西底乌斯(Chalcidius)也有同样的误解。普鲁塔克在其《柏拉图探究》(*Platonic Questions*)中刻意反驳过这个误解。波扬克还指出,结合柏拉图不同作品的评注所给出的解释是毋庸置疑的,学

㉑ R. Harder, "Zu Ciceros Rechtsphilosophice(De legibus I)", *Atti del Congresso Interazionale di Diritto Romano*, Pavia I.(1934):171,同前注, *Kleine Schriften*, Munich,1960, 396; Pohlenz, 同前书,n. 19。

者们倾向于结合不同作品来研究,并且,在这儿我们对安提库斯的综合研究也有些微成果。㉒ 米勒(R. Müller)比对研究了《论法律》1.58(称赞了哲学以及物理学和伦理学的关系)和《论善恶之极》第五卷与《图斯库路姆论辩录》5.68,他认为,对实践生活($\beta\acute{\iota}o\varsigma\ \pi\rho\alpha\varkappa\tau\iota\varkappa\acute{o}\varsigma$)和沉思生活($\beta\acute{\iota}o\varsigma\ \vartheta\varepsilon\omega\rho\eta\tau\iota\varkappa\acute{o}\varsigma$)的调和被描述为一类行为,这个调和行为必定来自安提库斯(受亚里士多德《劝勉篇》[*protrepticus*]的影响)。乌特斯泰勒(M. Untersteiner)㉓认为《论法律》1.43到1.47是最后综合自普罗塔戈拉(Protagoras)的论述(帕奈提奥斯或其他学者加工过的),而不是综合自卡尔内阿德斯(Carneades)和怀疑主义者。㉔

四 卷二中的宗教与法律

当我们进而讨论西塞罗在《论法律》2.19以下及第三卷所提出并评述的个别法律时,困惑就有点儿不一样。这儿的思想源头不可

㉒ P. Boyancé, "Cicéron et les Semailles d'âmes du Timée", *Romanitas* 3 (1961):III,同前注,*Études* 294。See L. Alfonsi, "Su un passo delle leggi Ciceroniane", *Par. del Pass.* 18 (1963):59.(在1.26,他看到了亚里士多德《劝勉篇》的影子。)

㉓ R. Müller, "$\beta\acute{\iota}o\varsigma\ \vartheta\varepsilon\omega\rho\eta\tau\iota\varkappa\acute{o}\varsigma$ bei Antiochos von Askalon und Cicero", *Helitkon* 8 (1968):222;M. Untersteiner, "La dottrina di Protagora e un nuovo testo dossografico", *Riv. di Fil. Class.* 22 (1946):21.

㉔ 关于一般自然法参见 G. Watson, "The Natural Law and Stoicism" in *Problems in Stoicism*, ed. A. A. Long, London,1971, 216。他强调罗马人发现廊下派学说很有用,是帝国的基础,并指出希腊人倾向于从个人的角度而罗马人则从国家的角度来看待廊下派学说。

能是单一的,㉕西塞罗认为他的大多数法律是或曾经是在罗马生效过的法律,并且提及许多曾帮助过他的罗马和希腊作家。罗马作家有卡图斯(Sex. Aelius)和阿基利乌斯(L. Acilius),还有伟大的古典研究者艾利乌斯(L. Aelius Strilo[2.59]),他们是《十二表法》的评注者;还有占卜作家马塞勒斯(Marcellus)和克劳狄乌斯(Appius Claudius[2.32];还有格拉哈努斯(Junius Gracchanus),他的《论职权》(De potestatibus;3.49)讨论了官员们的权力,但佚失了。关于希腊作家,当然少不了多次提到的柏拉图的《法义》,鉴于《法义》与西塞罗《论法律》的差异巨大,人们对西塞罗是否仔细拜读了《法义》存在一些怀疑;在第三卷中,西塞罗列举了亚里士多德、赫拉克利德斯(Heracleides Ponticus)㉖(他的《论开端》[περί ἀρχῆς]和《论法律》[περί νομόν]可能原本就是对话体)、漫步学派忒奥弗拉斯图斯(Peripaterics Theophrastus)㉗、狄凯阿科斯(Dicaearchus)和法勒鲁姆的德米特里(Demetrius of Phaleron)(第二卷中也提到了他),以及廊下派

㉕　我们或许应该注意到 M. van den Bruwaene 的研究,"Précisions sur la loi religieuse du de legibus 2.19-22 de Ciceron",*Helikon* I (1961):40(参见前注,"Contribution à L'étude des sources du de legibus",463)。他武断地认为,宗教法是由 Rutilius Rufus 或 C. Cotta 传给西塞罗的,形成了一个部分属于罗马时代的真正古风体合集。他的结论是,例如(通过《古文表》),"保持虔敬,避免奢华"(pietatem adhibunto, opes amovento)强加了对菲赫(Fih)或皮库斯(Picus,农事之神)的崇拜,并驱逐了另一位神,就西塞罗而言,就像皮库斯(Picus)经历了"虔诚"(pietas)的堕落一样,"虔诚"也经历了"堕落"(opes)的堕落。至于对律法的评论,他说来自安提库斯在雅典的演讲(!)。

㉖　[译按]赫拉克利德斯:约前390—前310,柏拉图的弟子。

㉗　[译按]忒奥弗拉斯图斯:前371—前287,在柏拉图学园时是亚里士多德的学弟,后来成为亚里士多德的学生,亚里士多德离开雅典后,接掌 Lyceum 学园,著有大量自然学著作。

哲人巴比伦的第欧根尼斯（Diogenes of Babylon）和帕奈提奥斯（Panaetius）。㉘ 哥泽尔（Gelzer）曾指出，在公元前五十年代后期，西塞罗闭门在家，与阿提库斯的有教养的奴隶迪奥尼修斯（Dionysius）携手工作，迪奥尼修斯后来很快成了自由民。迪奥尼修斯可能极通晓漫步学派的学说，他可能以做札记等方式极好地协助了西塞罗。㉙

史源勘验（Quellenforschung）相当不值得效法，但是查验西塞罗是如何综合古希腊学说、祖辈们（maiores）的做法以及他自己面对罗马问题的经验这三种思想的却极为重要。在一般层面上，正如在《论共和国》中，西塞罗揭示了混合政体的城邦（the mixed state）的希腊思想家们如何构建祖辈们（maiores）的宪制。我们应记得，在《论法律》中，尽管西塞罗主要考虑的是罗马，但是他确信他的法律源自自然法，能适用于任何城邦。罗马人本来就倾向于认为他们的模式在任何地方都适用，庞培就曾在比提尼亚（Bithynia）和其他地方推行罗马宪制。㉚ （唯一一次，西塞罗有意对另一个城邦做出了让步，就是允许雅典城邦保有依洛西斯神秘仪式［Eleusinian Mysteries］。㉛）

如果我们能掌握更多西塞罗提到的人物，我们就能更好地明白

㉘　Diogenes of Babylon's *Nomoi*：fr. in Athen. I2. 526d，论述了克勒芬（Colophon）的奢侈如何引发 στάσις（内讧）和暴政。在《论义务》中肯定参考了帕奈提奥斯的政治著作。M. Pohlenz, *RE* 18 3. 1949, 437, s. v. Panaitios N. 5；*Panaetii Rhodii Fragmenta* ed. M. van Straaten, Leiden, 1962, 46.

㉙　M. Gelzer, *Cicero. Ein biographischer Versuch*, Wiesbaden, 1969, 218.

㉚　由前执政官和监察官组成的元老院。Pliny *Ep.* 10. 112, 114, 115。

㉛　［译按］古希腊每年在依洛西斯城举行的、祭祀谷神得墨忒耳（Demeter）和冥后珀耳塞福涅（Persephone）的秘密仪式。

他的综合学说的起源。（我们也许应该再审视西塞罗是如何将下面二者融合在一起的，即柏拉图在《法义》中的风格与来自亚里士多德但被忒奥弗拉斯图斯继承发展了的批判和比较的方法。㉜）但是，不同的学者所注意到的比对语句和范例是不同的，这些语句和范例都与西塞罗的思想来源背景之问题有关。无疑，我们需要对第二卷和第三卷做出评注，为做准备，在这儿收集一些语句和范例也许是值得的，说不定会有一些新的发现。㉝

从朱庇特开始唱歌吧（A Iove Musārum primordia）：在2.14中，通过劝导其公民，西塞罗为他的法典写下了这句序言，他劝导说，诸神统治世界、奖励或惩罚人类。西塞罗说，这是劝导"诗"，正如柏拉图所谓的序曲，即在其法典前放一篇这类短文，模仿自更早的意大利立法者卡隆达斯（Charondas）和札勒库斯。（事实上，柏拉图并没有提及他们，也许并不知道他们，托名此二人的伪作通过狄奥多鲁斯［Diodorus］和斯托拜乌斯［Stobaeus］传给我们，但是，毋庸置疑，西塞罗曾拜读过他们的作品。㉞）西塞罗让昆图斯发表意见，昆图斯说哥哥西塞罗的诗与柏拉图不同，西塞罗回答"我想完全是我

㉜ 西塞罗对各卷主题的划分很细致（不同于柏拉图杂乱无章的《法义》），这可能与 Theophrastus 的组织结构相呼应（除非 O. Regenbogen［ *RE* Supp. 7, 1940, 1519, s. v. Theophrastos N. 3］承认这种可能性，否则就是按字母排序）。

㉝ 关于第二卷，Th. Bögel（"Inhalt und Zerlegung des 2. Buches von Ciceros de legibus", Progr. Kreuzberg, 1907）和 R. J. Goar（*Cicero and the State Religion*, Amsterdam, 1972, 78）有一些不错的思考。

㉞ A. Delatte（*Essai sur la politique pythagoricienne*, Bibliothèque de la faculté de philosophie et lettres de l'université de Liège, fasc. XXIX, Liège and Paris, 1922, 177）转载了这些文本，并将其日期定为公元前五世纪晚期或前四世纪。M. Mühl（"Die Gesetze des Zaleucus und Charondas", *Klio* 22［1929］:105）认为它们显示了廊下派的影响，并且西塞罗通过 Posidonius 知道了他们。（现

自己"(plane esse vellem meus)。但事实上,《法义》4.716 及后续也反复赞颂了诸神,并且,根据狄奥多鲁斯和斯托拜乌斯,札勒库斯也是以一首关于神圣规则的类似诗歌开始的,同时,卡隆达斯也以神开始。对这些猜想的"法典"的一般说教的声调让人想起西塞罗的诗歌,卡隆达斯和西塞罗的观点都超越了实证法(positive legislation),卡隆达斯是基于神的不成文法(ἄγραφοι νόμοι),西塞罗是基于更精致的自然法。《论法律》中还有大量其他的地方呼应了这点,最显著的是 3.2,让人想起了斯托拜乌斯传承的卡隆达斯的古老教诲(prooemion),这些古老教诲劝说宗教信仰的朴素性,并且要谨遵祖传礼仪(事实上,正如许多其他希腊思想家所做的那样)。

　　有人认为,针对忒奥弗拉斯图斯和蒂迈欧就札勒库斯的真实性的歧见,《论法律》2.15 指出西塞罗知道忒奥弗拉斯图斯的《论立法者》(περί νομοθετῶν)和他的《论法律》(περί νομόν),㉟并且,有人被诱导因而主张狄奥耿达斯(Diagondas)的思想来源与其是相同的。狄

在参见 H. Thesleff, "An Introduction to the Pythagorean Writings of the Hellenistic Period", *Acta Academia Aboensis*, Ser. A: *Humaniora* 24/3, Abo, 1961, 35, 75, 111, 113, 115。)Delatte 认为《论法律》(περί νομόν)属于 Archytas(See H. Thesleff [ed.], "The Pythagorean Texts of the Hellenistic Period", *Acta Academiae Aboensis*, Ser. A: *Humaniores* 30/1, Ábo, 1965, p. 34, 28sqq.)。Delatte 也认为应首先处理宗教法律。Plut. *Solon* 3.80 表明,梭伦立法的韵文版源自向宙斯祈祷。规范殖民地和母城关系的规定,SIG 47(Naupactus,公元前五世纪)和 SIG 286(Olbia,公元前四世纪)都是从宗教特权开始的。但 NB *De leg.* 2.64 表明,有关宗教的法律只出现在十二表的第十表中(法典中有关公法和宗教法的内容很少)。关于恶人不得向神馈赠礼物的规定,见柏拉图《法义》4.716E 和 Zaleucus *ap.* Diod. 12.20(参见 H. Thesleff[ed.],同前书,226)。

　　㉟　Du Mesnil ad loc.: Regenbogen,同前书, n. 28。关于 Heracleides, F. Wehrli, *Die Schule des Aristoteles VII*, Basle and Stuttgart, 1967, frr. 143-150。

奥耿达斯是底比斯立法者,我们对他一无所知,他禁止了所有的夜间祭祀活动(《论法律》2.37)。但是,如此特别立法是轻率的,例如,我们知道赫拉克利德斯的《论法律》(περί νομόν)也讨论过个体立法者。所有我们能做的就是留心和西塞罗的法律规范类似的希腊句子,狄奥耿达斯的工作很好地提醒我们:我们对这些类似句子的了解还有很大不足。㊱

有几个编者也曾指示我们在《论法律》2.28中留意忒奥弗拉斯图斯,在那节对其宗教法的评述中,西塞罗不以为然地说,雅典人在净赎基洛尼奥斯事件中的罪行之后,根据克里特人埃皮墨尼得斯的建议,为欺凌和无耻修建了庙宇,雅典人做得不明智(Athenis quod Cylonio scelere expiato, Epimenide Crete suadente, fecerunt Contumeliae fanum et Inpudentiae)。(在忒奥弗拉斯图斯的《论法律》的一段残篇中)忒奥弗拉斯图斯所说的却是:雅典神庙旁边发生的肆无忌惮的暴行和无耻依然存在(ὕβρεως και ἀναιδείας παρά τοις Ἀθηναίοις εἶναι βωμούς)。亚历山大的克雷芒(Clement of Alexandria)(《劝勉篇》[Protrepticus]2.26)(以及泡塞尼亚斯[Pausanias]的《石头记》[λίθοι]1.28.5)也提到了祭坛(altars)。另一方面,一个来自从伊斯特罗斯(Istros)到《苏达》(Suidas)㊲词条中“神(θεός)”的传统,像西塞罗一样,谈到了阿奈得亚(Anaideia)神庙,所以,西塞罗也许不是对忒奥弗拉斯图斯东施效颦,而是在描述另一个思想传统(不一定是伊斯特罗斯的传统)。当然,也有大量针对抽象美

㊱ (在Meursius后)Ziegler写作Pagondas,这至少是一个有据可查的忒拜人名字;Plinval认为那个地方写作Dinagoras。

㊲ [译按]《苏达》是一部古希腊百科全书式词典,通常认为是由一位匿名作者在公元十世纪左右编撰完成的。

德(virtuous abstraction)的希腊信仰支持西塞罗对那些观点的赞许。

　　在西塞罗的宗教规划中，很容易发现希腊式的惩罚，例如，伟人们去世后要被当神一样去敬拜。虽然没有必要指出这点，但是很多哲人，包括廊下派哲人，都赞同这点。尽管西塞罗的老师、大祭司斯凯沃拉(Scaevolae)可能并不赞同这点。㊳

　　那罗马的思想渊源是什么？关于占卜术之存在的论证主要依赖几位希腊先知者的名声和小亚细亚半岛(Asia Minor)的艺术(特别是皮西迪亚[Pisidians]的艺术)，施密特也许是对的，他认为对占卜术之存在的论证来自克劳狄乌斯(Appius Claudius)讨论占卜的书，此书是献给西塞罗的。关于占卜术之存在的相同论证也出现在《论占卜》(De div.)1.1 和 2.87(也请参考《论法律》2.33)，以及《论诸神的本性》(De nat. deor.)2.7-12。当然，克劳狄乌斯为世人所知的是他臭名昭著的(与其他名称一道)邪教"皮西迪亚"。假如施密特是对的，我们就应该注意，西塞罗使用希腊素材的比较法并不总是来自希腊。以下也是有可能的：西塞罗的《论法律》和《论共和国》借用了莱利乌斯在公元前 146 年的演讲《论行会》(De collegiis)，我们知道《论法律》和《论共和国》强调宗教信仰的朴素性，㊴西塞罗在其他地方说过，与其他所有哲人相比，他与《论行会》的宗教渊源更深。另一方面，我还认为，关于罗马早期丧葬习俗的那段即

　　㊳　P. Boyancé("Sur la théologie de Varron", Reu. Ét. Anc. 57[1955]:57)认为 Scaevola 害怕同时代的人习到危险的思想。他指出，西塞罗的法律 divos et eos qui semper caelestes habiti sunt colunto et ollos quos endo caelo merita locaverint(愿人们敬奉神明和所有常居天庭者，敬奉其他的由于功绩卓著而升居天庭者)呼应了恩尼乌斯的诗句 si fas endo plagas caelestum ascendere cuiquam est(倘若任何人升入天庭居住是神法)。

　　㊴　Vianello,同前书,n. 8。

使不深奥也很有道理的古文离题(《论法律》2.55-57)主要是西塞罗自己的作品。⑩《十二表法》的权威性在某些地方也许支持西塞罗,尽管无人提及(例如,《十二表法》禁止夜间集会,但是在《论法律》2.37 中西塞罗宁愿援引"元老院关于禁止酒神崇拜的决议"),但是这些地方包含一定数量的公法和宗教法。

西塞罗在修复他那个时代已经消逝的祭祀和宗教信仰,我们能判断西塞罗在其著作的何处说过吗?《论法律》2.21 是否描述了各类祭司做他们不曾做过的事情,这是不确定的,虽然祭司很少执行无害的占卜(augurium salutis)——正如要求罗马世界保持和平一样,然而我们知道,在公元前 63 年这事终究发生了,⑪并且"祭司们以葡萄园和柳树丛来占卜"(vineta virgetaque…auguranto)这句话并没有简单明了地告诉我们祭祀仪式。假如提及犬祭(augurium canarium),可能就不得不复兴一些东西。⑫ 更重要的是,如果不服从占卜师就是有罪的话,在何时正式构成死罪?(西塞罗在其他地方

----

⑩ "Cicero the Historian and Cicero the Antiquarian", *Journ. Rom. Stud.* 62 (1972):33 [=pp.58-79 above]。他可能从 Stilo 或其他人那里获得了信息;N. Horsfall("Varro and Caesar: Three Chronological Problems", *Bull. Inst. Class. Stud.* 19[1972]:120)否认瓦罗的所有重要的古代著述业已现世,尽管《致阿提库斯》4.14.1 建议西塞罗在《论共和国》中使用他们。Vesta-Hestia 的词源是 Stilonian。Th. Bögel,同前书,n.29 假定瓦罗被用于 2.28(各种祈祷)和其他地方。

⑪ 《论占卜》1.105; Dio 37.24;51.20;这些表明在公元前 63 年之前或前 63 年至前 20 年之间的许多年里都没有举行过了。See Suet. *Aug.* 31.

⑫ G. Wissowa, *RE* 2.1896, 2328, s. v. Augures. 葡萄园和柳树丛(Vineta virgetaque)不可能是古老的仪式用语,因为葡萄园是最近才发展起来的概念。Wissowa 认为,通过赋予占卜官同时获得请示性占卜(auguria impetrativa)和突发性占卜(oblativa)的权利,西塞罗很可能是在扩大占卜官的权力。S. Weinstock(*RE* 12 2.1937, 1729, s. v. obnuntiatio)相信一直以来这是他们的权利。关于 P.

似乎认为,公元前三世纪克劳狄乌斯曾加入反对鸟卜[contra auspi-
cium]的斗争,但他似乎仅被处以罚款。珀律比俄斯[Polybius]认为
克劳狄乌斯的罪名是叛国罪[perduellio])。

　　我们应该很喜欢了解战和事务祭司们(fetiales)(《论法律》
2.21)的更多历史。很明显,关于战争与和平法(fetial law)的知识
是公元前二世纪后期的重大发现,受到公元前136年的著名案件的
鼓舞,那时战和事务祭司们委托曼奇努斯(Mancinus)出使西班
牙。[43] 在此之前,他们长久以来可能既没有宣战也没有致力于和平
(注意完全忽略了珀律比俄斯和有教养的罗马人,后者解释了和迦
太基的和约),瓦罗(Varro)说,纵使有人致力于和平,战和事务祭司
们在其所处的时代也扮演了一定角色。在这儿,西塞罗的文本充满
分歧,但是,西塞罗似乎期望战和事务祭司们在和平与战争(一个真
正扩张)的每件事务上都能扮演更积极的角色。[44] 西塞罗也许跟从
了他心爱的斯基皮奥(Scipio Aemilianus)的引导,因为,在曼奇努斯

　Claudius,参见《论占卜》2.7、《论诸神的本性》2.7、Polybius 1.52 中的巨大损失
(μεγάλαις ζημίαις)。

　　[43]　R. Ogilvie, *Commentary on Livy I–V*, Oxford 1965, 128.

　　[44]　这里的文本争议很大:MSS 读作 foederum pacis belli indotiarum orato-
rum fetiales iudices non sunto, bella disceptatio(让战和事务祭司作为协商和平
条约、讨论战争和停战的使节和决断者;由他们决定是否进行战争)。Discep-
tanto 是必要的更正,而 Vahlen 的 non(ti) sunto 是可信的。但我们并没有听说
过"战和事务祭司"与休战有关,大多数休战都是由战地指挥官做出的简短的
非正式安排。我们倒是听说过他们关注使节所受的屈辱。即使不用 iniuriarum
取代 indotiarum,我也想像 du Mesnil 那样,起码会极力认为 iniuriarum 在 indot-
iarum 之后省略掉了。Goar 未经讨论就把 iniuriarum 打印出来了。Ziegler 和
大多数编者一样,将 oratorum 替换为 ratorum。G. Nenci, "Feziali ed Aruspici in
Cicerone de lee. 2.9.21", *Par. del Pass.* 13 (1958):13 f. 在该书中,"Fetials"与
立法有关,"Haruspices(脏卜师)"与战争有关,这缺乏说服力。

案件中,斯基皮奥和莱利乌斯和菲卢斯(Furius Philus)都牵涉很深。如戈尔(Goar)所言,战和事务祭司们是西塞罗所提及的少数派祭司群体中唯一一个群体,这是很有趣的,这也是其中唯一一个重要的政治和道德群体。

也有可能,在西塞罗所处的时代,人们不再向元老院有序地汇报异象(prodigies),因此也不再向脏卜师们(haruspices)汇报。[45] 西塞罗恢复了这个做法:埃特鲁利亚占卜师应向城邦要员讲授这门技艺。这一条款将《论占卜》1.92 的故事与《瓦勒瑞乌斯·玛克西穆斯》(Val. Max.)1.1 联系起来,这个故事说元老院曾命令卓越的埃特鲁利亚年轻人学习这门技艺。帝国之下的罗马,是否依然存在受人敬仰的脏卜师群体?这是不清楚的。许多脏卜师都是低端人口,其等级相当于扈从,当凯撒将其带到元老院时,西塞罗震惊了。也许,借用一些政治权力,脏卜师慢慢提升了自己的职业地位。然而,在危急关头,元老院从埃特鲁利亚召集了这些特殊人才。也许他们曾经有优越的出身,后来在快速的罗马化时期,他们的俸禄逐渐减少。

在语言上极具古风的一个条款是:偷盗或窃取圣物或圣地代管物的人,以弑亲问罪(sacrum sacrove commendatum qui clepsit rapsitve, parricida esto)。西塞罗是否明白这些词的意思?这让人起疑

---

[45]　R. Bloch, *Les Prodiges dans l'Antiquité classique*, Paris, 1963, 139. K. Latte(*Römische Religionsgeschichte*, Munich, 1960, 396)相信在共和时期存在由脏卜师(Haruspices)和办事员(apparitores)组成的 60 人的团队。参见西塞罗《驳维勒斯》2.2.27、33 等;元老院的脏卜师参见《致亲友书》6.18.1。

（现代学者不知道其意思），㊻但是西塞罗能意识到《十二表法》使用弑亲的财务官（quaestores parricidii）意指主持命案法庭的官员。西塞罗是否认为执行这类指控就是恢复公元前101年的令人毛骨悚然的刑罚（李维《〈自建城以来〉［奥克西林库斯］摘要》68［Livy *Ep.* 68]），这是不清楚的。另一方面，西塞罗把伪证罪的惩罚留给了神，依据传统，这是例外。按传统，当庭做伪证要受法律处罚，很明显，西塞罗无意改变这点。

　　《论法律》2.22中还有一条：愿大祭司对奸淫罪处以最严厉的惩罚（incestum pontifices supremo supplicio sanciunto）。这个简洁的句子比西塞罗或者西塞罗著作的编者所发现的要更令人疑惑。奸淫（incest）仅仅指对维斯塔（Vestals）的不贞洁举动（unchastity）吗？将要处罚（sanciunto）仅仅意味着"实施处罚"（enact a penalty）吗？或者西塞罗是否想让大祭司亲自调查？就像他们在公元前114年之前曾做过的那样，那时佩杜凯乌斯指控的（rogatio Peducaea）案件被诉至一个特别法庭（在那之后也许规范化了，普鲁塔克的《克拉苏》［*Crassus*]第一卷提到了这场审判［δικασταί］，审理针对克拉苏不贞的指控㊼）。或者，就像柯霍（Koch）主张的——并且文本语境一般也这么认为——㊽西塞罗会把奸淫（incest）一词扩张，以涵盖

㊻　F. Leifer, *RE* 18 4. 1949, 1472, s. v. Paricidas（parricida）；他自己的提议和他拒绝的那些提议一样令人绝望。

㊼　Pliny（*Ep.* 4. 11 and *Dio* 67. 3）没有明确说明像 Domitian 那样活埋贞女在那时是否"正常"。

㊽　C. Koch（*RE* 8A 2. 1958, 1747, s. v. Vesta）正确地认为，大祭司拥有真正的管辖权，使他能够判处贞女和她的情人有罪，而不仅仅是充当替代丈夫或父亲的角色，或者（如 Wissowa 所说）充当诱导淫乱的角色（See H. Hommel, *Vesta und die frührömische Religion*, in this work, above vol. I 2, Berlin-New York,

我们所理解的这个词的意思——在早期,这样的犯罪似乎由人民来审理——也涵盖大祭司能审理的祭献案件(piacula)吗?(大祭司们不负责实施处罚,例如从塔尔珀伊亚岩石㊾上抛人。)㊿又或者,西塞罗并没有想太多对奸淫罪的著名审判,想到的仅仅是十年前他被深深卷入的克劳狄乌斯的案子。(51) 假如是这样,我们应该这样认为吗?要么克劳狄乌斯犯了罪,要么西塞罗以为克劳狄乌斯肯定犯了罪,假如发现有罪,就移交给大祭司,或者西塞罗认为审判应该在大祭司面前举行。在某种程度上,西塞罗追随遗风,并试图扩张祭司们的权力,但这又是不能成立的。然而,我们应注意的是,西塞罗所关切的是团体,是整个祭司阶层,他从未单独提过大主祭司(pontifex maximus)。

最后是西塞罗的亲身经历与文本的关联性。除了伊达山大母神(Idaean mother)外,西塞罗废止了对神的献礼(stipes),普林瓦尔将此与卢克莱修(Lucretius)对后期祭祀礼仪的描述做了比对,这显示金银礼物形成了一个引人注目的现象。(52) 我们注意到,在《论法

1972,397-420, esp. 404sq)。

㊾ [译按]古罗马卡皮托拉山上的一块岩石,叛国犯在此被掷下处死。

㊿ 在人民面前审判乱伦,见 Plut. *Q. R.* 6;参见 P. Krüger 出版的李维片段(P. Krüger,"Anecdoton Livianum",*Hermes* 4[1870]:371)以及 Mommsen 在此的注释。Piacula, Tac. *Ann.* 12. 8.

(51) Schol. Bob. 85 St. 参见西塞罗《反皮索》95、《为米洛辩护》59 等,比较《瓦勒瑞乌斯·玛克西穆斯》6. 3. 7:执政官在公元前 187 年调查了一位妇女,他举办了神圣但不明了的酒神拜祭(quae sacris Bacchanalium inceste usae fuerant)。

(52) 收集贡品(stipes)的习俗似乎是在公元前二世纪布匿战争期间正式引入的,起源于希腊。在 Septimius Severus 之前的某一时期,从罗马穷人那里征收贡品的频率是有限的。Hug, *RE* 3A 2. 1929, 2538, s. v. Stips; Latte,同前书,252 (Marcian Dig. 47. 22. 1)。

律》2.39 中有西塞罗的现代剧场的亲身经历（西塞罗在柏拉图的著作中读到过）。罗马贵族长久以来都不曾信任过新奇的、外来的仪式，当采取积极措施反对埃及宗教时，[53]罗马贵族的不信任感充斥在公元前五十年代。不服从占卜法也是罗马贵族反感的行为之一。（在公元前五十年代后期，西塞罗与凯撒的友谊被大肆吹捧，然而在公元前 59 年，凯撒的行径显然罪该当诛，此时他们的友谊又何在呢？）[54]

第二卷最后的法规是关于简易丧葬的规矩。西塞罗思想的三个渊源都显现在这里：希腊伟大的立法者——梭伦、法勒鲁姆的德米特里（他统一了理论和实践，这提醒了西塞罗）和柏拉图；以《十二表法》为代表的群体，（西塞罗认为）梭伦影响了这群人；还有西塞罗对现代奢侈的经验，典型地体现在执政官菲古鲁斯（C.［Marcius?］Figulus）对坟墓的问题上。西塞罗的自然之观念位于所有这些之后。

西塞罗的宗教改革计划和罗马对此的反应，应当与瓦罗在《人

---

[53]　Dio Cassius 40.47, 公元前 53 年；Varro in Tertull. Apol. 6 on Piso in 58。

[54]　Plinval 认为，在《论法律》2.22 和 2.38 中，西塞罗区分马戏团和剧院游戏，是因为庞培举行的剧院落成典礼引起了混乱。但从《致亲友书》7.1 到《马略》中并没有明确指出所有的比赛包括狩猎（venationes）都是在新剧院举行的。人们更愿意认为 2.38 是有意将角斗和狩猎排除在外。当然这在希腊是没有依据的，而且西塞罗也不喜欢，但他的沉默可能并不意味着什么，因为严格来说，这些都是仪式（munera）而非公共娱乐（ludi publici）（Habel, *RE* Supp. 5. 1931, 608, s. v. Ludi publici）。克洛迪乌斯丑闻发生后，西塞罗显然对夜间仪式的危险性提高了警惕。关于他所允许的对 Ceres Graeco 仪式的启动仪式，参见 H. le Bonniec, *Le Culte de Cérès à Rome*, Paris, 1958, 381。参见 H. Wagenvoort, *Studies in Roman Literature, Culture and Religion*, Leiden, 1956, 150；同上注, "De dea Cerere deque eius mysteriis Romanis", *Mnemosyne* 13［1960］:111。

神古事纪》(*Antiquities Rerum Divdinarum*)中的更全面的计划作对比,该书出版于公元前47年,是献给凯撒的。⑤ 二者都受廊下派的影响,但是后者所受的影响更深;二者都想净化并赋予祖传宗教以更多道德内容;二者都坚持神必须被看作是善的。瓦罗反对埃及宗教传播至罗马,但是与西塞罗相比,瓦罗更虔敬,也走得更远。瓦罗宣称他将仅仅引入一种哲学宗教(philosophic religion)为城邦奠基。很早的时候,罗马公民可以没有庙宇就祭拜,那时的确没有摆供品没有树雕像,瓦罗赞同此祭祀方式,但是在《论法律》2.26中,西塞罗却认为祭拜要有庙宇,也可以有塑像。另一方面,按瓦罗的廊下派信念,宗教真理以传统宗教信仰为象征,并能以词源学的形式从神圣的名字中推导出来。他比西塞罗更轻信。

五　卷三和政治改革

与第二卷一样,第三卷由文本和评注构成,但是带有一些变化。⑤ 现在西塞罗的话题转到了"官员"(the magistracies)。他又一次以柏拉图式序曲开篇,这个序曲赞美了官员,也赞美了他们的必

---

⑤　Goar, op. cit. Frags. of Varro's *Ant. Rev. Div.* Agahd, *Jahrb. f. Phil.* Suppl. 24 (1898).

⑤　Th. Bögel(*Zum zweiten und dritten Buch von Ciceros Schrift de legibus*, χάριτες F. Leo, Berlin, 1911, 297)认为第三卷的结尾或多或少涉及一个新的主题,司法权(ius potestatum),同时第三卷的结尾也讨论了宗教祭祀责任的转移(de sacrorum alienatione),这也是对法律评注的一部分,只是处理得更为全面。Bögel将这种评注风格与Asconius和其他学者的评注风格进行了比较,同时也与(如在《论土地法案:反对茹珥路斯》第二卷中的[*De lege agraria* 2])对法律提案的劝谏(legis suasio)的评注风格进行了比较。

然使命,同时提到卡隆达斯,卡隆达斯在其法律中规定公民们要服从且要热爱官员。[57]

西塞罗对罗马政治顽疾的诊断是什么？西塞罗打算如何治疗这些顽疾？许多人认为这是《论法律》的核心问题,这里我们来讨论一下。鉴于《论法律》(还有《论共和国》)佚失颇多,所以不能全面回答这个核心问题,因此不能做过多强调,但是应该强调一点:有些人把西塞罗描写为一个政客,而不去探究《论法律》,我们认为那些人是在逃避责任。这是个令人吃惊的事实:许多学者最后认为,《论共和国》拥护半君主式的元首(princeps),这是个错得离谱的想法,任何严肃地对待西塞罗、把《论法律》当成《论共和国》的补充(《论法律》没有为这样的修辞留下空间)的人,[58]都不能接受这个想法。

在这个领域,不要花太多心思去完善凯斯(Keyes)和斯普瑞(Sprey)对内战前的研究。[59] 凯斯认为,收集罗马法的尝试,是某种

---

[57]　编者正确地对比了 Stobaeus Flor. 2. 44. 40(参见 H. Thesleff[ed.],同前书,n. 30, 61, 16 sqq)。像西塞罗《论法律》3. 5 那样,柏拉图《法义》6. 762 和 Stobaeus 都认为服从是命令的预备工作。Du Mesnil 指出,西塞罗对柏拉图《法义》3. 701c 记得不准确:柏拉图并没有把那些反抗官员的人描述为泰坦(Titans)。

[58]　Vianello(同前书)看到但忽略了这一冲突;A. Piganiol("Les Pouvoirs constitutionnels et le Principat d'Auguste",*Journ. des Savants*[1937]:150)将其归因于西塞罗的"浮想联翩"(pensée ondoyante)(参见 J. Gagé,"De César à Auguste",*Rev. Hist.* 177[1936]:56);参见 E. Lepore(同前书)的解决方案;W. W. How,"Cicero's Ideal in his de republica",*Journ. Rom. Stud.* 20 (1930):24, and K. Sprey,"De M. Tullii Ciceronis politica doctrina",Diss. Zutphen,1928。

[59]　C. W. Keyes,"Original Elements in Cicero's Ideal Constitution",*Am. Journ. Phil.* 42(1921):309. (W. A. Merrill,"The Changes in the Roman Constitution proposed by Cicero" *Trans. Am. Philol. Assoc.* 18[1887]只有一个简短脚注。) Sprey,同前书,参见下述脚注 64。

新的举动,意义非凡。但是,西塞罗的法律过于精炼(也过于学究),以至于不能将其与庞培(依据塞维尔的伊西多尔[Isidore of Seville]5.1.5)和凯撒策划的法典对比。另一方面,斯普瑞实事求是地指出,元老院的权力增大了,特别是任命独裁官的权利(早期的独裁官——苏拉除外——任期都被限制在六个月,并且是出现国内和国外危机时才被选举出来。根据编年史家的记载,早期的独裁者都是这样产生的,如公元前129年[大概]的斯基皮奥、约公元前五十年代后期的庞培)。(60) 凯斯也留意到元老院对低层官员们(minōrēs magistratus)的直接监管。然而,这并不意味着元老院需要批准民众会议(comitia)的决定,正如《论共和国》2.56所说的那样。我们也应当注意到,元老们有义务来开会,也有义务提升自己以处理各类事务(在教育的引领之下,我们更看重后一条款)。但是,执政官享有紧急权,他们显然不需要元老院的批准(S. C. U.)就可行使这些权力。人民选举方面,有一个新奇的条款——保留选举权,但是贵族(optimates)也享有这个选举权,并且,监察官们依然在职,其权力变大了。斯普瑞接受另一个创新,但遭到了凯斯的反对。在低层官员之中,财政官(quaestors)被降级了(财政官介于军事保民官[tri-

(60) 西塞罗更喜欢人民的官员(Magister populi)这个古老的名字,《论共和国》1.63表明他在占卜书中发现了这一名称。这显然是一个军事头衔,而六个月的任期则是一个征战季节,人们可能会怀疑年鉴学家的观点,即一些早期的独裁者是在内乱中被任命的。请注意,在Polybius 6中,独裁并没有作为罗马宪制的一部分被提及;但C. Nicolet(“Le de republica[6.12]et la dictature de Scipion”, *Rev. Ét. Lat.* 42[1964]:212)认为(我认为这是正确的):公元前129年斯基皮奥确实曾酝酿过共和国宪制的独裁,因为西塞罗在公元前五十年代末并不支持庞培应该担任这一职务的观点,所以影响他的也许是斯基皮奥的传统。

buni militum]与三人治安官［IIIviri capitales]之间），这意味着，元老院认为财政官们不称职。营造司（aedileship）的评论可能强化了这种观点，评论说：让这些成为他们获得更高官职的初级阶梯（最高的［amplissimus]逐渐被用于元老们身上）。也有可能，西塞罗认为在他所处的时代，元老院太臃肿。所以，赋予元老院更多权威的其中一种方式似乎就是，限制元老院向更多的德高望重之人开放——与以往相比，尽管（在不理想的罗马）这会使得元老院缺乏代表性，如许多新贵（novi homines）开始充任财政官，但并没有升入元老院。可能在初期，财政官几乎不能被选入（adlecte）元老院，因此西塞罗才会觉得，在他之后（behind him），财政官有更大的权力。也可看出，西塞罗让监察官具体负责国库（aerarium），可能与监察官们的财政职责和记账职责（参见下文）有关。从普鲁塔克的《卡图》中，我们了解到，物色到一位认真尽责的财政官是很难的，凯撒用公共事务官（aediles）取代财政官这一事实，说明了财政官的缺陷被认识到了。对财政官进行降职，并把监察官置于他们之上，这是合理的。可能有人反对，说我们对西塞罗神神叨叨的话语解释得太过，假如是这样的话，那是他有混淆措辞之嫌。[61]

　　确实有几场小的变革，例如集会中出现暴力时应由主持的官员承担责任，这个变革源自克拉苏——一位无比智慧之人——的看法（ex Crassi sapientissimi hominis sententia）（《论法律》3.42）。我一直

---

　　[61]　西塞罗让元老院确定裁判官的数量；他可能知道需要增加裁判官的数量。凯撒在公元前44年将他们增加到了16人。Sprey的其他建议缺乏说服力，西塞罗的本意是官员而非前官员来治理行省，而且应由监察官选择法官（他实际上说的是他们组织百人民团大会［centuriata comitia, 3. 11]，quos censores in partibus populi locassint［按队列划分的人们中的监察官]）。

认为,西塞罗的温和自由观点在幕后巩固了克拉苏的权威,对此我们所知不多。(62)

即使在此卷中,我们也不应忘记源自希腊的思想背景。希腊背景可能比显现出来的更加弥漫于文本。尼可雷特(63)注意到了这个事实:一段来自希腊的论述官职的残篇,可能出自忒奥弗拉斯图斯,(64)此残篇建议官员们荣誉竞争(cursus honorum),尼可雷特也注意到亚里士多德了解选举团选举(voting by groups)这一事实,同时,其他许多罗马制度都能在希腊找到对应制度,或者被希腊当局推荐过。然而,尼可雷特文章的主要目的是论证西塞罗为公开选举所立的法来自柏拉图的《法义》,并且西塞罗对选举法律守护官(νομοφύλακες)的制度设计同样来自柏拉图的《法义》。在这里我们很难理解尼可雷特的论点。柏拉图设计的选举的主要特征是:选举与宗教和庙宇相关,在几轮选举中都相关,并且标有符号的选票要陈列出来受所有人监督检查。西塞罗的选举是世俗的,只有一轮,并且选票只对贵族(元老们?)可见。在理想的罗马,如果这些创设的制度存在的话,选民们毫无疑问会受到秘密保护,免受暴民们的恐吓。在西塞罗的观念中能发现这个妙想,在伊索克拉底(Isocrates)那儿能发现与西塞罗类似的希腊观念:穷人不得不依赖贵族们的帮助、保护和权势。西塞罗那里是否还有更精确的先例?这让人怀疑。选票的问题总是可以探究的(saepe quaesita),但是阿提库斯认为其不能理解西塞罗的制度,这透

(62) "L. Crassus and Cicero: The Formation of a Statesman", *Proc. Camb. Philol. Soc.* 197 (1971):75.

(63) C. Nicolet, "Cicéron, Platon et le vote secret", *Historia* 19 (1970) 39.

(64) W. Aly, *Studi e Testi* 104. Città del Vaticano, 1943.

露出,西塞罗所设计的制度很新颖。在《论法律》3.30–32 中,很容易找到一个对应柏拉图《法义》的地方:受伟人的榜样的影响,对应"受僭主或君主(δυναστεύοντες)的善恶的影响"(参考《法义》4.711B–E)。

　　关于监察官的设计是相当有趣的。我们还记得,监察官制度的价值观念,特别是对元老们的控制,导致庞培在公元前 70 年再次引入监察官制度(同时还有保民官的复出,西塞罗在这儿明确赞成保民官,但遭到了昆图斯和阿提库斯等贵族所持狭隘观点的反对)。其后,监察官制度断断续续,也没有起到作用,表面上,庞培依然持有对监察官之价值的信念,因此在比提尼亚(Bithynia)——也有可能在其他东方城市,⑥⑤庞培引入了监察官制度。西塞罗并不认为庞培是伟大的政治思想家,但在这儿,他们的观点如此接近,这很有意思。在两次选举之间,监察官应服役满五年,这曾是祖传的老规矩,或者被认为曾有过这样的祖传规矩。⑥⑥ 当西塞罗把法律守护官(希腊人在这方面比较用心)的权力委托给监察官时,很明显受到了希腊的影响。评注家们常说,法勒鲁姆的德米特里启发了西塞罗——法勒鲁姆的德米特里创设了由七位法律守护官组成的委员会,在他那个时代的雅典,这个委员会被证实是存在的。评论家们的这个看

---

　　⑥⑤　公元前 70 年的监察官对庞培很友好,并与他进行了细致礼貌的交流(Plut. *Pomp.* 22)。关于 Bithynia,参见前述脚注 30。但 Dio Chrysostom 在《演说词集》51 中提到的具有道德权力的选举职位是终身制的,因此可能不是监察制度。See Kubitschek, *RE* 3.2.1899, 1907, s. v. censores. 请注意,西塞罗的政治英雄 Cato the elder、Scipio Aemilianus、Scaurus 和 L. Crassus 都曾坚持监察制度。

　　⑥⑥　Du Mesnil, ad loc.; J. Suolahti, *The Roman Censors*, Helsinki, 1963, 27 (See Livy 4.24.5; 9.33.6; Zon. 7.19).

法是极有可能成立的。在讨论官员的梵蒂冈残篇（*Vatican fragment*）中，忒奥弗拉斯图斯（如果是他的话）探究了法律守护官，亚里士多德的《政治学》和札勒库斯的序曲（prooemium）提到了法律守护官，这当然也是柏拉图《法义》的一个特色，尽管在柏拉图那儿，他们是一个（37 人）委员会而不是普通官员，他们服役期限长达二十年且能够修改法律，但西塞罗的监察官做不到这点。然而，下面的内容是可信的：受柏拉图《法义》第五卷 745D-E 的影响，西塞罗才赋予监察官以职责；《法义》745D-E 表明柏拉图的法律守护官负责公民的产权注册，但是传统监察职责的道德基础，特别是监督元老等方面，可能与西塞罗的主张是相同的。与希腊任何官员的一般情况相比，这些监察官的道德权力更大。在斯巴达，对不婚者要加以惩罚（参考《法义》第六卷 773 及以下），这支持禁止独身（caelibes esse prohibento）之条款。当然，在希腊化时期，各类城市事实上都存在法律守护官委员会，指不胜屈。但是，如果我们依据 MSS 版中的被选举（creantur），而不是贝克（Bake）版中的曾被选举（creabantur），那么，更可能的是，影响西塞罗的是过去的哲学传统（留意“他们曾监督”[absеrvabant]和“他们曾遵守”[revocabant]）而不是同时代的希腊的有些被鄙夷的实践。(67)

法律守护官（νομοφύλακες）究竟要做什么？西塞罗的用语引发了极大争议：“我们对法律文本不做任何保存，因此，现存的是公务员们喜欢的那条法律，我们向书记员们询问有关问题，不存在任何保存于城邦文库的官方文稿。希腊人在这方面较为用心，他

(67) E. Ziebarth, *RE* 27 1. 1936, 832, s. v. Nomophylakes；他们在米拉萨城（Mylasa）处理过税务合同。

们选举法律守护官,这些法律守护官不仅保管法律文本(这种习俗在我们的祖辈时代也曾存在过),而且监督人们的行为,要求他们遵从法律。这件事可委托监察官去完成。"(《论法律》3.46)正如初看时所显示的那样,这段话是否可能意味着罗马过去没有用来保存法律的条款?[68] 回答是否定的。在国库(aerarium)中有很多保存法律的证据。[69] 此外,我们这代人一边期待祖辈们保存法律,一边又不保存法律,这是不可能的。并且,"法律文本……监督(litteras …observabant)"不得不被赋予监督的意义,也不得不保存,这似乎是纯粹理想化的,对人之行为(facta hominum)不具有适用性。

---

[68] 因此,在此世纪,E. Pais(*Storia Critica di Roma I*, Rome,1915, 54[See Pais-Bayet, *Histoire Ancienne* 1, 22, Paris 1926])和 H. Stuart - Jones(*Camb. Anc. Hist.* VII, 1928, 328)像 Pais 和 Plinval 那样,把 librarii 错译为"书商";G. de Sanctis(*Storia dei Romani* I, Florence 1956, 29 n. 68)说"必须小心谨慎地理解(va intesa con discrezione)"。

[69] 这里有元老院决议,因此也有财务文件;《班廷尼法》(*Lex Latina Tabulae Bantinae*)宣告财务官待在国库(apud quaestores ad aerarium),这些地方保存着宣誓者的名单。在公元前 62 年,《利基尼亚·朱尼亚法》(*Lex Licinia Junia*)规定已颁布的法案要送往那里(参见《论法律》3.11,西塞罗接受了这项改革,这是有趣的)。《波比奥古注》对《为塞斯提乌斯》第 140 段注疏明确指出:自那时起国库出台法律(quoniam leges in aerario condebantur),其他的国家文献亦持此说;参见 Sienna, fr. 117 Peter:"应把法律送到财务官那儿,并由其委派民众所指定的法官(uti lex perveniret ad quaestorem ac iudices quos vellent instituerent)。"蒙森认为这是确凿无疑的,尽管有人反对说陪审员法是例外,因为必须保留陪审员名单,但根据《阿基利亚法》(*Lex Acilia*),裁判官保存陪审员名单,因此锡塞纳(Sienna)的法律肯定来自国库的法律之列。

出于这些理由，蒙森（Mommsen）详尽反思了上述疏解：(70)“西塞罗仅说过，人民的决定是在国库（Aerarium）里做出的，西塞罗也在某种程度上抱怨法律文本缺乏保存；西塞罗说过，法律文本的保存没有委托给官员（Magistrat），只是委托给了办事员（Apparitoren）。”尽管梅尼尔（du Mesnil）接受这种疏解，并强调了它的困难，但是众多学者都服膺蒙森。他所强调的困难在于：(1)西塞罗只需极力敦促财政官认真承担起职责，否则就替换他们，在这种意义上存在法律文本的保存（legum custodiam）；(2)诚如蒙森所思考的，办事员（apparitores）可能不是国库的记录员（scribae），而是官员们的随从（参见《论法律》3.48）；(3)“祖辈们”（maiores）留有困惑：蒙森说在西塞罗那儿不是指审查公务行为（acta publica），而是指监察官所接受的和据以裁判的法典（codices accepti et expensi）——这不符合要点。最后，正如梅尼尔所述，如果整段是对3.11中的法律的一个评注（监察官维护法律文本的真实性［cesoris fidem legum custodiunto］，他们具体化了后来出现的“修订”［εὐθύνη］的功能），那么就把“人之行为”（facta hominum）转到一个难点上，这是令人不悦的。

无论希腊当时的法律守护官（νομοφύλακες）的职责是什么——引入对法律文本的保护或加强对法律文本的保护，那些（雅典的）哲学家看起来都不十分关切此事。西塞罗担忧的是在官员们之间所传阅的文件副本（对比似乎还流传的元老院决议的记录本）。这些副本都不权威：签名盖章（consignatam）应看作是对公共档案的支

(70) “Sui modi usati da' Romani nel conservare e pubblicare le leggi ed i senatusconsulti”, *Ges. Schr.* Ⅲ, Berlin, 1907, 290; Id., *Staatsrecht* II, Berlin, 1877 (Repr. Darmstadt 1971), 546 n. 1.

持和证明。(71) “祖辈们”留有的困惑依然很棘手，但是，可能西塞罗在探索一条他从《十二表法》所习来的新路，相较于已经发布的铭文，这更易核查。“法律文本”(litteras)不应指像公共文件(litteris publicis)这样的东西，此种看法很拙劣。但是，我们现在能理解监督并要求他们遵从法律(observabant ad legesque revocabant)的全部意蕴：法律守护官既修订法律文本，也监督个人的行为。此二者现在能很好地兼容。

最后，西塞罗把一个实践托付给监察官，这个实践类似于希腊卸任的官员们修订(εὐθύνη)法律。但是，如果西塞罗拒绝安排公共检察官是因为有这个缺陷：卸任的检察官可能不能严格履行职责——除非他们自愿这样做，那么西塞罗身上的罗马保守主义色彩尽显无遗。

结 论

我们如何概括西塞罗的改革？如何合理看待这些改革的不完善性？假如共和统治值得保留，元老院就确定是一个有待强化的机构。事实上，尽管西塞罗保留了公民选举和保民官，但是，通过排斥财政官、扩大祭司(特别是占卜师)和监察官的权力，他也强化了元

(71) 《论占卜》1.87：“时间之手签署的清晰无误的文件。”《论得约塔茹斯国王》37：“元老或法官……他们在罗马公共人民的文件上盖章。”参见《为克路恩提乌斯辩护》139：“假如我们的演说家……包含我们深思熟虑并经过认证的观点。”《归来后在元老院的[演说]》29：“有尊贵人士的权威和官方文件为证。”《与凯奇利乌斯竞当起诉人》Div. in Q. Caec. 28：“同一个印章应是他的裁判职位的证据也应是你的财务官的证据。”

老中的年资因素，事实上就是高贵因素。然而，西塞罗的罗马依然有两种声音——来自元老院的声音与来自人民的声音，事实上，比这还多，现在，元老院决议的记录本被赋予了法律效力（理想的未来除外——在理想的未来，人民永不反对元老院的意愿）。授予监察官的各种权力千差万别，且很难合并，尽管有人说以其传统方式能被合并。但是，他们的法律守护官不仅能提升个人行为的标准，而且能避免一些关于法律是什么的争议——想一想克劳狄乌斯，想一想他的《库里亚法》（*Lex curiata*）的必要性或其反面。但是，没有任何证据显示西塞罗意识到了将军们的问题，他也没有意识到士兵们依赖将军的问题。通过反复加强宪法稽查和宪法否决权，西塞罗的改革与曾实施的制度相比更困难了。

但是，在那个时代，谁能比他看得更深？卡图空有一颗改革之心，为了提高上流阶层的品德，或许小打小闹地做了一些改革，当然，没有证据证明这些。所谓的撒路斯特（Sallustian）的《致老年凯撒的信》（*Epistulae ad Caesarem senem*）不可能是真的。假如是真的，将这些信与《论法律》对堪会别有风味。(72) 但是，这些信中的一些计划不是很现实，例如：提出通过广泛授予公民权和殖民的方式以恢复人口，提出通过引入秘密选票以扩大元老院并让元老院独立于大家族，提出基于更大范围的有产阶层来选拔陪审团。更多的公民机构（citizen body）将会使罗马的选民更不具有代表性，也进而使选民比以前更让人瞧不起。一个更大的元老院将会显得臃肿不堪，并易于被内部阴谋架空。关于凯撒，正如我们

---

(72) J. Kroymann 从事了这项研究。See J. Kroymann, "Res publica restituenda", in *Politeia und Res Publica*, Palingenesia IV, Wiesbaden, 1969, 245.

所见，他在某些事情上赞同西塞罗——西塞罗想完全废除自由立法(legations liberae)，这方面凯撒不如西塞罗激进，这点值得玩味。凯撒想要的法典或许受一点西塞罗的法律守护官的影响，但关于宪制问题，他没发现突破口。奥古斯都大帝(Augustus)确实找到了解决方案，尽管奥古斯都大帝的宗教和社会改革在某些点上与《论法律》有关，但他们的基本政治理想相差很大。

附记(73)

公共审判(iudicia publica)被取消是西塞罗方案的一个更卓越的地方，也是一个极具保守的特色。公共审判源自盖约·格拉古(Gaius Gracchus)，具体来说是源自苏拉。为了有利于旧式人民审判(iudicia populi)或人民面前的审判(《论法律》3. 6；也参考 3. 11 和 3. 27；没有任何地方提及陪审员，并且，主执政官仅仅被谈及负责民事审判)，公共审判似乎被废除了。这是肆无忌惮地回归《十二表法》。琼斯(Jone)直言这“可能是一个让人吃惊的倒施逆行的计划”。琼斯猜测，西塞罗认为与陪审团相比，民众会议(comitia)不那么堕落，陪审团太大，应该限制成员，倘若确证如此，琼斯也提醒我们，盗窃和斗殴归民事法庭；琼斯还论证，与调查审判(quaestiones)相比，旧的体系并不显得更累赘，因为在人民面前的审判只持续四

(73) 关于这些后续评论的主题，请参考 A. W. Lintott，“Provocatio. From the Struggle of the Orders to the Principate”, ob. Bd. I 2 (Berlin - New York, 1972), S. 226-267。还可参考 R. A. Bauman，“The *leges iudiciorum publicorum* and their Interpretation in the Republic, Principate and Later Empire, I. Republic and Principate”, unten Bd. II 3 od. 4 (Berlin-New York 1974). -H. T. 。

天(或一天,控告同时进行)。但是,对于一场公正的审判来说,四天也许不够,推测来看的话,一次仅仅可能进行一场旧式人民审判(iudicium populi),反之,一次能进行几场调查审判(quaestiones),且能一起运转。在这里,西塞罗可能未考虑现实。西塞罗的条款压缩了公民的诉权(right of provocatio),也压缩了全体人民的权力。他的条款会被看作是在和稀泥(conciliatory)。值得注意的是,西塞罗所坚持的《十二表法》应当在百人民众会议(comitia centuriata)前通过,尽管在死罪审判中,富人会被判得更重,但是,西塞罗的改革总是带有政治功能,总是带有骑士(equitēs)般的目的和理由(raison d'être),他常常把自己想象为一个斗士。而在《论法律》中,西塞罗写下了很多关于元老院首长(princeps senatus)的话。[74]

在《论法律》3.47 中西塞罗关于其司法体制的评论模棱两可,或许他没写,或许佚失了。对此,我们应感到遗憾。一个含混的条款(《论法律》3.6)是在军事领域不应有诉讼。是否从公元前二世纪开始,这个条款就在各地区有效?学者们对此莫衷一是,至少,对没有配备武器的公民是否有诉权,学者们有分歧。倘若如此,西塞罗的措辞可能没有排除未配备武器的公民的诉权。又一次很难看出西塞罗的立场有多反动。[75]

---

[74] A. H. M. Jones, *The Criminal Courts of the Roman Republic and Principate*, ed. J A. Crook, Oxford, 1972, ch. I;不同于 W. Kunkel(*Untersuchungen zur Entwicklung des römischen Kriminalverfahrens*, Munich, 1962), Jones 拒绝接受蒙森对 provacatio(诉权)的看法,部分是因为西塞罗。Jones 也认为人民审判(iudicia populi)审理的政治案件凤毛麟角。

[75] Jones(同前书, 23)赞同蒙森;J. Bleicken, *RE* 23, 1959, 2444, s. v. provocatio。

看似朴实的开场:西塞罗《论法律》(1.1-5)

克雷布斯(Christopher B. Krebs)

技艺隐藏在技术自身中(Ars latet arte sua)。虽有几位例外,但学者们大都同意,西塞罗精心设计的《论法律》开场有助于定义论题(《论法律》1.1-18),①正是因为这个开场巧妙地模仿了一段看似朴实的对话,在这场对话中,演讲者用一种关联性的方法不知不觉地从一个论题转到了另一个论题。② 通过对比柏拉图的谈

---

① Gigon 把《论法律》看作"一个初步草稿"(als eine erste rohe Skizze)(O. Gigon, "Literarische Form und philosophischer Gehalt von Ciceros De legibus", 1975, *Ciceroniana* 2: 59),他也相应地阅读了开场白,在开场白中西塞罗没让"他的两位对话伙伴表现为共同参与了一场连贯的、富有哲学效果的讨论"(O. Gigon, "Literarische Form und philosophischer Gehalt von Ciceros De legibus", 1975 *Ciceroniana* 2: 60.)。Gigon 负责补缀工作,看西塞罗是否最终完成其《论法律》,与此相关,看《论法律》是否被修订过,这些问题占据德语学术界。Dyck 在其 2004 年出版的书中对这个问题写了一个更方便的简介(Andrew R Dyck, *A commentary on Cicero*, *De legibus*, University of Michigan Press, 2004, esp. 10-11,53),还有更进一步的文本可援引。

② 参考 Pohlenz 的观点(M. Pohlenz, "Der Eingang von Ciceros Gesetzen" *Philologus* 93[1938]:112),他认为:"谈话并不是顺理成章地朝着这个目标直线前进,而是似乎……由心理联想驱动的。"Hentschke 曾把"离题和拖延"(Digression und Verzögerung)看作西塞罗对柏拉图技巧的模仿,特别在《法义》中,柏拉图用过这个技巧(A. Hentschke, "Zur historischen und literarischen Bedeutung von Ciceros Schrift De legibus", *Philologus* 115, 1971, 特别是 127 页)。几

话录与西塞罗的著述,③学者们常常注意到这种开场白的"语体风格"(sermo-Stil)以及其"自发性和生机"(spontaneità e freschezza)(在其他对话场景中,特别是在《论演说家》中,也有这种风格)。然而,罗马演说家为发表一场"具有真实对话氛围的演讲"(l'allure d'une conversation réelle),或者——在演讲分析法中——为了给谈

乎与 Pohlenz 同时期,Becker 曾评述"特别的关爱与精心雕琢"(besondere Liebe und Sorgfalt)(E. Becker, *Technik und Szenerie des ciceronischen Dialogs*, Ph. D. diss. , University of Münster, 1938, 25),说西塞罗精心设计了"充满魅力的开场白"(das reizvolle Einleitungs-gespräch)(E. Becker, *Technik und Szenerie des ciceronischen Dialogs*, Ph. D. diss. , University of Münster, 1938, 50);也参考 M. Ruch, *Le prooemium philosophique chez Cicéron: Signification et portée pour la genèse et l'esthétique du dialogue*, Paris, 1958, esp. 251; G. De Plinval, Cicéron, *Traité de lois*, Paris, 1959, esp. 63;K. Büchner, "Sinn und Entstehung von de legibus", *Atti del I Congresso Internazionale di Studi Ciceroniani I*, Roma, aprile 1959, 2:82。Büchner 走得更远,他说:"该作品(即《论法律》)不仅包括第一卷和第二卷的序言,而且是西塞罗所写的最优美的作品之一,根据许多鉴赏家的判断,在诗性力量方面可以与柏拉图的对话相媲美。"更多最近的评述,参考 F. Gasser, *Germana Patria: Die Geburtsheimat in den Werken römischer Autoren der späten Republik und der frühen Kaiserzeit*. Stuttgart, 1999, 32;Andrew R Dyck, *A commentary on Cicero, De legibus*, 51。

③　Zoll 在他的卓越研究《媲美柏拉图的西塞罗》中杜撰了"语言风格"(sermo-Stil)(Zoll, G. 1962. *Cicero Platonis aemulus: Untersuchung über die Form von Ciceros Dialogen, besonders von "De oratore"*, Zurich, 1962,105),他总结了西塞罗对话录的写作风格,特别是《论演说家》的。Riposati 提及了自发性、新奇性和自然性(B. Riposati, "La tecnica dialogica nel De oratore di Cicerone", *Vichiana* 11[1982]:257 and 259),Riposati 也很关切西塞罗的修辞杰作(chef-d'oeuvre)。关于西塞罗受柏拉图启发的讨论有很多,我仅参考 Zoll 和 Görler 的讨论(W. Görler, "From Athens to Tusculum", *Rhetorica* 6[1988]:215-235),因为 Zoll 的解释是最全面的,而 Görler 特别仔细地对勘了《斐德若》《论演说家》和《论法律》;也参考下述脚注 13 和 37。

话营造自发而真实的印象,并且让话题的转变流畅,④他们会使用一些演讲规则,这些规则不是用来吸引注意力的(参考脚注 3、4、5 和 6)。西塞罗的对话技艺基于演讲分析和语言理论,在这儿,我们将尝试欣赏这种技艺。西塞罗自己坦诚自然而然(naturalness)是他特别关心的,这一事实似乎引出了上述方法,正如西塞罗首次使用了术语"对话"(dialogus),在其他地方,这个术语被定义为催生即兴言论(extemporary utterance)(事实上是对即兴表演的表述;法勒鲁姆的德米特里《论表达》224),西塞罗把这一术语定义为语言(sermo),也定义为讨论(disputatio),并且偶尔会在相同意义上使用它们。⑤

---

④　"一般来说,人们通常将会话(conversation)指代口头即兴交流,而将对话(dialogue)用于指一种文学结构,里面的人物之间进行着精心构思的言语交流。"D. Laroche-Bouvy, "Dialogue écrit, dialogue oral spontané"in *Methodologie der Dialoganalyse*, ed. S. Satti and E. Weigand, 19-27,Tübingen, 1992, 89。例如 E. Becker, *Technik und Szenerie des ciceronischen Dialogs*, Ph. D. diss., University of Münster, 1938, 5。Becker 认为西塞罗的对话录一般是试图模仿生活(μίμησις τοῦ βίου)。Ruch 说模仿了"真实会话的氛围"(l'allure d'une conversation réelle)(M. Ruch, *Le prooemium philosophique chez Cicéron: Signification et portée pour la genèse et l'esthétique du dialogue*, Paris, 1958, 251)。尽管西塞罗的对话录(dialogue)模仿会话(conversation),但这是它的后期特征,它"随着交流的深入而逐渐展开"(s'élabore à mesure que se déroule l'échange)(D. Laroche-Bouvy, 1992, 92),作为对话(dialogue)和交谈(conversation)的融合,西塞罗似乎缺乏其独特性(D. Laroche-Bouvy, 1992,89-93)。关于对话(dialogue)是古代风格的论述,参见 M. Ruch, 1958,特别是第 23-30 页。

⑤　"由于(dialogus[对话]一词)只有在西塞罗那里才首次出现,而且是在开头,因此可以肯定是他引进了这个词。他主要用于自己的对话。因此,他表示这些对话代表了罗马的新事物。"G. Zoll, *Cicero Platonis aemulus: Untersuchung über die Form von Ciceros Dialogen*, besonders von "De oratore",48。关于各种拉丁语翻译,参见 Zoll,49。Sermo 表达的是"一种特定的对话形式,具有自然、

最后,因为西塞罗认识到了隐性的演讲规则,所以他能在谈话的开始阶段,引出倍受赞赏的各种论题:老橡树的风景最先激发了谈话,之后阿提库斯、昆图斯和马尔库斯⑥讨论了西塞罗的《马略》、神话(fabulae)、诗性真和历史真之间的区别、历史编撰学及其与诗歌相左的法则、罗马历史编撰学、马尔库斯劳神费时的事情,最后是对话的正题——法律。看起来好像所谓的语言学上的互文式的预期(或者"伏笔")促成了这些话题的转变,包括:一个比喻、词群、被安置在讨论中的可以快速唤醒主题的"互文"。随着一行行地推进,我将挖掘西塞罗是如何通过让他的对话者融入谈话的物理环境,通过探索语义和句法的模糊性,通过"使用"蕴意、命题和推论,以及借助他们的文化背景知识,从而成就"友善而生动的言辞"(vivacité amicale de leurs propos)⑦这一目标的。这使得文学典故(尤其是对《演说家》的引用)得以引入。尽管对话的特征和对《斐德若》的参考集中在第一部分,但在第二部分中将讨论西塞罗的修辞学名著的重要性,这是谈话者所共享的背景知识的一部分。对这部分的分析将揭示,在《论法律》的开场白中(在《论演说家》中也曾说过)"每一个细节……都预示了一些'背景',文学的、哲学的或历

轻松、灵活、无目的性、体现人之常情的特点",见 Zoll,49-52。贺拉斯将西塞罗的讽刺诗杂咏称为 sermones(言说),在这里可以发现一个显而易见的对比,即在西塞罗对术语 dialogus(对话)的引入和西塞罗对话录的风格之间的对比。See W. S. Anderson, "The Roman Socrates: Horace and his Satires" in *Essays on Roman Satire*, Princeton, N. J. ,1982,23.

⑥　在这儿及其以下的地方,必然要区分两种对话,一种是马尔库斯与昆图斯和阿提库斯的对话,另一种是西塞罗(作者)与其读者的对话。

⑦　G. De Plinval, Cicéron, *Traité de lois*, 62.

史的背景。它们在'字里行间'昭示着什么"⑧。借着这些语义铺陈,西塞罗撑开了一个相互关联的领域,在其中允许各种一般的转变,其中一个具体的转变让许多学术型的读者吃惊。因为(《论法律》1.5)马尔库斯把历史编撰学的目标定义为给出一种与诗歌相反的对真的解释,而诗歌意味着带来愉悦(delectatio),随后阿提库斯引用了罗马历史编撰学的文学性不足来回应,并且煽动他的朋友担负起撰写精致的历史作品的任务,以满足那些寄情于文学的人(qui litteris delectantur)(《论法律》1.5)。⑨ 这个提议没有让阿提库斯的朋友吃惊,我将(在第三部分)试图揭示,为什么我们也不应该感到吃惊。

一 蕴意、推论和自然对话的其他方面

对话有语境。在《论法律》的开场中,那片圣林和这株阿尔皮鲁斯橡树(Lucus quidem ille et haec Arpinatium quercus)(《论法律》1.1)的风景能激励谈话,这些物理环境给三位对话者提供了第一

---

⑧ 这是 Görler 分析《论演说家》的结论(W. Görler, "From Athens to Tusculum", *Rhetorica* 6[1988]:235)。

⑨ 例如(最近),参见 Seth Benardete, "Cicero's De Legibus I: Its Plan and Intention", *The American Journal of Philology*, Vol. 108, No. 2 (Summer, 1987), 299:"阿提库斯指责罗马历史学家不是因为他们没有遵守唯一的历史法则,而是因为西塞罗告诉他修辞学家的任务(5)。这也许是《论法律》中最令人惊讶的转折。"此外,参见 O. Gigon, "Literarische Form und philosophischer Gehalt von Ciceros De legibus", 59。正如上述脚注 1 的引用,也参考 Andrew R Dyck(*A commentary on Cicero, De legibus*)对《论法律》1.5a 的评述,Dyck 认为《论法律》1.5 强调"真的重要性,尽管该段的其余部分侧重于文学性"。

个主题，正如这风景让阿提库斯睹物思诗，想起了马尔库斯在其史诗《马略》中的文学场景。可以与西塞罗的《论善恶之极》5.1的开篇对比，在5.1中，通过变动的谈话(sermone vario)队伍漫步到学园。还有一段场景：作为扮演提示线索的角色的庇索(piso)回忆了有头有脸的人(《论善恶之极》5.2)，这些人接着进入对话的第一个主题。另一个值得注意的例子是，在《论演说家》1.28中能发现场景语境(situational context)，在那里，梧桐树的场景提醒斯凯沃拉(Scaevola)——柏拉图的《斐德若》也有同样场景，斯凯沃拉建议追随苏格拉底的足迹。通过指出梧桐树，斯凯沃拉为对话引出了一个新的话题。⑩ 在所有这些场景中，西塞罗让他的对话者参考物理环境，并且，和在自然谈话中一样，需要从场景语境中推断对话者的言辞的意思。这在阿提库斯的言说中特别明显，他言说中的指示代词(deictic pronouns)明确地把谈论定位在"这儿和现在"，⑪把读者带入紧要关头(medias in res)。这一点加深了自然和生动的印象：我们正在听一个不断发展的谈话，聆听了好几个时辰。

更重要的是接下来的发展，在阿提库斯的陈述中，他假设一棵真实的橡树激发了《马略》诗歌中的橡树。任何对话都离不开假定，人们把假定定义为一个诸多臆想的隐型集合，对此谈话者不会

---

⑩　也参考西塞罗：《论诸神的本性》1.15;《论共和国》1.19。

⑪　关于对话中索引代词的功能，参见 G. Yule, *Pragmatics*, Oxford, 2003, 9-16;关于《论法律》中的代词，参见 Andrew R Dyck, *A commentary on Cicero, De legibus*。

有分歧。⑫ 因此,在这儿阿提库斯纳闷儿那棵(illa)著名的橡树是否依然存活,它的存活假定了物理意义上的橡树的存在作为起源激励了诗歌中的橡树。阿提库斯继续说道,假如橡树依然存活的话,它肯定会是这棵(haec)特别苍老的橡树:"要是那棵著名的橡树依然活着,确定是这棵,它垂垂老矣。"(si enim manet illa quercus, haec est profecto; etenim est sane vetus;《论法律》1.1)⑬

　　西塞罗视阿提库斯为其著作的知音(常常出自我的阅读[saepe a me lectus])⑭,因为阿提库斯深谙这些著作,所以能想起那棵橡树。在这个开场中,作者将其作品定位为对话者的背景知识的一部分,⑮对此保持清醒的头脑是很重要的。昆图斯同样也熟知其兄长

⑫　See G. Brown and G. Yule, *Discourse Analysis*, Cambridge Textbooks in Linguistics, Cambridge, 1983, 29–31.

⑬　Benardete 指出柏拉图的《斐德若》中有一个微妙的相似之处:"斐德若从伊利苏斯迷人的……水域推断出,既然这些水域适合女孩子在附近玩耍,那么这里可能就是女孩们玩耍的地方,这让人想起阿提库斯的推断:它垂垂老矣(etenim est sane vetus)。正是这个推断让他问那棵橡树(illa quercus)是否是这棵橡树(haec quercus)。"(Seth Benardete, "Cicero's De Legibus I: Its Plan and Intention", 298.)Ruch 将《论演说家》1.28 中的梧桐树与橡树的功能进行了比较,因为它们都为讨论的主题作了初步铺垫(M. Ruch, *Le prooemium philosophique chez Cicéron: Signification et portée pour la genèse et l'esthétique du dialogue*, 248);另见 W. Görler, "From Athens to Tusculum", esp. 218 and n. 11. 本译文及其后的译文均以 Keyes 的译文(1977 年)为基础。

⑭　也参见《论法律》1.5:"正如……也经常听你这样说"(ut…ex te persaepe audio),和 1.8:"我们过去常常讨论这个问题"(saepe de isto conlocuti sumus)。正如 Dyck 所指出的那样,阿提库斯作为戏剧人物(dramatis persona)的这种表现有别于历史上的阿提库斯,历史上的阿提库斯"热衷于研究西塞罗的作品"。(参见 Andrew R Dyck[*A commentary on Cicero, De legibus*]对该处的评述。)

⑮　在《论法律》的开篇,西塞罗让对话者参考了两部作品,并且在 1.15 也说:"我想你既然撰写过关于最好的国家政体的著作(quoniam scriptum est

的著作,这不足为奇,我们随后将证实这点。正是因为昆图斯也熟知其著作,所以他可以代替马尔库斯——诗人本人(poeta ipse)——回应阿提库斯。⑯ 对话者共享的背景知识以及他们彼此的熟悉程度尤为重要(并因此可能在对话录的开场被特别强调),这确保了交流的连贯性,如果某位读者没有分享相同的信息,他将看不到这点。⑰ 任何真正的对话都是情境性的,并伴有一些心照不宣的信息,这些信息偶尔会给旁观者的理解造成困难。有人说,西塞罗效仿自然谈话的困难在于寻找以下二者的平衡:一方面,对于局外人而言(在本文所讨论的情形中,局外人就是读者),任何真正的对话都带一些不可理解性;另一方面,对于读者而言,对话必须具有清晰透明性。

是昆图斯为对话引入了另一些真实性,而非马尔库斯增加了其真实性。昆图斯重复了主要词语(存活着[manere]),这确保了其与阿提库斯之间的首次交流的连贯性。无论是在自然对话还是在模仿对话中,为了形成连贯性,语词重复是一个常被使用的手段(例如,《图斯库路姆论辩录》1. 111-112 中的"更长"[longior],《学园派前篇》2 中的"新鲜的……人或事"[ecquid…novi],或者《论法律》

---

a te de optimo rei publicae statu)。"这并不是西塞罗唯一一次让对话者提及他的另一部作品,例如《图斯库路姆论辩集》5. 32(提及《论善恶之极》第四卷)。

　　⑯ 　关于兄弟俩对彼此作品和观点的熟悉程度,参见《论法律》1. 2, 1. 21, 3. 33。关于昆图斯的"插科打诨",参见 Andrew R Dyck, *A commentary on Cicero, De legibus*, 21("有点尴尬")和 54-55,以及 M. Pohlenz, "Der Eingang von Ciceros Gesetzen",104("就像在悲剧中一样,主角只有在配角为他做好准备之后才上场")。

　　⑰ 　关于连贯性、熟悉性和共享知识,参见 G. Yule, *Pragmatics*, 84-86。

1. 8-9 中的"假期"［tempus vacuum］和 1. 12 中的"证实"［experiendum］）。然而,比这些"司空见惯"的重复更有趣的是这样一些情形:对话中的伙伴们通过接受他人的语词(或短语)来假装简单维续对话,尽管在接受的同时,完全更替了语词的意思。在《学园派的问题》(*academicae quaestiones*) 2. 148 中,我们发现一个"故意曲解"的特别有趣的例子:"霍尔腾西乌斯(Hortensius)嘲笑道'拿走它吧',我说'我明白了,因为那就是真正的学术结论'。"正如霍尔腾西乌斯用自己的笑声表明的那样,他自己的回答是有意含糊的,文本接下来也表明其意指"启航"(《牛津拉丁语字典》,词条 1c),其完整意思是"这不仅是水手们的标志,而且飒飒西风本身意味着巡航的时间到了"(《学园派的问题》2. 147)。但是同时,这不仅是允许而且是鼓励西塞罗"曲解"这个意思:霍尔腾西乌斯将不得不反驳,论证将会被驳倒。霍尔腾西乌斯的意思包含双方中任意一方所讨论的争论点,[18]西塞罗明白这点。

————————

⑱ "故意含糊其辞"(Absichtlich vieldeutig)参见:O. Gigon, "Die Szenerie des ciceronischen Hortensius", *Philologus* 106(1962):235。我遵循他的解释。另外参考戏谑的"这些［乱七八糟的］想法"(istam causam)(《论法律》1. 11,和 L. P. Kenter［*M. Tullius Cicero De legibus. A commentary on book I*. Amsterdam. 1972］对该处的评注)。另一个有趣的插曲是菲卢斯和莱利乌斯之间的打情骂俏(西塞罗《论共和国》1. 19)。莱利乌斯说:"菲卢斯,怎么啦? 难道我们已经把所有与我们的家庭和国家有关的问题都研究过了,因而你们现在想探讨天上发生的事情?"菲卢斯反驳说:"难道你不认为我们需要知道我们的家里发生了什么事情、出现了什么现象吗? 我说的这个家不是那个被我们的围墙围住的家,而是整个这个世界,神明们把它给我们作为居所,并与他们一起把这个世界作为一种共同的乡土。"在柏拉图的作品中,这种以不同含义重复一个词(或其同义词)的情况也并不少见(参见《理想国》551c3-6);修辞学家将其称为"切换含义"(reflexio)。See H. Lausberg, *Handbuch der literarischen Rhetorik*, Stuttgart, 1990, 663-664.

　　昆图斯以此种重新解释的类似方式参与进来了，他的突然发言优雅地改变了重要语词的场景，把物理橡树变成了诗歌橡树(《论法律》1.1)："我们亲爱的阿提库斯，那棵橡树确实存活下来了，并且将一直存活下去：因为是诗人的想象力种下了它。"存活(manet)可能以物理的方式被理解，并因此是对阿提库斯的问题(确实[vero]也暗示此问题)⑲的直接回答。将一直存活(semper manebit)表明昆图斯使用存活(manere)作为比喻，意指诗歌的存在，而非物理的存在。⑳

　　谈话的深入使意思越来越清楚，意思的变化带来了主题框架的显著变化。昆图斯——在其解释橡树的永生时最易察觉——煽动阿提库斯质疑自己的假定：曾有一棵真正的橡树，诗歌以此为摹本。尽管二人讨论的转变并未让人感觉莫名其妙，但确有一些出乎意料。重复一遍，明确言说的内容没有指明对话的方向，但是(对话者)要么暗示了(其中一位听者)要么推论出了对话的方向。

　　"以幽默的方式使用想象力种下了它"(sata…ingenio)，由此可以察知从物理意义到诗歌意义的转变。这句话中，种植(serere)在文本意义上与阿提库斯对现实橡树的关切相关，反之，想象力(inge-nio)比喻性地使用其意义。物理性的存在和比喻性(诗歌性)的存在对仗，在下句话中，这个对仗也被强有力地绑在一块。这句话应用了轭式修饰法(zeugma)(并且昆图斯使用了同义词种植[semin-

_____

　　⑲　See R. Kühner and C. Stegmann, *Ausführliche Grammatik der lateinischen Sprache*, 1914, 2.2：531，§236.

　　⑳　昆图斯的优雅回答受到了"回环手法"的进一步支持。伯纳德特认为昆图斯可能误解了阿提库斯，他的观点貌似可信但并不能令我服气。参见 Seth Benardete，"Cicero's De Legibus I：Its Plan and Intention"，296；也参见 Andrew R Dyck(*A commentary on Cicero，De legibus*)对该处的评注。

are]):"但是,与诗人的诗句中的作物相比,没有任何农民耕耘的作物能如此长久地种植。"(nullius autem agricolae cultu stirps tam diuturna quam poetae versu seminari potest.)这句话融合了种植(serere和 seminare)在一般范围上的字面意义和比喻意义。并且,已确立的农业耕种(agri cultura)和畜牧养殖(animi cultura)的罗马式类比更具体地促进了轭式修饰法(参见《图斯库路姆论辩录》2.13)。[21]这个例子揭示了,独特的罗马文化背景增强了对话的融贯性。如果事情不是这样,如果没有文化和农业在罗马的交集,昆图斯将白费口舌(或者至少昆图斯的话的意义会大打折扣)。

为了回应这个挑战,阿提库斯接受了昆图斯的比喻,但是要求昆图斯进一步将诗歌的内容具体化(诗人究竟采取何种种植方法?[quale est istuc quod poetae serunt?]),因为诗歌意义上的橡树永远存在并不能揭示橡树是否有现实起源(因此很难回答阿提库斯关于起源的问题)。这又使西塞罗的弟弟展开了关于诗歌的纪念性的主题:只要拉丁文学确实在被人们言说,被称为"马略"的橡树就不会在这里消失。为了论证这点,昆图斯描述了两个古希腊神话故事,通过选择一个发生在雅典的神话(fabula)来展示其优雅气质(urbanitas),因为阿提库斯与雅典有私人关系。[22] 然后,他得出结论(《论法律》1.2):"因此,愿那是棵'硕果累累'的橡树,朱庇特金黄色的、外貌惊人的信使曾从这里起飞。"这是个充满幽默的挑衅,并

---

[21] 关于这个比喻及其传统,参见 A. Novara, "Cultura:Cicéron et l'origine de la métaphore latine", *BAGB*,(1986):51—66。

[22] 参见 L. P. Kenter(*M. Tullius Cicero De legibus. A commentary on book I*)对该处的评注;也参见 Andrew R Dyck(*A commentary on Cicero , De legibus*)对该处的评注。

且是对阿提库斯最初论点的颠倒,然而这种颠倒却用语法类比的方式呈现出来。㉓ 尽管阿提库斯曾揣度,诗歌所描述的那棵(illa)橡树是否是这棵(haec)具体的老橡树。通过假定一棵真正的橡树曾激发了诗歌中的橡树,㉔昆图斯把那棵(illa)诗歌意义的橡树附加在这棵或任何真正橡树之上。正如考虑希腊树和罗马树时一样,昆图斯指出:"它们只依存于神话之中。"㉕

　　然而,这并非阿提库斯的问题("我绝不怀疑这点"),并且——阿提库斯对昆图斯的挤兑带着一些愤怒("昆图斯,接下来,我想求问的不是你")——阿提库斯最后对诗人自己(poeta ipse)(《论法律》1.3)发问,他不失优雅地继续用了比喻,问道:"是你的诗歌种植了这棵橡树呢? 还是你追随了一个传统,这个传统刚好就是你所描述的《马略》?"因为阿提库斯对《马略》诗句的引用清楚地显示了,答案依然是后者《马略》,所以,诗歌就是关键要害。为了确证其内容,阿提库斯提出了两个选项中的第二个,并使用了术语。一位有教养的罗马人借助其语言学背景知识能轻易地把这些术语与史料编纂学的谈话关联起来:㉖毕竟,针对已经发生的事实(facta)

㉓　参见 L. P. Kenter(*M. Tullius Cicero De legibus. A commentary on book I*)对该处的评注。

㉔　在第二卷的开场中,阿提库斯将坦承(《论法律》2.2):"因为我认为,在这附近除了岩石和高山外没有任何东西,并且你的演说词和诗歌促使我产生这样的想法。"阿提库斯再一次假定,《马略》所呈现的诗歌的世界立基于真实的世界。

㉕　M. Ruch, *Le prooemium philosophique chez Cicéron: Signification et portée pour la genèse et l'esthétique du dialogue*, 248.

㉖　关于"背景知识",参见 J. R. Searle, et al. , (*On*) *Searle on Conversation*, Amsterdam, 1992, 25-29。

记录(scribere)可获得的信息(accepta)是历史学家的任务——李维(Livy)随后将写道:"我们已接受事实"(ita factum accepimus)。㉗因此,在这个对仗中——无论是针对对话中的两个人还是针对所预期的罗马读者㉘——阿提库斯明显隐藏了另一种文学体裁,虽然目

㉗ 李维 1.24.4。关于古代历史学家的方法的讨论,参见 J. Marincola, *Authority and Tradition in Ancient Historiography*, Cambridge, 1997, 63-127,尤其是 63-86。根据文学批评的一个传统,阿提库斯对诗采用了一个标准,作为史学与诗学的具体区分(differentia specifica),这可以在亚里士多德的《论诗术》中发现:历史学家与诗人的区别在于"一个叙述已经发生的事,一个谈论可能会发生的事"(τόν μέν τά γενόμενα λέγειν, τονδέ οἶα ἂν γένοιτο)(亚里士多德《论诗术》1451b4-5。在这句话中,λέγειν[谈论]与叙述[scribere]的不同无足轻重)。人们反复讨论这里的反对观点及标准,参见 A. W. Gomme, *The Greek Attitude to Poetry and History*, Berkeley and Los Angeles, 1954,特别是 1-6 页,73-114 页;S. Gastaldi, "Poesia e historia nella Poetica aristotelica", *RIL* 107(1973):202-242; M. Ostwald, "Tragedians and Historians", *SCI* 21(2002):9-25。把"虚构"(Dichtung)当作"真理"(Wahrheit)的传统被明确废止(die explizite Aufhebung eben jener Tradition)的段落参见 W. Rösler, "Die Entdeckung der Fiktionalität in der Antike", *Poetica* 12(1980):310。虽然(不仅是罗马)一般界限确实相当模糊(loci classici[常常被引用的章句]是西塞罗《论开题》1.27,在讨论历史的脉络中,他引用了一行来自恩尼乌斯的《编年纪事》[*Annales*]的话。还有一句常被引用的话是西塞罗的《论占卜》2.116.3:"抑或为何我应该认为希罗多德比恩尼乌斯更真呢?"[aut Herodotum cur veraciorem ducam Ennio?]),但在后来的对话《论法律》中,veritas(真)将(重新)归于 historia(历史),而非 poemata(诗歌)。因此,我们可以认为,阿提库斯不仅使用了引发历史学联想的语言,而且直接将历史学的通用标准应用于诗歌之中。

㉘ 关于"所预期的读者"的概念,即作者在写作时所设想的"精神之中的读者所想"(Leseridee im Geiste),参见 E. Wolf, "Der intendierte Leser", *Poetica* 4(1971):141-166。这一概念似乎更适合西塞罗的情形,感谢他的书信使得我们可以了解到,他给自己的读者留下了相当鲜明的印象,参见《致阿提库斯》12.4.2(在这封信中,西塞罗担心他的《卡托(残诗)》与他的目标读者的政治倾向不一致;参见 T. Murphy, "Cicero's First Readers: Epistolary Evidence for the

前似乎并不在讨论之中,但是很快将成为焦点。这是一个明显的例子,说明稍后的主题在语言学上被提前预示了。

　　但是,阿提库斯引入了一个与史料编纂学相关联的术语,并且,在适当的时候,这一术语将重归历史(《论法律》1.5)。阿提库斯也为马尔库斯的辩护提供了提示词:接受(accipere)。马尔库斯没有直接回答上面提出的问题,而是拐弯抹角地(以苏格拉底的方式[见下面])㉙提出了一个诘问,有效地回击了阿提库斯对传统的真实性——从可接受性(accepta)到事实(facta)的推论——的隐含表达。马尔库斯通过引导和追问将其朋友的注意力引向神话故事——罗慕卢斯(Rmulus)与普罗库卢斯(Proculus)之间的对话也提到了这个故事,即关于北风之神(Aquilo)诱拐奥利提亚(Orithyia)的故事——追问这些故事的真实性(它应该是真的[verumne sit]),并说阿提库斯应该相信它,因为他们的传统地位:传说这么说(sic enim est traditum)。㉚ 很明显,这个插曲与阿提库斯的问题有何联

Dissemination of His Works", *CQ*,48[1998]:501 的讨论)。鉴于西塞罗作品的"出版"和传播形式(T. Murphy, 1998,499–501, 492 n. 1 便捷地介绍了更早的作品)以及他对特定群体的持续关注,我们似乎可以认为,西塞罗希望《论法律》的读者熟悉他的早期作品。关于这个问题,另见 M. Ruch, *Le prooemium philosophique chez Cicéron*:*Signification et portée pour la genèse et l'esthétique du dialogue*, 421–423 的讨论(存在疑惑)。

　　㉙ Kenter 讨论了"苏格拉底式的讽刺风格"(参见 L. P. Kenter, *M. Tullius Cicero De legibus. A commentary on book I* 对该处的评注);关于马尔库斯总体立场中的苏格拉底式的特征,参见 M. Ruch, *Le prooemium philosophique chez Cicéron*:*Signification et portée pour la genèse et l'esthétique du dialogue*, 248–249。

　　㉚ 《论法律》1.3:"我这就回答你的问题,不过是在你回答我的问题之后:罗慕卢斯是不是真的在故去之后徘徊于距你现在的住宅不远的地方,对普罗库卢斯·尤利乌斯说他是神,让称他为奎里努斯,并且在那地方为他建立庙

系是不清楚的。马尔库斯暗指的比他所说的要丰富,他相信阿提库斯可以揣测其意思。"蕴含意思"(implicature)和"推论意思"(inference)都是言语中未表达出来的额外意思,即"听众要调用额外知识才能理解言语中未曾明确表达的意思","蕴含意思"和"推论意思"也是"自然"对话中的必经过程,西塞罗在这儿和其他地方(参阅下面:我理解[intellego])都是效仿"自然"对话。㉛

然而,阿提库斯看不到其朋友的推理将走向何方,也不知道为什么应该回答他的起源问题:"什么是你问这些问题的目的和理由?"其他言说的含义的不确定性和所引发的问题都是自然对话的一部分,它们在西塞罗(例如《图斯库路姆论辩录》1.76)和柏拉图的对话录中经常被使用。㉜

因此,马尔库斯不得不亲自澄清其言外之意:"除了阻止你过于认真地以此方式探究通过记忆流传下来的事情,我没有其他目的。"马尔库斯又一次采取了非直接的方式回答阿提库斯的问题。(西塞罗因此没有给人留下刻板追问的印象。)尽管这两个故事都是传统的组成部分,但是西塞罗认为他们经不住怀疑目光的审视,正如阿

宇? 或者是不是真的在雅典,同样在距你以前的住宅不远的地方,北风神劫走了奥里提娅? 要知道,传说这么说。"

㉛ 关于"蕴含意思",参见 D. A. Cruse, *Meaning in Language: An Introduction to Semantics and Pragmatics*, Oxford, 2004, 363–397;"推论意思"的定义来自 G. Yule, *Pragmatics*, 131。

㉜ Dyck 认为,在此篇对话录中,阿提库斯自己引导方向(见 Andrew R Dyck, *A commentary on Cicero, De legibus* 对该处的评注);也参见 Seth Benardete, "Cicero's De Legibus I: Its Plan and Intention", 298。

提库斯审视（通过记忆流传的事情）那样。㉝ 换句话说，西塞罗认为已经发生的事情（λέγειν τά λεγόμενα）（伊壁鸠鲁：《致希罗多德书》[*Hdt.*] 7. 152. 11）并不必然意味着可能会发生的事情（τά γενόμενα λέγειν）（亚里士多德：《论诗术》1451b4–5）。看起来值得注意的是，在这点上，西塞罗不仅怂恿马尔库斯阻止阿提库斯应用一个众所周知的关于诗歌和历史之间的区分原则（昆图斯马上会提到这一区分原则）——这个原则被误导了，而且还怀疑"从传说到真实"的简单推论。

　　对于昆图斯和阿提库斯来说，马尔库斯所提到的神话（fābulae/μῦθοι）不仅例证了当下的论证，而且为话题接下来的发展（接下来是"互文性预期"[intertextual anticipation]的典型例子）做了诸多铺垫。这个罗马的例子似乎是这两个文学传统的一部分，阿提库斯曾暗示过这点，把它们当作是普罗库卢斯和罗慕卢斯的邂逅，刚好恩尼乌斯和一位罗马历史学家——极有可能是瓦勒里乌斯·安提亚斯（Valerius Antias）——提到了这点，他俩都影响了李维的看法。㉞ 因此，通过罗马的神话史，西塞罗为罗马的读者——马尔库斯为他的伙伴——再

――――――――――

㉝　阿提库斯问马尔库斯的诗性阐释是否有可接受性的基础（"你所写的，仅仅只是关于马略的行迹的描述吗？"），马尔库斯以两个插曲的方式作出了回应，但它们都是传说（"事实上，这是传说"[sic enim est traditum]），难以让人置信。所以，马尔库斯被要求详述这点，他认为那些记忆流传下来的（memoriae prodita）经不住批判性审视；因此这场争议尽管在语词上有变化，其分歧还是很清晰的。人们也要注意到，在演说结尾处，这三个关于"传统"的描写各载其事。

㉞　李维对普罗库卢斯话语的转述（1. 16. 6–7）"极具诗性"（参见 R. M. Ogilvie[*A Commentary on Livy* 1–5, Oxford, 1965]对该处的评注），估计李维的灵感来自恩尼乌斯。关于瓦勒里乌斯·安提亚斯对李维的影响，参见 R. M. Ogilvie, *A Commentary on Livy* 1–5。

次暗示了历史编纂学。记忆流传下来的(memoriae prodita)这一短语强化了这个联系,这个短语有很强的历史编纂学的味道。甚至可以进一步指出,希腊文 ἀκριβῶς(仔细地)的拉丁同义词是 diligenter(认真地),在古希腊历史编纂学中,这个希腊文副词和其名词性实词 ἀκρίβεια(精确)都是重要的方法论术语。㉟

第二个传说具有更大的意义:马尔库斯提到了奥利提亚的故事,这显示马尔库斯熟知阿提库斯的兴趣,面对其朋友,一位熟知柏拉图的内行人,奥利提亚的故事不仅仅是可信度存疑(doubtful veracity)的另一个传说。㊱ 人们认为马尔库斯回想了柏拉图的《斐德若》,正如读者以正当的方式接受的暗示:西塞罗希望他或她在阅读时要把柏拉图挂在心头。㊲ 在一个西塞罗预示的环境中,斐德若问

㉟ 记忆流传下来的(memoriae prodita):参见《拉丁辞海》I B 2 b 词条;diligenter(认真地):参见《拉丁辞海》diligenter 词条,1;ἀκριβῶς(仔细地):参见修昔底德:《伯罗奔半岛战争》1. 22. 2,1. 97. 2,6. 54. 1。

㊱ 关于阿提库斯对柏拉图的熟知,参考《论法律》1. 15,2. 6(柏拉图《斐德若》中苏格拉底做的那样[quod in Phaedro Platonis facit Socrates]);关于昆图斯对柏拉图的熟知,参考《论法律》2. 17。

㊲ 西塞罗明确提及(例如 1. 15,2. 16,2. 69,3. 1)和间接提到柏拉图的地方被人反复研究(特别是柏拉图的《法义》和《斐德若》,G. De Plinval[Cicéron, *Traité de lois*, 62 n. 1]给出了一些方便列举的指示性段落)。参见 M. Pohlenz, "Der Eingang von Ciceros Gesetzen",特别是 107−108 页和 119 页;Hirzel 关切西塞罗与柏拉图的差异甚于关切他们的相似(参见 R. Hirzel, *Der Dialog: Ein literarhistorischer Versuch*, Leipzig, 1895, esp. 475);也参考 Seth Benardete, "Cicero's De Legibus I: Its Plan and Intention", esp. 297−299; U. Eigler, "Von der Platane im Phaidros zur Eiche des Marius—vergangene Zukunft in Ciceros De legibus" in *Retrospektive: Konzepte von Vergangenheit in der griechischrömischen Antike*, ed. M. Flashar, H. −J. Gehrke, and E. Heinrich, Munich, 1996, 140−142;还有 Andrew R Dyck, *A commentary on Cicero, De legibus* 中的"柏拉图"词条。从 Rutherford 对《斐德若》(不限于《斐德若》)的研究中,人们能学习到在对

到(《斐德若》229b-c):"苏格拉底,请告诉我,是否在这一带,在伊利索斯,波诺阿斯(Boreas)劫走了奥利提亚?"苏格拉底肯定地回答说,事实上是传说这样认为。但是苏格拉底纠正了事发地点——在溪水下游有个波诺阿斯祭坛。这导致斐德若问:"连你也信这神话传说是真的(σὺ τοῦτο τὸ μυθολόγημα πείθει ἀληθὲς εἶναι)?"因为预见到斐德若的闪烁其词,苏格拉底没有直接回答,而是解释了他如何合理化这个神话。但是,假如这个神话是合理的,那其他神话也都是合理的。苏格拉底说他没有闲暇搞这些名堂(ἐμοὶ...οὐδαμῶς ἐστι σχολή;《斐德若》229e)。可以知道,关于神话故事的真实性的问题,苏格拉底和马尔库斯都没有回答。

马尔库斯之所以顺便提到柏拉图对奥利提亚神话的讨论,是要给阿提库斯提供一个对话参考,在这个对话中涉及同样的问题。但是,借助苏格拉底的类似讨论,马尔库斯不仅反复强调传统信仰的不靠谱,而且把斐德若对神话的公开描述看作一段神话叙述(μυθολόγημα),这预示了他随后将要提及的故事(《论法律》1.5)。并且,苏格拉底的繁忙预示着他自己有理由不从事罗马史的写作(《论法律》1.8):"假如我拥有一些自由和空闲,我将不会拒绝从事这件事。"

阿提库斯对马尔库斯的不严肃的建议的回应显示马尔库斯理解了论证:"他提到了一些读者,这些读者纳闷西塞罗的诗歌情节是

话的过程中,许多主旨和措辞如何形成,有时是文字性的,有时是比喻性的(R. B. Rutherford, *The Art of Plato*, Cambridge, 1995, 262-263;例子参考第263-264页;第一句话"作为大量更重要的主题的跳板"参考第243-244页)。毋庸置疑,文学技术有助于形成对话的融贯性(但这是否足够,是一个更复杂的问题,参考第264-265页);在西塞罗的文字中,他使用了这些文学技术,作为柏拉图式的人(homo Platonicus),西塞罗研读了一部他喜欢的柏拉图对话录《斐德若》。

真实的还是虚构的? 这些读者也将走得更远,要从阿提库斯那儿得到真相,因为你要处理这些最近发生的事,并且涉及一位阿尔皮鲁斯土著。"㊳由于时间和地点的近似性,阿提库斯消除了或至少减少了信息错误的风险,并为真实性(veritas)做出了正当性辩护。这也反映在他对术语记忆(memoria)的意思的戏剧性转变中:马尔库斯——阿提库斯声称——没有处理记忆流传下来的事情(res memoriae proditae),而是处理了最近的记忆中发生的事情(res in recenti memoria gestae)。就像之前昆图斯对存活着(manere)的意思的转换那样,阿提库斯采用了另外的词,并赋予它不同的意思。㊴

二 对诗歌和历史的隐秘讨论: 《论演说家》作为共享背景知识

在回应这个挑战的过程中,马尔库斯让阿提库斯确信其不想被认为是一个杜撰者,这被视为一个让步。然而,马尔库斯随后补充认为那些批评行为相当愚蠢(imperite):"他们想从我这里——不是作为诗人,而是如同法庭上的证人那样——求真相。"虚假(mendacium)是真实(veritas)的反义词,在对话的紧密语境中,马尔库斯的机敏回答很自然得体。但是,这不是马尔库斯甩出来的反义词,而

㊳ 主题在时间和地点上的类似性使得获得可靠信息更容易,由此更能给出"真实的"解答;哈利喀纳斯苏斯的狄俄尼索斯(Dionysius of Halicarnassus)在《论修昔底德的特点》一书第六卷有关于修昔底德(基于经验[ἐς ἐμπειρίας])的方法)的讨论。Kenter 认为:"针对这处的讨论是为了过渡到历史编纂学。"(参见 L. P. Kenter, *M. Tullius Cicero De legibus. A commentary on book I* 对该处的评注)。

㊴ 参见西塞罗:《论善恶之极》3.8—3.9,在那里,记忆(memoria)的意思没有任何变化,但被答话人反复重申。

是一个审判计划,这个计划(schema)是"一个先存的知识结构……
一般涉及对事情的正常期待模式",在词典学领域(被定义为一套
词汇,彼此有意思联系)会给出这个意思。⑩ 这并非凭空臆想出来
的,正如阿提库斯的结论性短语(很多人想从你这里获取真相[veri-
tas a te postulatur])很容易和一场审判联系起来一样。⑪ 这令人回
味无穷,正如在词典学领域,文中的审理(periculum)一定意味着
"法律程序"之类的事情。⑫ 另外需要留意的是,西塞罗在别处承
认,他的修辞和法律训练不可避免地影响了他的哲学讨论。⑬ 最重

---

⑩　G. Yule, *Pragmatics*, 134. 关于计划(schemata)的更一般的讨论,参见
G. Brown and G. Yule, *Discourse Analysis*, 247-250;论"词典学领域",参见
D. A. Cruse, *Lexical Semantics*, Cambridge Textbooks in Linguistics, Cambridge,
1986, 112-133, with 134 n. 1。

⑪　当然,虚构对话的时候,西塞罗也许想起了自己大概四十年的法律生
涯,这一事实具有额外的自传性意思。参考脚注 43。

⑫　Dyck(Andrew R Dyck, *A commentary on Cicero, De legibus*)的评述中认
为这里有一个十分不幸的拼写错误),紧接着 Kenter(L. P. Kenter, *M. Tullius
Cicero De legibus. A commentary on book I*)认为那场审判(istud periculum)可能意
指"几年的审判"(同上,有对《拉丁辞海》的援引,但是那里存在疑问),正如
他指出的,作为证人(ut a teste)支持这个观点。尽管司法(iudicium)文本中的
审理(periculum)常被用作表达涉及的风险和危险(参照《拉丁辞海》),实际上
它与司法(iudicium)的近义关系很少见,但人们仍然将其与撒珥路斯提乌斯的
《尤古尔塔战争》40. 2 相对比(pericula metuentes[让人发怵的审判],参见 E.
Koestermann[*C. Sallustius Crispus*:"*Bellum Iugurthinum.*" Heidelberg, 1971]对
该处的评述。Koestermann 仔细地评述说:"'periculum'一词指'过程'[西塞罗
和塔西佗的著作中也是这样的]")。

⑬　西塞罗《图斯库路姆论辩集》1.7:"正如我早先模拟诉讼来练习修辞一
样——这件事情没有人比我做得更久,现在这于我而言,就是老年的修辞练
习。"也参见 Velleius 对 Cotta 提出论据的评述(《论诸神的本性》2. 1):"我不会受
困于一连串空泛的话语,也不会受困于精巧而晦涩的命题。而你,科塔,在这两
方面都可谓出类拔萃。你缺少的只是一个听众和一个陪审员来聆听你的演讲。"

要的是,语言学引发了审判场景,西塞罗悉心为他的读者打好了基础,为对话的恰当主题——法律——作准备。历史编纂学的主题和法律都具有语言学上的可预期性:语言本身让读者期待这一主题。

正如相关句子所传达的,轭式修饰法被当作证据,佐证马尔库斯对独特的诗性真的论证。㊹ 毋庸置疑,马尔库斯现在(至少以某种形式)反对真实性(veritas)作为诗学的标准。同时,马尔库斯聪明而让人诧异地把诗人与证人相对比。在某种程度上,阿提库斯指出,《马略》所描述的事情发生在这儿且时隔不久。马尔库斯的这个观点容易被解释为:诗歌的作者(几乎)是位证人——一位有一手知识的人(《牛津拉丁词典》词条5)。提及证人时,马尔库斯可能仅仅是想强化阿提库斯的论证。尽管马尔库斯的反论是,只有证人才能要求(exigere)证实真相,而证人就是"在法庭上作证的目击者"(《牛津拉丁词典》词条2)。马尔库斯新鲜而有力的论点是,即使某位诗人(poeta)恰好是证人——例如某位有一手知识的人,那位诗人也没有义务(像证人那样)说出真相,因为诗人不是法庭证人。这些是不同的框架,这反过来对他不希望被视为骗子的愿望作了截然不同的解释,假如批评者控告他是杜撰者,那是因为他们没有明白"游戏规则",他们是愚蠢的(imperiti)。㊺

然而,马尔库斯对审判的语域运用传达了一个误解,误以为阿

㊹ "在这点上,西塞罗为不同类型的诗性真创造了空间。"(参见 Andrew R Dyck, *A commentary on Cicero, De legibus* 对该处的评述。)这种把马尔库斯的话解释为对亚里士多德诗性真的重塑(参见 W. Rösler, "Die Entdeckung der Fiktionalität in der Antike",特别是第310页),我发现是难以让人相信的。我会论证西塞罗完全反对这个标准与诗人之间有关系。

㊺ 关于愚蠢的(imperite),参见 Andrew R Dyck, *A commentary on Cicero, De legibus* 对该处的评注。

提库斯有点想要求真相,就像昆图斯曲解了存活(manere)、阿提库斯曲解了记忆(memoria)一样(详见上)。并且,考虑昆图斯的当下反应就非常清楚,马尔库斯的话应该有另一个维度:"那么,正如我所理解的,我亲爱的兄长,你认为历史和诗歌各自遵循不同的法则。"昆图斯似乎不确定,因此做了一些推论(intellegere)。引导诗人的法则不同于引导历史学家的法则。在推论的过程中,昆图斯艺术性地延续了其兄长的法律语言,现在以隐喻性的语言(证人——法则[testis--leges])表达。⑯ 但仅仅依赖这一点不足以解释,为什么在对话的这个特别时刻、在阿提库斯追问诗歌内容的本性之后,昆图斯所说的话显得非常恰当,正如上面讨论过的那样。至少,初步来看(prima facie),似乎没有特别的理由支持昆图斯的话。

从阿提库斯诘问西塞罗诗歌的现实基础之后,历史一直都"在场",在某种意义上,这就是为什么在这场对话中公开提及历史不会显得不合时宜。此外,马尔库斯一直都没有用诗人与证人的对比来结束他的辩护,但是他增加了(《论法律》1.4):"毋庸置疑,这些人也相信努马同埃革里娅交谈过,老鹰给塔克文戴过祭司帽。"与之前一样,马尔库斯选择了罗马神话,批评了不加鉴别地相信传统的基础,尽管这些基础经受不住审慎考察。另一方面,在马尔库斯的例子中,这些事情都需要查证。由此,在阿提库斯的批评面前,马尔库斯承受了双重标准的指责。同时,这两个神话都被写进了诗歌和历

---

⑯　正如 Dyck 注意到的,这也是首次提及对话的主题(Andrew R Dyck, *A commentary on Cicero*, *De legibus* 对该处的评注)。但是,可参考我对审判的词典学领域的评论。

史叙述中——它们曾是罗马神话史的一部分。⑰ 最后对罗马史的
援引也许是另一种刺激,激励了昆图斯的言辞。

不过,对于昆图斯和阿提库斯而言,他们在正常情况下完全熟
知西塞罗的著作,特别熟悉其《论演说家》(详见下文),在西塞罗的
杰作(chef d'oeuvre)中,马尔库斯反驳了某些历史编纂学的论证。
卡图卢斯诋毁罗马历史学家对文体问题不屑一顾:"只要不杜撰就
够了(satis est non esse mendacem;《论演说家》2. 51)。"马尔库斯声
称他不想被认为是杜撰者(non mendacium putari)。早期的历史被
认为是具有说服力的:

> 而历史,这个时代的见证、真理的光辉、记忆的生命、生活
> 的老师、古代社会的信使,除了演说家之外,还有什么其他声音
> 能使它永垂不朽?(《论演说家》2. 36)

马尔库斯把见证(teste)与真理(veritatem)并列,还有前面的记
忆(memoria)之主题,这些都必定使昆图斯将所引用的观点(senten-
tia)联系起来。

因此,昆图斯的援引不仅基于这个话题范围内其兄长的最后评
论,还表达了他自己对其兄长著作的熟悉(我理解你,亲爱的兄长
[Intellego te, frater])。这也显示出,代表西塞罗的这个人物在两场
对话中——在《演说术的各个部分》中(与其子)以及在这儿、在《论
法律》中(与其弟)——交谈,并且在后一种对话中,昆图斯只称呼

---

⑰　参见 Andrew R Dyck, *A commentary on Cicero*, *De legibus* 对该处的
评注。

其兄长为兄长(frater)。⑱ 因此,(1)文本中的这个称呼本身就值得注意,并且(2)西塞罗选择这个称呼是为了强调昆图斯熟知其兄长的著作和观点,这看起来是可信的。正因为这种熟悉,特别是对《论演说家》的精通,使昆图斯的评价与其他两位对话者是一致的。由此,首先显现出来的是对马尔库斯的法律语言(证人——法则)的继承和完善,这本身也可看作昆图斯基于其对《论演说家》的精通而做的另一种表达(《论演说家》2.62):"有谁不知道,历史的法则首先是不敢说谎,其次是不敢有不真实。"

　　昆图斯首先思考其兄长在《论演说家》中的意思(sententia),随后提及所引用过的修辞学问题,⑲并且,西塞罗——作者——期待其读者阅读文中昆图斯的话,这个假设被一个众所周知的事实所佐证,即,阿提库斯也提到了这本著作(《论演说家》),但为了表示强调,阿提库斯提议让演说家来写罗马史(《论法律》1.5):"你完全胜任这项工作,因为,正如你至少也这样认为,演说家最适合来完成这项工作。"注疏家们都同意,在这里,阿提库斯指的是安托尼乌斯(Antonius)请求一位演说家承担书写历史的任务,随后,他通过考察罗马编年史的博大精深证实了这点,正如阿提库斯匆忙去讨论罗马历史学家一样。⑳ 但是,正如我希望证明的,阿提库斯提及《论演

---

⑱　See E. Dickey, "*Me autem nomine appellabat*: Avoidance of Cicero's Name in His Dialogues", *CQ* 47(1997):584–588.

⑲　就我的理解而言,historiae legem(历史的法则)和 historia leges(历史的诸法则)的并列仅仅出现在这两段以及《致亲友书》5.12.3。

⑳　Pohlenz 指出(See M. Pohlenz, "Der Eingang von Ciceros Gesetzen",110),这段可能援引了《论演说家》2.51:"安托尼乌斯问道:'你说说看,什么样的演说家和具有多大演说才能的人才有资格写历史?'"特别是引用了2.62:"我现在再回到出发点,你们看出历史给演说家提出了什么任务吗?"另有

说家》并非无中生有，而是对马尔库斯和昆图斯的"潜台词"的继续。

三 说"真相"，但要说得好

尽管昆图斯的话不唐突，但在这里有点不合适，正如马尔库斯清楚地回答：

> 当然是啦，昆图斯，在历史中一切求真，反之，在诗歌中最大程度地怡情，尽管在历史之父希罗多德和特奥蓬波斯的著作中充斥着大量的神话。

"当然是啦"（quippe）一词预示了马尔库斯的机敏——他的回答不仅与亚里士多德而且与珀律比俄斯[51]一致，这个词出现在回答中，经常用于表达答案很明显。[52] 此回答从形式上来看考虑了很多精微之处：首先，这是值得注意的，在已经说出了"当然"——诗歌的目标是怡情，历史的目标是真——之后，马尔库斯立刻以转折式的方式修正（quamquam correctivum）了他的论断。

一些人也持有这种观点，例如 Leeman, A. D., H. Pinkster, and H. L. W. Nelson, *M. Tullius Cicero*: "*De Oratore*" *Libri III*, *Kommentar*, 2 vols, Heidelberg, 1985, 250；L. P. Kenter, *M. Tullius Cicero De legibus. A commentary on book I* 对该处的评注；Andrew R Dyck, *A commentary on Cicero*, *De legibus* 对该处的评注。

[51] 关于亚里士多德，参见 Andrew R Dyck, *A commentary on Cicero*, *De legibus* 对该处的评注。珀律比俄斯 2.56.11："悲剧的目的与历史的目的不同，并且恰恰相反。"（τὸ γὰρ τέλος ἱστορίας καὶ τραγῳδίας οὐ ταὐτόν, ἀλλὰ τοὐ ναντίον.）（关于作为珀律比俄斯的读者的西塞罗，参见 M. Fleck, *Cicero als Historiker*, Stuttgart, 1993, 78–83。）

[52] R. Kühner and C. Stegmann, *Ausführliche Grammatik der lateinischen Sprache*, 1912, 2.1：807，§146.1.

第二,假如有人记得阿提库斯的最初问题——西塞罗的《马略》所传达的内容本质,假如有人记得马尔库斯不止一次地诉诸罗马神话史,那么,恰恰相反,马尔库斯对诗歌和历史的定义性对比(definitory contrast)并没有明显基于到目前为止对话中所说的任何东西。

我们再回到《论演说家》并留心安托尼乌斯看待历史法则(lex historiae;《论演说家》2.62 已引)的态度,第二个洞见就能得到解释。在那里,安托尼乌斯被诱导发表了几乎是老生常谈的一些言论,即历史(historia)应当关切真实(veritas):对于历史书写而言,没有特殊的修辞手法,因为他们实际上是有目共睹的。[53] 随后安托尼乌斯继续讨论历史法则(lex historiae),用"有谁不知道……"(nam quis nescit…)引入这句话——与安托尼乌斯一样,马尔库斯因此说了一些大伙都知道的事情:与"有谁不知道"一样,"当然是啦"体现了同样的功能。

马尔库斯的"当然是啦"似乎有另一些功用,在对话中也许有反讽意味:在其弟插话之前,马尔库斯强调过,如果历史学依赖传统,那么探索真实(veritas)就困难重重。在这么说的过程中,马尔库斯间接提到三个罗马神话,尽管这些神话的内容像奥利提亚被诱拐一样让人半信半疑,但是它们却属于罗马史的一部分。在对话初期,马尔库斯从未想过应当探索真这一原则(探索真被定义为历史法则[lex historiae]),但至少暗中关心这一原则能否实现。所以,当

---

[53]　我认同 Leeman 等人对这段的阐释(参见 Leeman, A. D., H. Pinkster, and H. L. W. Nelson, *M. Tullius Cicero*:"*De Oratore*" *Libri III*, *Kommentar*, 2 vols, Heidelberg, 1985, 其中有对该处的评注)。

昆图斯谈及两类不同法则时,马尔库斯直接忽略其弟的要点,这就是为什么能用一个反讽词"当然是啦"打发了昆图斯的观点。

马尔库斯的回答整体上看具有安抚性,他首先承认,然后温和地重申他真正的关切:历史学家——正如我们所知——应当讲真话,尽管、即使(这里的并列明显是强调)历史之父希罗多德和特奥蓬波斯(Theopompus)有时也会搞错,他们把神话(虚构的故事[54])放在其历史著作中——正如罗马历史学家们的叙述中有神话一样。真实叙事是历史学家的责任,但这并不意味着他不能讲述神话,正如他依赖于他所习得的可接受的知识(accepta)一样。[55]

---

[54]　关于作为历史(historia)的反义词的神话(fabula),参见西塞罗《论开题》1.27(语境脉络代表不同的叙述[narratio]形式)。神话(fabula)是叙述中所使用的言说方式,在这种叙述中所发生的事情并不是真的,不具有真实性……历史(historia)是对真实发生的事情的描述,离我们自己当下时代的记忆很遥远。(1)马尔库斯表达了他不想被看作是杜撰者(mendax)的期待;并且(2)神话(fabula)包含谎言的意思(《拉丁辞海》词条 2 A 3;在严格意义上,"神话"增加了观念的轻率性和虚伪性。例如西塞罗《论共和国》2.4)。这两个理由使得我们可以指责希罗多德不仅讲了不实故事(《拉丁辞海》词条 2 B 4:"诸神话"使得所载的可信事情扑朔迷离难以置信。西塞罗《论法律》1.5 提供了参考),而且说谎(并且这不是指责他们的唯一情形。参见 J. A. S. Evans, "Father of History or Father of Lies: The Reputation of Herodotus". *CJ* 64, 1986, 特别是第 14 页)。然而,因为马尔库斯曾强调过探索真相困难重重,所以,把马尔库斯提及神话理解为对真实的失败尝试,而不是对真实的故意偏离,我发现这样理解更可行一些。

[55]　关于这个理解,参见 L. P. Kenter, *M. Tullius Cicero De legibus. A commentary on book I.* 对该处的评注;A. Köhnken, "Der listige Oibares: Dareios' Aufstieg zum Großkönig", *RhM*, 133(1990): 119:"'真实性'法则的例外情形(Ausnahmen von der 'Wahrheits'-Regel)。"还有 P. A. Brunt, "Cicero and Historiography" in φιλίας χάριν: *Miscellanea di studi classici in onore di Eugenio Manni*, 1, Rome, 1979,特别是第 313-314 页;也可参考我关于神话(fabula)的模糊性的论述。

一个人也许会惊奇(事实上很多人都有这个惊奇),[56]为什么在如此着重强调真实(veritas)的意义之后,接下来的对话仅围绕颂扬(ornatus)展开,并由此可以从编年史里得到愉悦(delectatio)。马尔库斯做了让步,他说在希罗多德和特奥蓬波斯的书中有大量的神话(innumerabiles fabulae),阿提库斯对此回答道:

> 阿提库斯:我现在要抓住我一直期待的好机会,我不会让它溜走。
>
> 马尔库斯:提图斯,什么好机会?
>
> 阿提库斯:人们早就希望你,或者更确切地说,早就强烈地要求你书写历史。他们认为,如果你能进行历史写作,那么我们也会在这方面毫不逊色于希腊人。

在后面的对话中,西塞罗被誉为关于罗马大事记最虔诚的记录者(西塞罗:《布鲁图斯》44)。假如阿提库斯的赞叹就此打住,那他似乎仅仅是鼓励其朋友西塞罗的历史抱负,因为西塞罗意识到探索历史真相困难重重,也认识到像希罗多德这样的希腊历史学家的缺点。[57]阿提库斯希望马尔库斯成为罗马的修昔底德,修昔底德抛弃了神话并试图通过忠实于自己或其他人的见闻(参考修昔底德《伯

56　参见 A. Köhnken, "Der listige Oibares: Dareios' Aufstieg zum Großkönig", 118-119 和 136-137; 参见 Seth Benardete, "Cicero's De Legibus I: Its Plan and Intention"; Andrew R Dyck, *A commentary on Cicero*, *De legibus*, 如脚注 9 所述。

57　阿提库斯似乎在很多场合鼓励西塞罗从事编年史的写作。例如,参见《致阿提库斯》14.14.5:"并且你鼓励我写历史(et hortaris me ut historias scribam)。"也参见《致阿提库斯》2.8.1, 16.13a.2。

罗奔半岛战争》1. 22. 2)来约束自己只讲真话。

但是,阿提库斯以相当迥异的方式详细阐述了他的观点:

> 我认为这不仅是你对那些热切希望从文学中获得乐趣的
> 人尽你的责任,而且也是对祖国尽你的责任,使得曾经被你拯
> 救过的祖国再次由于你而得到颂扬。我们的文学中尚无历
> 史……

假如对话一开场就认为西塞罗最后参与历史写作(ultima ma-nus),评论家必须回答一下这个问题:在马尔库斯或者昆图斯之前的谈话中,是什么让阿提库斯给出的讨论出现了这种转折?

假如昆图斯对兄长暗示了《论演说家》一书,阿提库斯也由此借助这本书来强调其观点,这个转变也仅仅会被认为是阿提库斯延续了昆图斯对安托尼乌斯言论的引用,正如安托尼乌斯在解说了历史法则(lex historiae)之后讨论了构建(exaedificatio),只有演说家才能完成这个构建的任务。[58] 安托尼乌斯继续讨论并观察了希腊和罗马历史学家,同时他提到了希罗多德,认为他是历史这种体裁的首创者(《论演说家》2.55)。所以,在马尔库斯提及历史学之父(pater historiae)希罗多德之后,阿提库斯也对罗马历史学家做了一番观察。阿提库斯的言论没让西塞罗的代言人诧异,西塞罗的目标读者也没有诧异,因为他们共享了《论演说家》中的相关段落,这是

---

[58] 在未曾联想到《论演说家》中的对应段落的情况下,Ruch 写道:“主旨是对历史主题的定义;同时,第二卷将讨论形式问题。”(See M. Ruch, *Le prooemium philosophique chez Cicéron*: *Signification et portée pour la genèse et l'esthétique du dialogue*, 248.)

必备的文学素养。

但是，因为神话的语义模糊性，[59]马尔库斯的言论顾及了阿提库斯的回答，这可能是最让人诧异的。假如读者采用"虚构故事"作为神话的意思，人们将会认为马尔库斯承认在希罗多德的历史（Histories）中有虚构故事，尽管历史应该是真实的。但是，假如读者采用"用作消遣、教化等的故事，是传说"作为神话的意思，[60]他们将会认为希罗多德和修昔底德超然于历史和诗歌的对立之外，不是因为他们说谎，而是因为他们弘扬读者喜闻乐见的神话。让步从句是一个具有更大模糊性的例子，因为（对话中）的听众和读者都不知道这个从句是修正之前言辞的第一部分还是第二部分。并且，此处的模糊性可能仅仅是因为关键术语的语义模糊性。[61] 我们很容易看到马尔库斯的言辞如何促进了这场转折，即，从对真（veritas）的讨论转变为阿提库斯对愉悦（delectatio）之匮乏的热切评论。对于罗马的对话者和读者而言，对话没有断裂。

四　对话的艺术

等到阿提库斯谈及罗马历史学的缺陷时，对话已进行了很久，

---

[59]　关于概念的模糊性，我信服 D. A. Cruse（*Meaning in Language：An Introduction to Semantics and Pragmatics*，104-107），我在他处对此做了全面讨论。

[60]　《牛津拉丁词典》词条 4a；西塞罗《论法律》1. 5 被认为是具有针对性的情形（注意《牛津拉丁词典》和《拉丁辞海》之间的分歧［参考前面脚注54]）;《牛津拉丁词典》中的那类意思与《拉丁辞海》（参考）中 2 A 1 的意思相同（在更宽泛的意思下，"神话"被定义为传说的状态和不真实的）。

[61]　参见 W. Quine，*Word and Object*，Cambridge，Mass.，1960，129："但是，有时候词语的模糊性会传染到其所在的句子。"

话题广泛。我尽量论证,为了欣赏更完整的、更充满艺术味的对话,尽管有许多转折,读者也应当把注意力集中在西塞罗从他那个时代的真正会话中所汲取的演讲技巧上。此外,现代日常对话的概念化理论似乎能应用到西塞罗的文本中,尽管在某些方面——像农业和文化的对应词——罗马更特殊。这就是说,从西塞罗的时代到我们当下的时代,在对话中被我们点出的、受文化决定的演讲规则不曾发生明显变化。[62]

---

[62] 我要感谢 Konrad Heldmann 和 Andrew Dyck,感谢他们对初期手稿富有助益的评论;我也很感谢 Christopher Pelling,因为他对我后来的版本给出富有启发意义的建议;David Levene 也阅读和完善了我的论文。最后,我也感谢匿名审稿人充满洞见的建议。

西塞罗的《论法律》:法律与面向正义国家的正当论辩

卡斯特尔(Amy H. Kastely)

在《论法律》中,马尔库斯是引话人,也是西塞罗的代言人,他把法律视为正当理性(right reason),也视为城邦内对正义的选择。大多数现代读者认为,此观点基于这种信念:存在恒定的人性,且在宇宙中也存在超验的秩序,这个超验秩序颁布了正当理性,也由此决定具体的法律规则;①并且,正因为此信念有所谓的心理学和神

---

① 我要感谢 Edgar Bodenheimer, John Honnold, J. Kastely, Janice Weir, and Eric Yamamoto,感谢他们不吝赐教! 标准的西方法理学史中一直存在对《论法律》的此种阅读。See Edgar Bodenheimer, *Jurisprudence*, rev. ed. , Cambridge, Mass. , 1974, 13-15; Huntington Cairns, *Legal Philosophyfrom Plato to Hegel*(1949; reprint, Westport, 1980), 132-143; Carl Friedrich, *Philosophy of Law in a Historical Perspective*, 2d ed. ,Chicago, 1963, 27-34; Hendrik Jan van Eikema Hommes, *Major Trends in the History of Legal Philosophy*, Amsterdam, 1979, 31-34。历史学家普遍认为西塞罗在这点上信奉廊下派的存在论,参见 Bodenheimer, 13-14; Cairns, 132; Friedrich, 27-34。其他学者也以此方式阅读《论法律》,参见 Marcia Colish, *The Stoic Tradition from Antiquity to the Early Middle Ages*, 2 vols. ,Leiden, 1985, 1:95-104; Elizabeth Rawson, *Cicero: A Portrait*, rev. ed. ,Ithaca, 1983, 154-159; George Sabine and Stanley Smith, "Introduction" in Cicero, *On the Commonwealth*, trans. George Sabine and Stanley Smith (1929; reprint, Indianapolis, 1976), 446-451; D. H. Van Zyl, *Cicero's Legal Philosophy*,Roodepoort, 1986, 36-37; Gerald Watson, "Natural Law and Stoicism" in

学假设作为基础,而现代思想拒斥这些假设,所以,西塞罗关于自然法的主要著作,也就是这篇对话,并没有在当今激发出太多人的兴趣。②

Problems in Stoicism, ed. A. A. Long, London, 1971, 216-238; Neal Wood, *Cicero's Social and Political Thought*, Berkeley, 1988, 70-89(Wood 教授的解读存在缺陷,根源在于其最初决定不探究西塞罗的政治思想与其修辞观的联系。第 ix 页)。Alexander Litman, "Cicero's Doctrine of Nature and Man", Ph. D. diss., Columbia University, 1930:"我发现第 25-27 页包括了对《论法律》的最紧密的阅读,但是,我发现作者依然陷入了惯常理解。我所发现的唯一一个不同看法是 Leo Strauss, *Natura Right and History* (Chicago, 1953), 153-156, 施特劳斯注意到了,在《论法律》中西塞罗对廊下派存在论意义上的自然法教义的真实性有所怀疑。西塞罗的观点是离帕奈提奥斯(Panaetius,公元二世纪的廊下派者)的思想更近,还是离新柏拉图主义者安提库斯(Antiochus)所发展出来的对廊下派的再阐释更近? 对此存在争议。"Elizabeth Rawson 概括了这场争议(Elizabeth Rawson, "The Interpretation of Cicero's 'De Legibus'", *Aufstieg und Niedergang der römischen Welt*, 1,4[1973]:340-342),他审视了许多回避争议的学者,得出结论:一般来说,西塞罗的思想来源不止一个。Max Pohlenz(*Die Stoa* 11[1949; reprint, Gottingen, 1972], 126)也得出了类似的结论,西塞罗没有借用任何特定的哲学家,而是汲取了那个时代的罗马所流行的廊下派思想的一般见解。这个看法与我对西塞罗的阅读相吻合,尽管我对廊下派哲学没有专门研究。

② 整个十九世纪,对西塞罗政治著作的攻击铺天盖地,毫无疑问,这促使人们觉得西塞罗不能完全算是一位法律思想家,卡尔·马克思是这场批评运动中的佼佼者,他批评西塞罗是流行规则(popular rule)的敌人,还有 Theodor Mommsen,批评西塞罗是凯撒的启蒙领导集团的反对派。十九世纪对西塞罗的驳斥与十八世纪的政治思想家对其著作的极大赞誉形成鲜明对比,特别是洛克、亚当斯、杰斐逊和其他的美国国父们。参见 Wood, *Cicero's Social and Political Thought*,第 1-11 页有关于西塞罗作为政治思想家的声誉的深入讨论和关于其他讨论的引用。也参见 Richard McKeon, "Introduction to the Philosophy of Cicero," in Cicero, *Brutus*, *On the Nature of the God*, *A On Duties*, trans. Hubert Poteat, Chicago, 1950, 1-9,这里讨论西塞罗对西方思想的"持久的、广泛的和充满矛盾的"影响,也讨论了"当今的人们对他阅读较少,但崇敬有加"这一事实。有一本文集展示和论证了西塞罗在很多领域被人持续研读,参见 T. A. Dorey, ed. *Cicero*, New York, 1965。

但是,对西塞罗法律观的这种解读得不到《论法律》文本的支持。事实上,通行的解读不仅依赖于从《论法律》和《论共和国》中的谈话的上下文脉中进行断章取义地摘录,也依赖于把那些谈话和意思视为对西塞罗法律理论的概括性表达。③ 吊诡的是,开篇段落中,

---

③　这些作家最常引用的是《论共和国》3.22.33,将其作为西塞罗的法律概念的直接表达,然后引用《论法律》1.6.19,2.4.8,2.6.14,把它们作为对这个法律概念的复述。See Bodenheimer, 13–15; Cairns, 137–138; Friedrich, 29–30. 参见 A. P. d'Entreves(*Natural Law*,London, 1951, 20–21) 对这段的引用。《论共和国》3.22.33 是这样说的:

> 真正的法律是与自然相符合的正确的理性,适用于所有的人,稳定,恒常,以命令的方式召唤履行义务,以禁止的方式阻止犯罪行为,但它不会徒然地对好人行命令和禁令,或对坏人行命令和禁令以感召他们。企图改变这种法律就是亵渎,取消它的某个方面也是不被允许的,完全废止它更是不可能的;我们元老院的决议或人民的决议都不可能摆脱这种法律的束缚,无需寻找说明者和阐释者,也不会在罗马是一种法律,在雅典是另一种法律,现在是一种法律,将来是另一种法律,对于所有的民族,所有的时代,它是唯一的法律,永恒的、不变的法律;并且只有一个对所有的人而言共同的、如同教师和统帅的神,它是这一种法律的创造者、裁断者、立法者,谁不服从它,谁就是逃避自我、蔑视人的本性,从而将会受到严厉的惩罚,尽管他可能躲过被人们视为惩罚本身的其他惩罚。(译按:参考了王焕生先生的译文。)

De Republica, *De Legibus*, trans. Clinton W. Keyes, Loeb Classical Library (1928; reprint, 1970). 所有对《论共和国》的援引都将来自这个译本。
　　这段以直接的方式表达了西塞罗的观点吗? 至少有三种情况提醒我们下结论要小心谨慎。最重要的是,这段话不是出自斯基皮奥之口,而斯基皮奥是引话人,也被看作是最密切代表西塞罗的人。这段话是莱利乌斯说的,众所周知,他是廊下派的铁杆粉丝。在菲卢斯所提供的之前的讨论中,斯基皮奥似乎回应了莱利乌斯,但是这部分对话佚失了。其次,这段残篇并不是主要手稿中的内容,而是在基督教作家克拉坦提乌斯的《神圣法规》中流传下来的。参考《论共和国》的编校笔记,第 210 页。Lactantius, *The Divine Institutes*, trans. Mary

《论法律》自身既期待又拒斥这种解读。此对话录详细驳斥了对"客观真"(objective truth)的任何主张,所提出的法律概念不依赖于任何对人类本质特征的理解,也不依赖于宇宙的神圣秩序。事实上,此对话录主张一种法律观,即把法律当作对正义的公共言说(public discourse),并且此观点是一种修辞建构,对于伦理行动和政治行动的目的而言,是有价值的。④

在接下来的论述中,我将提出一种对《论法律》的解读,这种解读

Frances McDonald, Washington, 1964, 6. 8. 6–9. 即使这段残篇的精确性没有疑问,但对其选择性的保留来自对西塞罗观点的特殊理解。参见 d'Entreves, *Natural Law*, 第 20 页:"基督教作家克拉坦提乌斯为我们把西塞罗的定义保留下来了,这意义非凡。"再次,无论是在《论法律》(3. 6. 14)还是在其他著作中,西塞罗明确批评了廊下派的晦涩理论。参见 Colish, *The Stoic Tradition from Antiquity to the Early Middle Ages*, 第二章。

通行解读的部分问题是,与后启蒙主义者的抱负类似,通行解读汲汲于发现一些宏大理论体系,并且假定这个宏大体系必定是任何社会哲学的主要目标。事实上,以此方式解读西塞罗的某些人尖锐地批评西塞罗,因为他没能清晰地提出一套法律理论,也因为他对廊下派自然法的表述前后不一致。参见 Colish, *The Stoic Tradition from Antiquity to the Early Middle Ages*, 98–104。然而,鉴于西塞罗的修辞取向,他抗拒如此抽象的体统建构。参见 Wood, 第 62 页(坦诚来说, Wood 试图将其理论呈现为一个系统的政治理论,可能会有点扭曲西塞罗的著作)。解读西塞罗的问题非常类似于解读富勒所遇到的问题,参见 Peter Teachout, "The Soul of the Fugue: An Essay on Reading Fuller", *Minnesota Law Review* 70 (1986)(第 1082–1092 页讨论了解读富勒时"理论探索"的失败)。在反对理论化的系统建构方面,西塞罗和富勒是类似的,这个缺陷导致了他俩容易被攻击,那些把开放性和复杂性当作为模糊和懒散的标志的人会攻击他俩,在这点上,他俩是相同的。

④ 在此处和其他地方,我使用修辞一词指称作为古典艺术的修辞,并特指其哲学维度。我使用的伦理一词来自秉性(ethos)或品性(character),意味着与人性有关的。我使用的政治一词来自城邦(polis)或国家(community),意味着与人类共同体有关的。

聚焦于把法律当作一种"言说"实践（"discoursive" practice），并很仔细地把《论法律》的自我呈现（self-presentation）当作一种修辞建构。我希望此种解读能使西塞罗的法律修辞观更易为当代读者所理解。在文末，我提出了一些建议，这对于当今法理学研究大有裨益。

《论法律》开篇就引导读者把这篇对话看作一种修辞建构。在马尔库斯的故乡，和昆图斯一起沿着阿尔皮鲁斯果园散步，阿提库斯想起了马尔库斯的长诗《马略》中的"阿尔皮鲁斯橡树"。阿提库斯说，假如那些橡树还活着，一定垂垂老矣。昆图斯回答说，那些橡树永远活着，因为它是由天才的想象力种植的：

> 只要拉丁文学确实在被人们言说，被称为'马略'的橡树就不会消失在这里……许多地方的其他事迹，靠记忆留存比凭自然法则流存更久远。⑤

---

⑤ 《论法律》1. 1. 1。参见 *De Republica*，*De Legibus*，trans. Clinton W. Keyes，Loeb Classical Library（1928；reprint，1970），整篇文章的引用都来自这个文本。这篇文章所使用的译文都基于 Keyes 的译文，当然，正如注释所标明的，我有些改动。在这段引用中，我改动了 Keyes 对 commenoratione（记忆）的翻译。针对 Heinsianus 的手稿，有一些争议，其中三个手稿基于洛布版，参见 Clinton W. Keyes，"Introduction，" in *De Republica*，*De Legibus*，294。第一卷的替代性版本是 Joseph Busuttil，*Cicero*：*De Legibus Book I*：*An Introduction*，*a Translation*，*and a Commentary*（Ph. D. diss. ，University of London，1964）。

昆图斯这一人物很明显以西塞罗的胞弟昆图斯·图利乌斯·西塞罗为原型，他做过短期执政官。阿提库斯以西塞罗的终生挚友提图斯·篷波尼乌斯·阿提库斯为原型，之所以叫他阿提库斯是因为他在雅典客居了好多年。阿提库斯信奉伊壁鸠鲁学派，尽管许多学者认为他不太服膺于这个哲学流派——至少不服膺于这个流派惯常的形式。关于这些人和西塞罗生活的其他方面，参见 W. K. Lacey，*Cicero and the End of the Roman Republic*，New York，1978；Thomas Mitchell，*Cicero*：*The Ascending Years*，New Haven，1979；Torsten Petersson，*Cicero*：*A Biography*，New York，1962；Rawson，*Cicero*；D. R. Shackleton Bailey，

　　然后,阿提库斯问马尔库斯诗歌本身的问题,诗歌所描述的事迹是否真实发生? 马尔库斯通过回忆罗慕路斯(Romulus)的传说来回答,据说罗慕路斯死后曾对普罗库卢斯·尤里乌斯(Proculus Julius)和北风神(Aquilo)说话,而传说北风神曾劫持了奥里提娅(Orithyia)。这些事情应该没有真实发生过,阿提库斯坚持"批判性地探究以此方式口耳相传的传统"(1.1.1-2)。

　　接着,阿提库斯认为,此诗歌与神话有所不同,因为此诗歌是最近才写下的:

　　　　人们对《马略》的很多地方有疑问,它们是虚构的还是真实的? 一些人要你求真,因为你写下的是不久以前发生的事情,还涉及一位阿尔皮鲁斯的本地人。(1.1.4)

　　马尔库斯回答说,他不想被认为是一个杜撰者,但是,怀疑此文本中的真相是不恰当的。

　　　　你提到的那些人也实在缺乏知识,对于你提出的这个问题,他们想从我这里——不是作为诗人,而是如同证人那样——知道事实真相……在历史中一切求真,反之,在诗歌中最大程度地怡情(delectatio)。尽管在历史之父希罗多德和特奥蓬波斯(Theopompus)的著作中充斥着大量的神话(1.1.4-5)。

Cicero,London, 1971。也参见 A. E. Douglas, *Cicero*, mono. ,Oxford, 1968; Robert Leslie, "The Epicureanism of Titus Pomponius Atticus",Ph. D. diss. , Columbia University, 1950。

以此方式,西塞罗强调不同的言说适用不同的法则,并且,对这些言说做出测定和分类也许相当复杂。⑥

很快,读者就会对这篇对话本身的特色产生疑惑。我们不想展示我们对文本要求方面的疏忽。我们是否应当期待此篇对话的真相？这个文本是更像历史还是更像诗歌,或者像其他文体？西塞罗很快就透露出了他的部分关切。"马略"的讨论后,马尔库斯拒绝了阿提库斯要求他撰写一本罗马史的建议。马尔库斯说他没有时间做此事。显而易见,此篇对话录不能进行历史学解读。

正疑惑于马尔库斯在老年是否更有空闲时,三位朋友讨论了马尔库斯是否应该退而从事法律咨询等传统工作,就市民法(civil law)为当事人提供咨询建议。⑦ 这个想法为白天的对话提供了一个主题:阿提库斯急切希望马尔库斯探索市民法,"相比你的先辈,

---

⑥　这个开篇呼应柏拉图《斐德若》的开篇,二者都提到了奥里提娅(Orithyia)的故事并聚焦于修辞学。斐德若问苏格拉底是否相信奥里提娅被诱拐,苏格拉底回答说,探究此类神话故事的真相是错失要点的,因为这些神话故事的价值在于讲述一些故事,使我们从中受启发。见《斐德若》229-230,也参见《论法律》2.3.6。阿提库斯关于菲布瑞努斯河(River Fibrenus)的描述参考了《斐德若》230。Rawson 注意到了这个比对,见 *The Interpretation of Cicero's "De Legibus"* 第339页(引用了 Hirzel, *Der Dialog*, Leipzig, 1895, 471),但是 Rawson 没有深挖这个含义。同样,Litman 注意到《马略》诗歌的开放性讨论是为了引导读者关注真实性的讨论,但是 Litman 没有发展其修辞意义(Alexander Litman, "Cicero's Doctrine of Nature and Man", Ph. D. diss. , Columbia University, 1930, 26)。在第二卷开篇,西塞罗重提这点:马尔库斯说他将追随柏拉图、扎勒库斯(Zaleucus)和卡隆达斯(Charondas)的步伐,为每一个法案提供正当性说明。昆图斯问马尔库斯是否认为扎勒库斯真实存在过,马尔库斯回答说,故事的真假在这里无关痛痒(2.6.15)。

⑦　此对话录写于公元前五十年代后期,那时西塞罗刚五十出头,参见 Rawson, *Cicero*, 36。

作更为深刻的阐释"(1.4.13)。马尔库斯作出了积极回应,认为一问一答其乐无穷(delectatio)。然而,马尔库斯惊讶于阿提库斯想聆听他对市民法的看法(sentias):"我的看法?……你想要我干什么?你想怂恿我干什么?"(1.4.14)。阿提库斯回答,因为马尔库斯已经写过有关最好国家政体的著作,所以应该撰写关于法律的著作,就像柏拉图曾做过的那样。为了实现这个写作计划,马尔库斯应允沿着或基于柏拉图《法义》的品性来讨论最好法律的品性。⑧

于是我们恍然大悟,我们不在历史的领域,可能也不在纯诗歌的领域。我们不该期待历史意义上的真实,也不该把注意力仅仅集中在文本所赋予的美感愉悦上。那么,这篇对话录说了什么?随着谈话的推进,马尔库斯认为,讨论最好法律的目的并非去发现历史真相或美感愉悦,而是从事有意图的活动(engender purposive action)。在阿提库斯指责马尔库斯在对话中过度谨言慎行试图迎合他人的判断之后,马尔库斯明确表达了上述看法。马尔库斯回答说:

> 但是你已经看出我们这次讨论的目的所在:我们谈话的目的在于巩固国家,稳定城邦,医治所有的民族。因此,我不希望我们安排的讨论基础是没有经过认真考虑和仔细研究的,而是希望它们即使未得到所有人的赞同(那是不可能的),起码也要得到这样一些人的赞同。⑨

---

⑧ 《论法律》1.5.15。这篇对话有好几处提及柏拉图的《法义》,这里是第一次,参见下文与文本对应的第17条脚注。(译按:查阅了第33条脚注,与柏拉图无关,故改为17。)

⑨ 《论法律》1.13.37。我对 Keyes 的译文有改动。

那么,这篇对话录的特点就是修辞学的:其目的是促进行动,其成功依赖于它的说服力。⑩

但是,我们依然不能确定马尔库斯内心所想的是何种修辞构想。什么可以夯实国家的基础、可以提升成员的福祉?在聆听了第一卷中关于正义起源的天马行空式的讨论之后,昆图斯希望马尔库斯解释具体法律——在效力范围上是普遍的和绝对的法律(1. 22. 57-58)。马尔库斯最后提出了一套关涉宗教的法律和关涉政府官员的法律。⑪ 跟着昆图斯,许多读者将这些当作对话录的中心点。这些读者假定,这些提议代表西塞罗对理想宪制的看法,代表他对自然法实质内容的陈述。⑫ 然而,这个解读忽略了第二卷和

---

⑩ 西塞罗在许多地方强调这篇对话录的修辞学特征,通过对语言结构的使用直接拒绝了对真实性的任何主张。例如,在描述流传于潜在听众中的各种哲学流派时,马尔库斯说:"但是,到目前为止,就像(伊壁鸠鲁)所关切的,即使他们说的是真理(我们在这里无需争论),我们也建议他们在自己的小花园里讨论。"(1. 13. 39)伊壁鸠鲁认为神不稀罕人类,就算伊壁鸠鲁是对的,这也不重要。这些神学观点与马尔库斯的写作计划无关。类似地,马尔库斯谈及怀疑主义者:"让我们恳求学园派……保持沉默,因为,要是他们对这些今天我们觉得已经得到足够肯定和充分研究的问题进行抨击,那他们定会造成巨大的毁灭。"(1. 13. 39)也参见 1. 6. 20,2. 4. 8-9,2. 7. 15-16。

⑪ 《论法律》的幸存手稿仅包括第一、二、三卷的实质部分和第五卷的残篇。是否有其他卷? 它们的内容可能是什么? 对此存在一些争议。西塞罗提及对教育的讨论,也讨论了法庭中的人员(3. 13. 29,3. 20. 47)。See Rawson, "The Interpretation of Cicero's 'De Legibus'",338-339; Keyes, "Introduction," in *De Republica*, *De Legibus*, 291; Clinton W. Keyes, "Did Cicero Complete the *De Legibus*?", *American Journal of Philology* 58 (1937):403.

⑫ 参看 Clinton W. Keyes, "Original Elements in Cicero's Ideal Constitution", *American Journalof Philology* 42 (1921):309-310(认为这篇对话录是现代意义上的首次成文宪法);Wood, 67(《论法律》的目的是为《论共和国》的理想国家制定和解释基本法律)。

第三卷中的许多谈话。在讨论中,西塞罗自始至终都强调,马尔库斯的提议具有试探性,完全可以进行争论和修改,也具有偶然性,依赖于历史情境。

在马尔库斯给出这个特别提议之前,昆图斯问他,这些法律是否意味着普遍性和绝对性?"这类法律将不会被废止。"马尔库斯的回答有一点似是而非:"确实,你我都接受这些法律。"(2.6.14)这个回答必定引起读者的注意:作为正当理性的自然,何以能颁布普遍适用的法律? 而这些法律的地位却端赖于其听众的认可?

随着讨论的进展,提议所具有的试探性也凸显出来。昆图斯和阿提库斯都不同意法律的重要部分,并且马尔库斯似乎要丢下尚未解决的争议问题。马尔库斯随意地列举了公民大会(the popular assembly)对选举的要求。⑬ 在第三卷中,昆图斯和阿提库斯对保民官(plebeian tribunal)的法律建议表达了不同意见,马尔库斯调侃了这个不同意见:

> 你知道,兄弟,通常在这类谈话中,为了过渡到另一个问题,常说"很好"或者"完全是这样"。

昆图斯的回答有一些草率,不过对话继续推进:

> 昆图斯:我并不同意你的看法,不过仍希望你继续往下讲。
> 马尔库斯:这就是说,你仍然坚持自己的意见,保持原先的看法?
> 阿提库斯:是的,还有我,我也同昆图斯的看法完全一致,不过让我们听你继续讲。

---

⑬ "法律宣读完毕,我将下令解散并分发选票。"(3.4.12)

　　马尔库斯承认他的提议存在潜在争议，所以，用他自己的话来讲，就不是普遍的和绝对的。同样，许多法律，特别是那些关于宗教的，很明显具有个体偶然性，它们依赖于特定习俗和罗马传统。有些特定习俗仅仅由于他们的持续遵从而具有约束力，并且，马尔库斯坦承其立法提议在起草时"考虑了人性缺陷和当下时代的人类生活的资源"⑭。

　　马尔库斯的提议所引发的分歧没有得到解决，他也没有要求对话录的读者对这些提议做最后判断。相反，每一个具体的法律都可以凭借其对城邦生活的贡献而被正当化（justification），我们卷入了对其正当化的琐细讨论中。对于每一条规定，马尔库斯都给出了一些论据，以解释这个法律将如何提升城邦及其成员的福祉和友睦生活。某些立法提议之所以能被辩护是因为它们为政府提供了一个平衡结构（例如 3. 7. 15-17, 3. 12. 27-28, 3. 20. 46-47），还有一些被认为是减少了不幸或鼓励各阶层之间的融合（例如 2. 16. 40-41, 2. 24. 60, 3. 10. 23-25）。另有一些得到支持，因为他们能促进一些活动，而那些活动能发展社会美德，能对人们进行这方面的教育（例如 2. 10. 25, 2. 11. 28, 2. 12. 30, 3. 13. 28-29）。一些立法提议得到了有力的正当化解释，其他一些没有。昆图斯和阿提库斯偶尔和马尔库斯争辩提议背后的论据，认为那是错的、不完全的，等等。⑮ 从

————————

　　⑭　《论法律》2. 18. 45。我改动了 Keyes 的译文 vel hominum vitiis vel subsidis（要么人性缺陷，要么时代资源）。

　　⑮　参见《论法律》2. 14. 35-37, 2. 25. 62-66, 3. 8. 19-3. 11. 26, 3. 12. 28-3. 13. 30, 3. 15. 33-3. 16. 37。我认为 Keyes 是错的，他将这些分歧简单归结为西塞罗用来回应批评的修辞把戏。Keyes, "Introduction", in *De Republica*, *De Legibus*, 291。马尔库斯甚至都没有说服他的朋友，仅仅让批评者保持沉默。

头到尾阅读这些论辩,我们沉溺于评估这些具体段落,学习去理解和预判论辩双方的各类论点。

当我们沉浸在此类论辩中时,我们才明白马尔库斯之前对昆图斯似是而非的回答:正当理性所颁布的法律端赖于听众们的接受。因为,通过劝说性的言谈并且仅在劝说性的言谈内,会发现西塞罗意义上的正当理性。提议的意义不在于他们代表了自然法的最终命令,而在于选择正义之实践本身,此种实践要求某类有目的的评估,这类评估只有通过劝说性言谈才能完成。在具体情形中发现正义,这要求我们对支持正确性(rightness)的有效论据进行考量和评估,依据这些论据对某位关心城邦正义的听众的说服力来评估。

因此,在对话的这个部分,西塞罗展示了法律实践的两个关键要素:第一,对话揭示了这些法律提议具有个体偶然性和可争辩性;第二,讨论细化了各类论据,这些论据能使具体法律正当化。这两个要素的不凡之处在于指引读者超越昆图斯对一套稳定法律体系的欲求,引领读者关注法律论辩活动本身,关注这一对话录所涉及的证立活动的实践。

此外,读者也被引向一个新关切,即关切此篇对话录的目的。正义法律是正当理性,在劝说性言谈内发现正当理性,意味着正义不过是庶民的同意或投票,西塞罗是这样主张的吗?⑯ 这是否意味着大众所欲求的任何事情都可以被当作是正义的? 文本又预见到了这个疑惑:马尔库斯在第一卷中专门驳斥了把正义与流行意愿

---

　⑯　对比:Plato *Gorgias*, trans. W. D. Woodhead, in *Plato*: *Collected Dialogues*, eds. Edith Hamilton and Huntington Cairns (New Jersey, 1 th printing, 1982),246-248(苏格拉底向珀洛斯[Polus]论证,修辞拟人化的正义[rhetoric impersonates justice]是杂众谄媚的一种形式)。

(popular will)等同的观点:"就算雅典人毫无例外都乐意接受僭主的法律,也不意味着这些法律是正义的,是吗?"(1. 15. 42)。正如第二卷和第三卷所揭示的,对正义的修辞学探究和大众意愿之间的关键差异,源自法律论辩的实践。首先,法律论辩的实践对正当化(justification)有要求,这个正当化凭靠的是正确性(rightness)——例如,某法律允许城邦中的一部分人剥削或压迫另一部分人,我们就不能认为此法律是正义的;其次,与大众意愿的独断宣称不同,法律论辩的实践形式形成于某种精神气质(ethos)——一个人为了参与实践,必须对论辩敞开心胸。

因此,此对话录的宗旨不是列出人们对法律的观点,这就是当阿提库斯首次要求马尔库斯亮出他对法律的看法时马尔库斯很诧异的原因。[17] 相反,对话录旨在为第二卷和第三卷展示的活动进行辩护,并对这些活动进行定义,也旨在为其听众参与法律的论辩性实践做准备。

不可小觑这种努力,因为将法律和正义趋同的实践是不可避免的,同时,就创建和维系国家而言,人们要求法律是正义的。人们不能仅仅满足于做到这点,甚至,随着时间的流逝,人们会逐渐觉得这不值得去实践。普通人可能仅仅把法律看作以物理强制为后盾的命令,并拒斥除有用性和个体快乐以外的所有价值。[18] 不可改变的

---

[17]　参见《论法律》1. 4. 14 和之前与文本对应的第 8 个脚注。

[18]　当然,由于存在价值判断的实践,正义深嵌在我们的传统、教育等诸如此类的实践之中,我们不能简单地命令自己遗忘它。另一方面,我们实践的变迁,常常源自实践的目的和价值被重估或重新阐释。关于某项实践的价值的论证最后都是围绕该实践的存续与发展而展开的论证。关于思考这点的不同方法,参见 Stanley Fish, *Doing What Comes Naturally*, Durham, 1989; Alasdair MacIntyre, *Whose Justice*, *Which Rationality?*, Notre Dame, 1988。

人性或者世界上的一些其他客观现实,并不能驱动正当言说(talk-ing justly)之实践(我将如此称呼它)。西塞罗认为应该培育这种论辩实践,不是因为这是普遍要求,而是因为它可能具有极其重要的伦理和政治价值。这就是马尔库斯在第一卷中所讨论的复杂话题。

通过将正当言说之实践等同于既存的实践———一种大多数人都会的探寻正义的方法,马尔库斯开始描述他的正当言说之实践:

> 多数饱学之士认为应该从法律这一概念谈起。他们也许是对的,如果能像他们界定的那样的话:法律乃植根于自然的最高理性,法律命令人们去做应该做的事,禁止相反的行为。当这种理性在人的灵魂中得到确立和实现时,便成为法律。因此,他们通常认为,法律即实践智慧,其含义是要求人们正确行事,禁止人们违法。他们还认为,法律在希腊文中那样称呼是因为它赋予每个人所应得。我认为我们的"法律"一词源自"选择"。希腊人赋予法律以公平的概念,我们则赋予法律以选择的概念……假如这是正确的———我个人一般也这么认为,那么正义的始源应受法律引导,因为法律乃是自然之力量,是实践智慧之人的智慧和理性,是判断正义与非正义的标准。⑲

马尔库斯后来解释说,将法律和正义与理性等同,意味着法律

⑲ 《论法律》1.6.18-19。我改动了 Keyes 对 prudentiam 和 prudenti 的翻译,实践智慧或者实践理性的概念传达了引导行为的"实践"这一意涵,或者 praxis(实践性)不是更流行的狭义定义,这个定义把实践看作是质朴的、可负担的、不奢侈的,等等。我也改动了 Keyes 对 doctissimis viris(饱学之士们)的翻译,尽管这个短语不同于对话中的人提到的大多数其他意思,但是,这个短语认为男人与女人有区别,所以,我选择了一个性别中立的翻译,我认为这没有曲解文本。

依赖于正当化的实践(practice of justification):

> 一切可以被公正地称之为法律的,都是值得称赞的,可这样进行论证:法律的制定是为了保障市民的幸福、国家的繁荣昌盛和人们的安宁幸福的生活;那些首先制定这类法规的人也曾让人们相信,只要人们赞成和接受他们将要提议和制定的法规,人民便可以生活在荣耀和幸福之中。[20]

为了配享法律之名,一条命令必须从两方面得到正当性论证,一方面它切实符合国家的福祉,另一方面它体现了那些制定法律之人的意旨(依据立法者"向人们所传达"的东西,在修辞学上反过来评价这些意旨)。因此,法律的本质包含一个正当化的实践(a practice of justification)。[21]

通过提及饱学之士的实践,西塞罗强调,勾连法律和正义的实践已然存在,此对话录并不打算发展新的探究方式。[22] 进一步而

---

[20] 《论法律》2.5.11。我改动了 Keyes 对这段拉丁文的翻译,参见 Chaim Perelman, "Justice and Justification", trans. Susan Rubin, in *Justice, Law and Argument*, Dordrecht, Holland, 1980,59("理性不仅是去核实和证明,而且是去沉思、反思、证立,去给出支持和反对的理由——换言之,去论证")。

[21] 通过阐明法律和正当化之间的联系在日常用法中就已显现,马尔库斯得出这点结论:"并且,当这类法规被起草和颁布时,人们显然就会称其为'法律'。"(2.5.11)

[22] 在西塞罗的《论共和国》中,莱利乌斯对柏拉图有批评,将这个批评与既存思想模式中周密的实践基础进行对比:

> 那位杰出的希腊人,其著作无人能超越,他给自己选择了一块地方,在那里按照自己的设想建立国家。他建立的国家也许是美好的,但是与人们的生活习俗不相符。(《论共和国》2.11.21-22)

言,尽管包括对其他学派的有限的引用,但是,西塞罗的当代读者极有可能把这看作是对廊下哲人(Stoic philosophers)的直接援引,因为这种对自然法的理解显然是最广为人知并被普遍接受的。㉓ 通过这个援引,马尔库斯指出他将提炼出廊下式自然法用语,大概因为它太广为人知了,也因为它包含一些吸引西塞罗的要素。廊下式自然法坚持认为,法律符合宇宙中的理性以及基本秩序,因此,这提供了法律和正义或正确性(rightness)之间的连接。廊下式自然法强调人类相互依赖,也强调友谊和社团的普世价值,并谴责奴隶制和

在《论共和国》2.30.52 中,斯基皮奥也发表了类似观点:

> 柏拉图探究……并且,建立了一个与其说是可以期待的,不如说是只能令人向往的、规模极小的、实际上不可能存在只可以从中观察市民事务原则的国家。至于我,只要我能够,我将努力做到:遵循柏拉图考察过的那些原则,不是根据国家的一般轮廓和形象,而是以一个幅员辽阔的国家为例,像用权杖那样触及每一种公共的善和恶的根源。

㉓ 正如 Marcia Colish 的阐释,在西塞罗所处的时代,廊下派在罗马被广为人知且影响巨大:

> 廊下派在公元前二世纪传入罗马。自那之后,廊下哲学被职业信徒和教师传承,即便此学派有知识上的源流,但是追寻其源头是不可能的。在那时非常普遍地存在家庭教师或其他非正式的接触对廊下派思想的传播。事实上,自公元前一世纪以后,在有教养的罗马人中,廊下哲人产生了广泛的影响。

也参见 Colish, *The Stoic Tradition from Antiquity to the Early Middle Ages*, 95-104,他讨论了西塞罗在《论法律》中对廊下派自然法理论的修正。尽管我不同意 Colish 对此对话录的解读,但是他的讨论有助于理解西塞罗对廊下式自然法语言的使用。也参见 Elizabeth Rawson, *Intellectual Life in the Late Roman Republic*, London, 1985; Watson, 219-220。

男女不平等。㉔ 对于西塞罗和许多有教养的罗马人而言,这些学说和其他一些观点显然很吸引人。

而在廊下式自然法中,这些概念的基础却没那么吸引人,例如,极度抽象的宇宙论,有一个神圣的逻格斯(a divine logos)引导世界和人类生活的方方面面。西塞罗反复批评了这种廊下式宇宙论的抽象性与僵化性,㉕并且仔细地从廊下式自然法的宇宙论中辨析出马尔库斯在《论法律》中的观点。在援引廊下派哲人之后,紧接着,马尔库斯认为,自然法的用语不限于廊下派的教诲,因此不受廊下派思想的约束。尽管廊下派哲人把法律的词源定位在希腊词"分配"上——给予每个人他所应得的,但是马尔库斯把法律系于拉丁文 lex(法律)上,lex 来自 lege(选择),选择或选取之意。正如马尔库斯随后所解释的,关于法律的拉丁术语本身反映了"选择正义和真实之物的思想和原则……区分正义与非正义"(2.6.12—13)。对于马尔库斯来说,罗马人恪守人所选择的正义决定,法律和正义的实践深深植根于此。马尔库斯谨慎地指出,这也深深植根在独立于廊下派的罗马文化中。

简言之,西塞罗发展出了法律作为正当理性的非本体论观点,

㉔　参见 Colish, *The Stoic Tradition from Antiquity to the Early Middle Ages*, 21—60。正如 Colish 所强调的,相对于廊下派漫长又复杂的历史而言,这些概括不可能是精确的:"在以简洁形式处理廊下派哲学时,上面所给出的简短概述反映了一些问题:这些学说在发展和变化,并且在某些维度受到挑战,跨越六个世纪,在不同的拥趸者的手上,这些学说在范围上也有扩张或限缩。"(Colish, *The Stoic Tradition from Antiquity to the Early Middle Ages*, 21.)

㉕　关于西塞罗对廊下派的批评或至少是质疑,特别参考《论演说家》《论善恶之极》和《论诸神的本性》。关于西塞罗哲学论著中的讨论及其对廊下派的处理,参见 H. A. K. Hunt, *The Humanism of Cicero*, Melbourne, 1954。

"饱学之士"(learned scholars)的段落起到了铺垫作用。西塞罗使用了一些廊下式自然法用语,但是他将此用语从抽象理论转化成了实践修辞,最后,西塞罗也将其法律观奠定在罗马文化的修辞实践之上。

正当言说之实践假定,正义因其自身之缘故是有价值的,它不是其他目的的手段。此实践还假定,基于一些效用之外的基础,在正义与非正义之间、在正确和错误之间做有意义的区分是可能的。对于熟谙现代法律论辩理论的读者而言,这可能是此篇对话录中最棘手的部分。尽管我们认为普通法是司法努力构建规则正义体系的产物,但我们倾向于认为正义具有个案优先性(individual prefer-ence),远远超出了理性论辩可及的范围。这种抵牾妨碍了我们对现代法律实践的理解:假如法律规则最后取决于法官或其他官员极端武断的偏好,那什么才是法律论辩的宗旨?㉖

㉖ 此抵牾也有助于解释许多现代法律人对实证主义简单版本的诉求。在其流行版本中,实证主义者把法律看作民众代表所授权的立法者和其他权威的命令,并且把正义看作这些命令的实施。标准的法律论证在程序意义上导向正义,但是并不发布命令的内容。一位法官也许会有对正义的主观感受,因此在非常罕见和很不幸的情形中,立法者和官员们无法就不可避免的法律问题发布指令。当这些"断裂"出现时,法律人和其他人可能会提建议,但是,在最后运用自由裁量权时,法律论辩完全不沾边。正如德沃金所强调的,这种观点不符合我们的法律实践。事实上,法官和律师都参与到了法律内容的讨论与考量之中。See Ronald Dworkin, *Law's Empire* (Cambridge, Mass. , 1986), chap. 1.

对此抵牾的第二种回答把对正义的辩论仅仅看作是愚蠢之举或隔靴搔痒。假如正义在任何意义上都不存在,那么法官和律师在讨论正义时,要么愚蠢之极,要么自欺欺人。法官和其他有权之人总是强加他们的私人偏好,除了其他有权之人的约束外,不受任何限制,因此,法律中唯一的大问题是,在具体情形中,谁是最高权威? 所以,法律论证要么误人子弟,要么自欺欺人。按这种观点,律师的伦理风险在本质上是不可避免的,正如你不能丢掉你的语言一

　　《论法律》提出了一个关于正义的替代性理解,可避免这个抵
牾。在《论法律》的文本中,对正义的澄清始于对其语境特殊性的
接受。与亚里士多德一脉相承,西塞罗不试图通过公式化的精确语
言来定义正义,也不脱离具体示例和情形来定义正义。㉗ 西塞罗甚
至比亚里士多德更彻底,他把正义的问题当作修辞问题:仅仅在
具体情形中所发现、在争论特定问题所适用的论辩之中,㉘才能领
会(perceive)正义。㉙ 任何决定都受到其所处情形、其争议性和慎

样。See Lon Fuller, *The Law in Quest of Itself* (Chicago, 1940), 1–16, 120–128.

　　正是这个两难促使佩雷尔曼(Chaim Perelman)研究价值的语义,最后他发
现了古代修辞学。See Perelman, 57; Chaim Perelman and L. Olbrechts-Tyteca,
The New Rhetoric: A Treatise on Argumentation, trans. John Wilkerson and Purcell
Weaver, Notre Dame, 1969, 3.

　　㉗　See Aristotle, *Nicomachean Ethics* Book V. See generally Max Hamburger,
Morals and Law: The Growth of Aristotle's Legal Theory, New Haven, 1951; Martha
C. Nussbaum, *The Fragility of Goodness*, Cambridge, 1986.

　　㉘　西塞罗称替代性论辩中的歧见为立场或争议点(status or constitutio)
或者偶尔称探究(quaestio)。参见《论开题》1.7.10;《图斯库路姆论辩录》
(Tuscular Disputations) 3.33.79;《论演说家》1.31.137–141。Status 译自希腊
文 stasis,它指摔跤手在控制对手之前的站姿,或者指军队在战争之前的策略。
西塞罗极大地发展了 stasis 学说,尽管这很确定,但是人们常常把 stasis 学说归
因于 Hermagoras of Temnos。See George Kennedy, *The Art of Persuasion in Greece*,
Princeton, 1963, 304–313; George Kennedy, *The Art of Rhetoric in the Roman
World*, Princeton, 1972, 117; See also A. E. Douglas, "The Intellectual Back-
ground of Cicero's Rhetorica: A Study in Method", *Aufstieg und Niedergang der
römischen Welt* I 3, (1973): 95–138.

　　㉙　对于亚里士多德和西塞罗而言,修辞学是一种推理艺术,这类推理运
用到像正义之类的事物上,不能被说明性证据(demonstrative proof)所确立——
用亚里士多德的术语,这些东西"就是某些似乎能给我们提供替代的可能性的
东西"。参见 Aristotle, *Rhetoric*, trans. W. Rhys Roberts, Modern Library, 1984:
1.2.1357a.5–10,这包括"绝大多数与我们做决定相关的事情,因此也与我们

思性的限制,因此,每一个决定都具有偶然性,都是潜在可辩驳的。

　　然而,这一特征并不意味着我们不能思考正义,并不意味着我们不能在具体情形中做出人们都接受的决定。事实上,古典修辞学技艺的一个版本就集中探讨了一个人如何以有效的方式言说和思考充满争议的歧见,此乃西塞罗修辞学著作的核心关切。㉚ 并且,

---

所探寻的事情相关"(1. 2. 1357a. 20-25)。然而,在许多地方,亚里士多德试图缩小修辞探究的范围,希望限制修辞学家的影响,但是,西塞罗信奉修辞学,并且努力强化修辞学的哲学整全性。因此,尽管亚里士多德将审慎言说(deliberative speech)当作修辞学的范例,并且他在《尼各马可伦理学》第五卷中对正义的详细讨论间接提及了修辞学的重要性,但是,西塞罗坚持将法庭辩论式言说(forensic speech)当作修辞学的核心样式(参见《论开题》1. 8. 10;《论演说家》1. 31. 138-1. 34. 159),并且西塞罗关于修辞学的论著显示了对正义之修辞概念的持久关切。

　　㉚　在亚里士多德的传统中,有一个原则集中探讨通过论题术(topoi)的使用去发现或发明说服的有效手段:topoi 的字面意思是位置(places),借助这个位置或从这个位置,能发展出论证。See Richard McKeon, "The Methods of Rhetoric and Philosophy: Invention and Judgment", in *The Classical Tradition*, ed. Luitpoid Wallach, Ithaca, 1966, 365-373, reprinted in Richard McKeon, *Rhetoric: Essays in Invention and Discovery*, ed. Mark Backman, Woodbridge, 1987, 56-65; Friedrich Solmsen, "The Aristotelian Tradition in Ancient Rhetoric", *American Journal of Philology* 62 (1941), 35-50, 169-190, reprinted in *Aristotle. The Classical Heritage of Rhetoric*, ed. Keith Erickson, Metchen, N. J., 1974, 278-309。西塞罗极大地发展了亚里士多德的观点,在其修辞学研究中强调开题(inventione)和论题(topoi/loci)。

　　论题学既包括适用于任何主题(多少具有一致性)的一般想法,也包括论辩的具体领域所引发的特殊论题。当然,对一位修辞学者而言,必须知道经常被认识的论题学,许多书都在组织和阐释论题学。西塞罗认为,《论演说家》1. 42. 187-191 中的法律论辩共同承认了对论题学的这个阐释,并且在其佚失的著作《论市民法以科学方式简化》(de Iure Civili ad Artem Redigendo)中,西塞罗可能曾写过一些文字,Gellius 的《阿提卡之夜》1. 22. 7 曾提到过。也参考《论演说家》(批评了法学家,因为他们在写法律简报时不知如何概括);《论法

那门技艺的部分内容与源自常识的论证有关，这些常识包括一些在国家里被广为接受的原则和价值的表述。㉛ 但是，就《论法律》的这方面而言，值得注意的是某个具体情形中对正义的诸决定(determinations of justice)不"仅仅是主观的"，因为这些决定是通过论辩获得的。通过充满说服力的论证，这些决定被发现并得以表达，在这个意义上，这些决定是公共的和"客观的"。以此方式得出的决定

律》2. 19. 47(讨论了探究法律基础中单一原则的价值)；《演说家》13. 45－49(讨论了论题学对于论证的一般作用)。

有些人会误读这些段落从而要求一部静态的法典。参见 Fritz Schulz, *History of Roman Legal Science* (Oxford, 1946), 69:"西塞罗所做的概念化的工作是不成熟和不充分的。他的目标是一套简短的、固定不变的体系，建立在初级区分、概念和原则之上。"假如一个人为现今的法律修辞学者编一本论题学手册，这看起来将非常像一本现代法律论著。

事实上，尽管实证主义者坚持规则的清晰性和确定性，现今的法律实践也认为法律理论更像修辞论题学，胜于像预先确定的规则。当法学学生接触真正的法律论证时——正如昆图斯所预料的那样——完全懵了，这一点都不奇怪。假如法学教师把论题之术语用在规则所在之处，也许会减轻痛苦、加深理解。See James Robert Aldridge, *Rhetoric and the Law* (M. L. diss. , University of British Columbia, 1979); Steven J. Burton, "Law as Practical Reason", *Southern CaliforniaLaw Review* 62 (1989),747－793; Bruce McLeod, "Rules and Rhetoric", *Osgoode Hall Law Journal* 23 (1985),305－329; A. W. B. Simpson, "The Common Law and Legal Theory", in *Legal Theory and Legal History* (London, 1987),359－382. Cf. Robert Alexy, *A Theory of Legal Argumentation*, trans. Neil MacCormick and Ruth Alder,Oxford, 1989(在法律修辞分析的德国学派内，这是最近很重要的一本译著)。

㉛ 因此，关于正义的论证常常会涉及一般原则和标准的表述。然而，这并不意味着正义存在于抽象概念之中。存在一些对价值或原则无可争议的表述，一些现代理论家据此认为这就是证据，证明存在一个普世的和不变的"最小内容"的正义。但是，从法律的修辞观来看，某些原则在确定的时间和地点无争议，这一点也不值得惊讶，这本身并没有确立关于正义之本质的任何主张。

也许不能让每个人信服,甚至不能让论辩中的所有参与者信服,但是仍然可以此方式获得一个决定,而非私人幻想或个人偏好。

因此,在探寻并追求法律中的正义时,论辩至关重要。通过论辩获得的结论是暂时的,因为新情形会引出理解国家和人类生活之核心问题的新方法。这就是为什么昆图斯希望找到一套在任何时空都体现正义的法律,但一次次都铩羽而归。正义是人类的追求,因此正义取决于我们对人类生活的具体理解和感受。

西塞罗最后强调的是公共性(public character),在西塞罗对正当言说实践的最初描述中,公共性是最后的阶段。正如马尔库斯所言:"我们的整个论辩离不开民众的推理论证。"(1.6.19)正是这样,法律论辩的"结果"以令人惊异的方式为共同思量(shared deliberation)提供了可能性,所以也为国家(community)本身提供了可能性。在《论共和国》中,斯基皮奥坚持认为:"国家不是所有人以任意方式的集合,而是基于法权的一致的许多人的组合,也是基于利益关联的集合。"③②《论法律》响应了此想法:通过培育正义的观念——尽管具有偶然性和争议性,通过对民众可获得的正义进行论辩,通过为论辩和相关行动提供机会,法律建构了一种可能的国家。③③

用麦金泰尔的话来讲,我们所置身的各种实践形塑了我们每个人。③④ 然而,我们绝大多数的实践都有地方性语境(local context),有友谊、家庭、工作或诸如此类的语境。法律由这个整体构成,在这

---

③② 《论共和国》1.25.39。我改动了 Keyes 对 populus(人民)的翻译。

③③ 关于说服性论辩的统一潜能的形象,参见《论开题》1.2.2-3、《论演说家》1.8.33-34、《论共和国》1.26.41。

③④ See Alasdair MacIntyre, *After Virtue*, 2d ed. (Notre Dame, 1984), chap. 14. 麦金泰尔把"实践"定义为:

个整体之中,各种各样的实践都可共存。马尔库斯在阐释其罗马公民身份相对于其家乡(阿尔皮鲁斯)身份的优先性时,得出了相同的观点:"所有意大利城镇的土著都有两个祖邦,一个是出生祖邦,一个是公民祖邦……一个是出生地祖邦,一个是法律的祖邦……但是,那个赋予我们所有人共同公民身份的祖邦,它享有共和国(rei publica)之名,在内心的喜爱程度上我们必须把这个祖邦放在首位。"(2.2.5)

尽管我们献身于很多不同的事业,但是,我们有法律,我们共享了对正义的追求,由此,我们结合成一个国家。并且,依据西塞罗的观点,有法律意味着参与法律论辩。法律论辩必须以某种方式对所有的国家成员开放。用马尔库斯的话讲,法律论辩必须导向"民众的推理论证"。在《论共和国》中,斯基皮奥强调,必须给所有阶层相当多的思量性权威(deliberative authority)(1.27.43 – 1.32.49,1.65.69)。通过尽力去准备、去引导公民参与法律论辩活动,《论法律》响应了《论共和国》中的这个关切。

我想用"实践"来意指任何融贯的、复杂的并且是社会性地确立起来的、协作性的人类活动形式,通过它,在试图获得那些既适合于这种活动形式又在一定程度上限定了这种活动形式的优秀标准的过程中,内在于那种活动的利益就得以实现,结果,人们获取优秀的能力以及对于所涉及的目的与利益的观念都得到了系统的扩展。"井字棋"不是这种意义上的实践的一个例子,凭技艺踢出一个球也不是,但足球赛是,国际象棋也是。砌砖不是一种实践,但建筑是。种萝卜不是一种实践,但农作是。物理学、化学、生物学的研究,历史学家的工作,绘画与音乐,也都是实践。在古代和中世纪世界中,人类共同体(家庭、城邦、国家)的创造与维系,一般也被看做是我这里所界定的那种意义上的实践。因此,实践的范围是宽广的:艺术、科学、游戏,亚里士多德意义上的政治,家庭生活的产生与维系,全都属于这一概念。(187-188)

　　西塞罗提醒我们将《论法律》的这部分与柏拉图的《法义》对比。《论法律》自始至终,特别是在第二卷和第三卷中,马尔库斯和其他人都把《法义》当作他们谈话的样本(1.5.15),然而,他们反复强调马尔库斯与柏拉图的观点之间的差异(例如 2.7.16,2.15.38)。在如何对待法律论辩方面的差异最引人注目。在《法义》中,雅典异乡人(Ἀϑηναῖος Ξένος)提到了与宗教和政府官员相关的具体法律,但那里的论辩指向作为新城邦未来立法者的克勒尼阿斯(Κλεινίας)和墨吉罗斯(Μέγιλλος)的教育,克勒尼阿斯已被选为十人之一,受任为新城邦制定法律,而墨吉罗斯最后同意在奠基性工作时伸以援手。㉟ 然而,昆图斯和阿提库斯是共和国的普通公民,或者是特权阶层,但没有特别的职位或权威,马尔库斯尽力让他们为法律和正义的论辩实践做准备,不是作为立法者,而仅仅是作为公民,要与城邦内其他许多公民一道参与论辩实践。

　　此外,在共和国内,《论法律》提供了一个开放的想象(a vision of open),还提供了关于法律和正义的习惯性论辩。马尔库斯描述了一个人的思想,这个人逐渐明白他自己,也逐渐从正义自身来评估正义,其描述强调了这个开放的想象:

　　　　当(心灵)认识到一个人的出生是为了参与社会生活时,这将使得它不仅需要使用精妙论辩,而且要使用不断自由涌溢的言说,以统治人民,确立法规,斥责恶徒,保护好人,赞美圣人,向自己的公民颁布导向幸福和荣誉的劝导性箴言(praecepta),安慰受伤的人,用永久的纪念碑传递勇士和明理之士的功

㉟　Plato, *Laws*, trans. Thomas L. Pangle, Chicago, 1980, 3.702c, 12.969d.

业和谋略,也传递恶徒的耻辱。㊱

马尔库斯关于政府官员的法案也反映了此开放的想象。在元老院和民众会议上,将进行开放式论辩和争议(3.18.40-42)。每一级别的政府官员都将被要求汇报和解释其活动(3.20.47)。

这种说服性公共论辩的想象与柏拉图《法义》中雅典异乡人所描述的城邦相当不同。在《法义》中,关于法律的论辩聚集在秘密的"夜间议事会",负责与犯有不虔敬罪的罪犯谈心,负责接收德高望重的旅客对外邦法律的报告,负责保护城邦免受外邦诗人和教育者的影响,还负责反思法律的变化(10.909a, 12.964c, 12.968c)。这个用来论辩和思量的批判性场所和谨慎限制的场所,与《论法律》提出的大量关于法律的公共讨论大相径庭。

这就是此对话录提出的法律观。马尔库斯力图说服其朋友和读者,他们应当把法律看作是对公正的选择(the selection of just),是生生不息的公共论辩的探索发现。尽管这个法律观植根于古老的实践,但并没获得普遍支持。马尔库斯认为,许多人把法律定义为成文命令,即"下达它所意愿的任何事情"(1.6.19),而另一些人把法律看作"出自执政官的布告"(1.5.17),由裁判官的号令组成。马尔库斯没有直接讨论这些想法,而是揭示了连接法律和正义的另一种实践的优越性。

因为任务很棘手,马尔库斯的说服性尝试很复杂。要考虑的难题是:马尔库斯想说服其朋友和读者,他们应当改变对法律的常识性理解,并带着新目标参与法律论辩。但是,如何说服一个

㊱ 《论法律》1.24.62。我改动了 Keyes 对勇士和明理之士(forium et sapientium)的翻译。

人,他应以特定方式投入生活,或者应依特定观点反省自身、反省国家?这项任务的困难程度取决于听者对生活方式提供给他的核心价值的接受程度。考虑一下你如何能说服一位逆反的青年待在学校,你如何能说服一位久坐的人去锻炼。你也许会说,这些活动将提升他们的生活品质,可能还会点明的更具体一些:能让他更有能力、更健康。对于许多人而言,这些论证看起来很有力,因为我们中的大多数确实会把教育和健身看作是好的,并且也希望他人也这么做。但是,当且仅当论证所面对的具体人也看重这些事情时,这些论证才具有说服力,假如他不看重这些事情,那他是不可能被说服的。

马尔库斯认识到了这个困难,在描述其计划之后他承认,他不能期待普遍赞许,事实上,他也能预见到,只有那些已然接受此思考风格之核心义理的人才会赞同。

> 他们即使未得到所有人的赞同(要知道,那是不可能的),起码也要得到这样一些人的赞同:这些人认为应该追求一切本身就正确和高尚的东西,并且认为只有值得称赞的才应被视为是美好的,或者只有自身确实能够受人称赞的才是非常美好的。㊲

换言之,向论辩敞开心扉的,只有那些业已以某些方式认同实践之核心想法的人。马尔库斯力图游说:作为好东西的正义,因其本身而有价值,而不是因其效用。这千真万确,因为像教育和健身

㊲ 《论法律》1. 13. 37-38。我改动了 Keyes 的前面部分翻译,参考前述脚注 9。

之类的实践,最终只能在其自身内因为生活方式的内在善(internal good)得到正当化,这是可行的,㊳没有一种方法可以强迫外人来参与。

那么,这一实践为什么值得马尔库斯为之辩护?假如他期待去说服的仅仅是那些因正义自身之缘故已觉得正义是有价值的人,那他费这么大劲图个什么?这能帮助那些知道了正义是有价值的人去认识他们自己、去理解这种价值认同的结果和可能性。对正义本身的价值进行评估的实践有悠久的历史,此实践先于任何当代拥护者。为了成长为一位罗马市民,一个人要学习把正义看作一件稀松平常的事,看作通识教育中无需核验的部分,这种价值无需通过批判性学习,就可成为一位成年人的生活和身份的一部分。思维的模式、评判卓越的标准和行为的规则几乎都是通过默默(by default)学习国家中的各种实践获得的。诚如麦金泰尔所言:

> 一项实践包含评价卓越的诸标准、对规则的服从和实现善业。要进入一项实践,就要承认那些标准的权威,并且用它们来评判自身行为表现的不足。将自己的态度、选择、偏好与品位屈从于这些标准,这些标准在当下又偏颇地定义了实践。诸实践当然有其历史……因此,标准本身不是不可置疑,然而我们不可能在不承认目前已知的最好标准的权威的情况下,就进

㊳　倘若你此刻执意主张博雅教育和健身是"普世"善,因为它们提升了"自然的"和"内在的"身心健康或能力,那么请设想向一位阿米什派的父亲(Amish father)做如此论证:阿米什派的父亲希望其儿子不受世俗思想的侵染,或者信奉身体羸弱就标志着大的社会权威和特权。

入一种实践。㊴

对这些实践标准和规则的最初接受，很大程度上必须是未经反思批判的，然而，这些标准和规则以极为重要的方式塑造了实践参与者的品性及其活动。其真实性在我们的固有观念中也有反映，我们认为不同的职业关联不同类型的人：律师、政客、烘焙师、教师；我们这些原始的固有观念反映了复杂的现象：我们所投身的实践塑造了我们成熟的自我。为了认识你自己，你必须用更具批判性的眼光观察你所参与的实践。把你自己看作是一位老道的成年人，投身于一项永不停歇的探索事业中去，探索你所参与的实践的标准和活动，并且，从事这项活动就是对这些标准和活动进行永无止境的反复定义。

因此，《论法律》的听众由那些已经具有了一些正义价值感的人组成。西塞罗所提供的就是一种方法，借此方法，这些读者在其所处的实践中认识自己，也借此认识其实践所造就的政治和伦理可能性。这种认识活动很关键，它使得个体作为负责任的行动者投身实践，也使得个体能以一种可创造更多机会的方式维持并专注于实践。

对于这种实践来说，最强的一个论据是，马尔库斯自己也参与这项实践并被其形塑。纵观整篇对话，马尔库斯自己深深认同法律作为正义的观念，并认同对国家的理解，认同对这套观念所提出的论辩的理解。阿提库斯和昆图斯表达了他们对马尔库斯的崇敬，并且希望分享这个普遍认同（例如 1.4.13－1.5.16, 1.24.63, 2.2.4,

---

㊴　Alasdair MacIntyre, *After Virtue*, 190.

3.6.14）。其实,西塞罗把自己安排为引话人,这极大地增加了自己在论辩中所担任的角色的分量。

马尔库斯论辩的实质集中在两类论证上:一类是描述协作行为的可能性及其活动,这些活动和可能性发端于正当论辩之实践;另一类定义了实践参与者的精神气质(ethos),并由此描述了正当论辩之实践可能塑造的生活方式。这两类论证彼此紧密相关,对协作行为的考量要求考虑那些实践参与者的品性,对个体精神气质的考量必然要考虑那类气质所热衷的各类活动。

马尔库斯所做的不是纯然工具性论证。尽管这类简短陈述把正义当作实现某些其他善的手段,但是在当下的讨论中这类陈述相当普遍:人们会说,法律应当是正义的,以促使人自愿性服从,以降低少数派和弱势群体的不满,以增强国家声誉。那么,马尔库斯为何没有开展这类论证?

对马尔库斯来说,这类论证可能蕴含着极大的堕落风险。⑩ 以麦金泰尔所举的例子为例,为了怂恿小孩学国际象棋而给他一块糖。⑪ 尽管小孩下棋只是为了得到糖,但他毕竟是在学习下棋(只要不欺骗),并且很有可能逐渐欣赏到下棋的内在善。但是,某些活动要求更多,不仅要求行动,还要求某类动机。为获利而行"善举"(kindness)并不是我们所说的善举(1.18.48–49)。同样,必须是为了正义本身的缘故而追求正义,因为"为正义寻求报酬,本身就是极大的不正义"(1.18.50)。假如某人唯一的目的是图名求利,那他

---

⑩　这类论证也会给马尔库斯的理论承诺蒙上疑团,并因此侵蚀其伦理权威。

⑪　Alasdair MacIntyre, *After Virtue*, 188.

是不义的。因此,马尔库斯拒绝利用外在善的诱惑来怂恿其听众参与正义之实践。[42]

然而,马尔库斯所做的只是让一些论证看起来是工具式的,对那些把正义看作实现其他善的手段的人而言(包括那些已然重视正义,但是并不明白正义之承诺的意义的人),他所做的就像一个原初呼吁(an initial appeal)。但是,以此方式开始一段论证后,马尔库斯总是把它转化成基于实践的内在价值的论证。例如下面的话:

> 要是正义在于服从成文法律和人民的决议,要是正如那些哲学家们断言的那样,一切都应以是否有利来衡量,那么这些法律便会遭到任何一个这样的人的蔑视和破坏——如果他认为那样做对他有利,且他能做到。(1. 15. 42)

这听起来像我们熟悉的对正义的工具性论证:假如没有正义,人们将不会遵守法律。所以,如果我们期望服从,那么我们应当把

---

[42] 对比《论义务》2. 11. 38–2. 12. 43,西塞罗与其子争论到,尽管正义之人能享尊敬和荣誉,但是一个人不能直接寻求这些尊敬和荣誉。一个人应仅仅追求正义:"正如苏格拉底曾以崇敬的口吻说:'获得荣誉最容易的办法——也可以说是一条捷径——就是力求成为自己希望被人们认为的那种人。'" *De Officiis*, trans. Walter Miller (Loeb Classical Library, 1913; reprint, 1928), 2. 12. 43. 这个关于正义的动机的洞见并不否认人们在宽泛的意义上总是出于"自利"而行动,西塞罗无疑会同意,行动或是想法本身总是与欲望有关,并且被情绪所加强或形塑。参见 Cicero, *De Oratore*, Books I, II, trans. E. W. Sutton and H. Rackham (Loeb Classical Library, 1942; reprint, 1976), 2. 42. 178:"人在进行判断时,大部分情况下更经常遵循的是自己的情感——憎厌、喜爱、意愿、愤懑、悲痛、喜悦、希冀、恐惧、迷惑或是其他某种心灵的激越,而不是公正、规定、某种司法准则、判决标准或法律。"这就是说,一个人能为了正义本身的缘故而欲求正义地行动,因为正义是善的。一旦此欲望的存在和复杂性被认识到,"自利"的用语就不提供任何有用的概念或区分了。

正义当作实现那个目的的手段。然而，这不是追随马尔库斯的推论，因为他下了个结论：

> 如果不存在于自然中，任何正义都不可能存在；任何被视为有利而确立的东西都会因为是对他人有利的而遭废弃。（1.15.42–43）

换句话说，我们应把正义视为一种独立善，不是因为它有助于法的实施，而是因为它将有助于正义自身的实现。然而，去寻求正义的实现就是把正义自身当作善，且是在马尔库斯所提倡的实践之内这样做。实际上，这个看起来有些工具性的论证，试图从实践的内在价值中或诉诸实践的内在价值来为自己正当化。

当然，这是循环论证，因为它相当于说：因为正义是有价值的，所以正义应该被看重。然而，这个论证和其他论证的目的并不是要建立一个关于正义价值的逻辑证明，而是要让人们看到这个承诺所带来的后果和机会。这个论证的听众是那些已经接受了正当性论辩的核心价值的人。因此，这个论证和其他论证会出现不可避免的循环论证，但却没有关系。

马尔库斯提出了若干论证，来描述评估正义的价值之实践可能依据的内在善。首先，此实践催生了关于正义的言语。在承认正义是一种善的情况下，我们谈及了正义和不义之间的差异。在日常生活中，在决定我们自己的行为时，以及在评价他人的行为时，我们都使用正义和不义之间的这种差异。这种言语普遍存在：即使是做错事的人也会被自己做错事的想法所困扰，并试图用正义之言语为自己的行为找借口。

　　　　事实上，从来没有一个恶棍如此厚颜无耻，不否认自己犯了罪，或者不编造一些让人义愤填膺的故事来为自己的罪行开脱，或者不以这样的方式为自己的罪恶寻求自然正义的辩护。[43]

事实上，我们使用并重视正义之言语，应该有意识地维护它。

　　　　如果连恶霸们都胆敢提这些主张，那么良民们就应该积极主动地培养这些主张！[44]

但是，正如马尔库斯竭力主张的，关于正义之言语本身取决于对正义的承诺。说某人或某事是正义的，就是说除了效用之外还有某种价值衡量标准，因为"我们这些人如果不是受美德本身的影响而是受某种对效用和利益的考虑才成为好人，那么我们这些人只是精明的，而不是善良的"。[45] 同样，如果不为非作歹的唯一原因是避免惩罚，那么"没有人可以被称为不义，歹徒反而应该被视为不谨慎"[46]。因为我们珍视正义是为了正义本身的缘故，所以我们能形成关于正义的言语，并在这种言语中体察其存在的各种差异。

　　此外，正当论辩之实践使得国家成为可能。在这儿，马尔库斯

---

[43]　《论法律》1. 14. 40。我改动了 Keyes 对 defensionemque facinoris a naturae iure aliquo quaereret(或者从其他自然法中寻找对恶行的辩护[理由])的翻译。

[44]　《论法律》1. 14. 40。我改动了 Keyes 对 quae si appellare audent impii, quo tandem studia colentur a bonis? (倘若恶霸们胆敢诉诸那些自然法，那么它们将以何种方式受到良民们的热心呵护呢?)的翻译。

[45]　《论法律》1. 14. 41。我改动了 Keyes 对 boni viri(好人)的翻译。

[46]　《论法律》1. 14. 40-41。我改动了 Keyes 对 inprobi(邪恶的)的翻译。

的论证很复杂。其主张的要点是:

> 如果自然不被视为正义的基础,将意味着(人类社会所依赖的美德的)毁灭。因为那样的话,哪里还有慷慨、爱国、忠诚、惠泽他人之发心或观功念恩存在的余地? 因为这些美德起源于我们关爱他人的自然倾向,而这正是正义的基础。[47]

如何能说某种正义的观念对于美德的存在是必要的? 并且,为什么说美德是国家存在的必要条件? 第一个解释上的困难是构建一个阅读这段话的视角。应该从马尔库斯所竭力主张的实践内部还是外部来看这段话? 从外部——不把正义当作正当理性的立场——来看,这个论证似乎就是逻辑推理:如果正义(独立于成文法和习俗)是基于关爱他人的自然倾向,那么否认正义的存在就是否认这种自然倾向,然而,假如这种自然倾向不存在,那么美德就不能存在,因为关心他人的自然倾向也是美德的基础,因此,倘若某人否认正义的存在,那么他也必须否认其他美德的存在。

尽管乍一看很合理,但如果仅仅将它作为一个逻辑来处理,该论证显然有缺陷。人们可以一致认为,存在一种自然的关爱倾向,这种倾向产生了慷慨、感激、爱国、忠诚和惠泽他人,但它并没有产生正义。当然,除此之外,还能在逻辑上以多种方式质疑美德的此种起源。

为了使此论证具有实质内容,我们必须转而从实践内部来看,

---

[47] 《论法律》1. 15. 43。我改动了 Keyes 对 ad diligendos homines(关爱他人)的翻译。在《论法律》的三份主要手稿中没有括号中的短语,它只出现在次要手稿中。Keyes 的结论是,这可能只是一种猜测,但它准确地补充了这段话的意思(See Keyes, "Introduction", in *De Republica*, *De Legibus*, 334, n. 3)。

从这类人的视角来看,他至少初步接受正义、美德和关心他人的倾向之间具有相互依存的关系。从这个角度看,该论证似乎很不一样。它现在的意思是,为了正义自身之故而对正义进行价值评估的实践,使人类有可能发展出慷慨、感激、忠诚等美德,而这些美德反过来又使真正的国家成为可能。为了让男男女女习得这些美德,他们必须生活在拥有这些美德的人中间,并且他们必须有机会培养构成这些美德的思维习惯和行为习惯。㊽ 为了让这些人存在,为了让这些机会出现,必须珍视正义。如果正义不是因为自身之故被重视,这些美德和这类国家就不会存在。这个结论并不是作为逻辑推演而得出的,而是作为对美德、城邦和正当论辩的实践之间的构成性关系的描述而得出的。

正当论辩之实践可能带来的最后一个好处是,有一套制度化的机会,来讨论正义及相关事项。西塞罗在第二卷和第三卷中集中讨论了这一实践要素,当时马尔库斯和其他人讨论了关于具体法律规则的建议。这一部分的想象力很吸引人。在第一卷中,这三个朋友一直在利里斯(Liris)河岸边散步和休息。㊾ 在第二卷的开篇,阿提库斯建议,由于他们即将开始一段新的讨论,特别会聚焦于讨论市民法,所以他们应该转移到菲布瑞努斯(Fibrenus)的小岛上。马尔库斯同意了,说此岛是“我最喜欢的思考、写作和阅读的地方”(2.1.1)。这条河的名字本身就很有暗示性——它意味着纤维或结构性纽带,但是,对谈论法律而言,阿提库斯对河道和地质特征的描

㊽ 在《论义务》中,西塞罗深入讨论了美德。

㊾ 当然,对话始于包含“马略橡树”(1.1.1)的小树林,但是这三个人很快就移步到利里斯河岸开始进行主体对话(1.4.14)。

述更具煽动性。

> 我们在这个岛上,肯定没有比这更怡人的地方了。它像船的嘴一样劈开了菲布瑞努斯河,溪水分成两股,荡击两岸,迅速流过,然后又迅速汇合,留下的空间刚好相当于一个中等大小的体育场。在完成分流之后——仿佛菲布瑞努斯河的唯一职责和功能是为我们提供一处讨论的地方——菲布瑞努斯河立即注入利里斯河,仿佛它加入了一个贵族家庭,丢掉了它不太出名的名字,并使利里斯河的水愈加冰冷。(50)

菲布瑞努斯河为辩论和讨论提供了一个旅行地,然后注入利里斯河,失去了它的独立身份,却因其贡献而对利里斯河产生了极具意义的影响。这是一幅意涵丰富的画面,展示了法律如何为有意义地讨论正义提供了机会。

勾连法律和正义的实践做法,催生了辩论和思考的需求(Occasions)。如果法律端赖于正义和正当理性,那么每一个法律问题都必须在这些方面被谈论和思考,每一条法律规则都必须发挥修辞的作用,说服听众了解其意义和价值,(51)最后,裁决争端也必须以正义

(50) 《论法律》2.3.6。单词 palaestra(体育场)指古希腊用来摔跤的体育场和学校。希腊和罗马修辞学家们经常用此术语指修辞学校或论辩之地。

(51) 马尔库斯明确采用了柏拉图的概念,“法律的功能也是为了赢得某种程度的赞同,而不总是通过武力威胁来强制”(2.6.14)。见柏拉图《法义》4.718b-4.723d。

为鹄的。(52) 这些建立在法律制度中的需求,为城邦成员提供了参与正当论辩的机会。

在第二类论证中,马尔库斯为其听众定义了一种性格或者精神气质,通过参与正当论辩的实践,这种性格或精神气质得以形成,反过来这种性格或精神气质又是延续这种实践的必要条件。这些伦理论证采用了诸多不同的形式,包括隐而不宣的假定、叙述、经验性证据、例子和隐喻。

例如,业已谈到的论证不仅作为内在善的描述,也作为伦理论证来发挥作用。如我们所见,对正义之言语的论证,牵涉美德和城邦的存在,也事关讨论正义的规律性时机(regular occasions),当且仅当人们接受了马尔库斯所确定的实践的核心价值时,规律性时机

---

(52) 大多数学者从 3. 20. 47 推测《论法律》佚失的卷册包括对司法的拓展讨论(参见 Keyes, "Introduction", in *De Republica*, *De Legibus*, 291),而 3. 3. 6–8 中显然含有讨论考量审判之建议的长篇段落,也已佚失(3. 7. 17)。即使有这个脱漏,幸存的文本也表明了公开、公正地裁决涉嫌违反官员命令的行为(3. 3. 6,3. 4. 11)和民事纠纷(3. 3. 8)的重要性。对永久仪式(perpetual rites)的规则之解释的批评(2. 25. 62),还有关于坟墓之规则的解释,参见 2. 21. 52–53。马尔库斯的提议支持在人民面前而不是在法官面前进行审判,对此提议的评论,另外参见 Rawson,"The Interpretation of Cicero's '*De Legibus*'",355–356。

关于西塞罗对法律修辞学的政治和伦理意义的看法,最近的两项研究得出了截然不同的结论。参见 Richard Enos, *The Literate Mode of Cicero's Legal Rhetoric*(Carbondale, 1988),90–93(结论是西塞罗发表的演说具有社会批评的功能);Bruce Frier, *The Rise of the Roman Jurists: Studies in Cicero's 'Pro Caecina'*(Princeton, 1985)(相对于与罗马法学家职业发展相伴的"自主性法律"而言,将西塞罗式的"修辞学提倡"视为相对主义和不稳定的)。另外,Frier 教授对《为凯奇纳辩护》(*Pro Caecina*)做了有意思的研究:假如对《论演说家》和《论开题》的阅读没有误解的话,西塞罗将修辞学和"相对主义"进行毫无疑问的且不充足的关联,妨害了法学家的崛起(参见 Bruce Frier, *The Rise of the Roman Jurists: Studies in Cicero's 'Pro Caecina'*, Princeton, 1985,130–138)。

才成熟。然而,这个条件并没有被表达出来,相反,读者被引导去思考马尔库斯的观点,因此他被要求为自己寻找一种使之具说服力的方式。西塞罗把读者视为珍视正义的人,因此赋予了它适当的精神气质。

此外,马尔库斯通过叙事发展出了一种更直接的伦理论证形式。第一卷中,马尔库斯在开始讨论正义时,讲述了一个关于人类起源的故事。借助该神话,马尔库斯为其听众定义了人的品德和处境。他告诉听众,他们与所有的人和神都是一体的,他们是为共同体的生活而被独一无二地创造出来的,因此,他们特别应该珍视正义。

> 众神将人类的种子撒满大地,赐予我们理性之礼物。通过我们共同的祖先和共享的理性能力,我们与诸神以及所有其他同胞结合在一起。此外,我们还被特别地赋予了行使理性和参与共同体的能力:我们直立;我们的脸,特别是我们的眼睛,显示了我们的性格和情感;我们能说话。(1.7.22-1.9.28)

这段叙述的效果是将读者的注意力引向对法律的其他观点的伦理意义上去。这段叙述表明,关键在于我们是谁,以及我们可以有什么样的生活。这种关于正义具有天生倾向的说法为给定的生活方式提供了强烈的宿命感。此外,该叙述的第一句话极其华丽和崇高,使得读者为这个主题的诗意升华由衷高兴。

对于这个故事的生动性,阿提库斯的喜悦之情溢于言表,随后,马尔库斯提出了一个稍有出入的叙述版本。马尔库斯在这里指出,来自观察或实验的证据显示,存在他所提出的人类品德和处境。与其说这是一个神话,不如说这是融合了经验性观察的第二种叙述。

在引介第二种叙述时马尔库斯点明了这种转变：

> 从哲学家们讨论的所有材料中，肯定没有什么比以下认识
> 更有价值，即充分认识到我们为正义而生、权利不立足于意见
> 而立足于自然。㊹

马尔库斯解释说，人们非常相似，承认这点就可推出上面那句
话："理性……对我们所有人来说肯定是共同的，尽管所学的内容有
所不同，但至少在学习能力上是不变的。"（1.10.30）此外，无论在
哪个地方，人们在其美德和恶习方面都相似：

> 烦恼、快乐、欲望和恐惧毫无差别地萦绕在所有人的心
> 头，即使不同的人有不同的观念。这并不意味着，影响那些
> 崇拜猫狗的人的信仰不同于困扰其他民族的信仰。但是，
> 哪个民族不喜欢礼貌、仁慈、感激和念恩呢？哪个民族不讨
> 厌和鄙视傲慢的、邪恶的、残忍的和忘恩负义的人呢？
> （1.11.32）

对现代读者而言，此观点似乎非常没有说服力：它忽略了所有
文化、民族和个体之间的巨大差异，对我们和对理解我们自己来说，
这些差异似乎意义重大。然而，这当然是一种有目的的安排。正如
马尔库斯特意指出的那样，他并非没有意识到人与人之间的差异。
但就这场讨论的目的而言，寻找相似之处是有结果的，马尔库斯给
他的听众提供了一种方法，让他们理解自己身处这种更深的一致性
之中。无论是一致性还是差异性都不是人性的"真实"，因为这些

㊹ 《论法律》1.10.28。我改动了 Keyes 对 opinione（意见）的翻译。

特征是修辞上的,它们是想象整体人类的方式,就它们提供了某些类型的有效行动而言,是有价值的。[54]

在谈话中,马尔库斯通过甄选和安排听众对人类的经验性感知,来支持开篇神话所界定的品性与情境观念,以引导第二场叙事。马尔库斯收集了关于人类行为的证据,并从这些证据中得出结论,以支持先前神话中定义的精神气质:

> 整个人类是团结一体的,当人们明白这点时,结论随之而来,关于正确生活的理性使人类变得更好。[55]

同样,正当论辩的实践价值只能以一种循环的方式确立,取决

---

[54]　该论证没有重申我们总是"自由"地选择我们如何看待人性或人类整体,抑或相关概念。当然,这些概念以一些方式嵌在我们的语言和实践中,没有人可以调控这些方式。关键是马尔库斯的叙述并不依赖于经验性的主张,正如马尔库斯在对话伊始所竭力主张的那样,真理的问题在这里无足轻重。在第二卷中,西塞罗强调了这点,当马尔库斯描述说:"最聪明的人的观点认为,法律既非源自人性的东西,也非人民的立法。"(2.4.8)我修改了 Keyes 的译文"legem neque hominum ingeniis excogitatum nec scitum aliquod esse populorum"(法律既非由人的内在品质所设想,也非任何人的决议)。第一卷中的讨论清楚地表明,正当的理性和实践性商谈的概念不同于一些经验上感知的"人性"。Keyes 把 hominum ingenis(人的内在品质)翻译成 human thought(人类思想),在这里特别容易引起误解。

[55]　《论法律》1.11.32。我改动了 Keyes 对"quibus ex rebus cum omne genus hominum sociatum inter se esse intellegatur, illud extremum est, quod recte vivendi ration meliores efficit"(上述那些使所有的人类彼此之间根据情形联合起来,倘若我理解这点,结论就是,正当的生活理性使得人类更好了)的翻译。西塞罗强调了公共和私人、个体和城邦之间紧张关系的修辞特性。我们是独特的个体还是在本质上是相似的,我们是像边沁所坚持的那样是狭隘的自利,还是像一些社群主义者所认为的那样,根本上是社会性的,或是像黑格尔式的,介于两者之间,这终究是一个叙述的问题。

于实践可产生的内在善。在这里,叙述使我们能够设想一个整体,在这个整体中,有可能看到一种改善我们所有人的生活方式。

那么,马尔库斯的结论是,我们被造出来,是为了"彼此分享正义感,并将其传播给所有人"(56)。如果我们不被未经审查的习惯和风俗所误导,所有人都会遵守正义。

> 因为那些被自然赐予了理性之礼物的生物也获得了正当理性,因此他们也获得了法律之礼物,这就是应用于命令和禁止的正当理性。如果他们接受了法律,他们也就接受了正义。现在所有人都接受了理性,因此所有人都接受了正义。(57)

因此,尽管关于正义的具体信念可能有变化,但将自己设想为与正义有着共同的关切,这是可能的。马尔库斯以其高明辩才,为他的听众提供了一个可能的自我:

> 因为认识自己的人首先会意识到他的内在有一种神性,并会把自己的内在本质视为一种神圣的形象。因此,他将始终以一种配得上诸神的伟大礼物的方式行事和思考……因为当心灵达到了对美德的认识和感知时,就不再屈服于身体,也不再放纵身体……更进一步,当它观察了天、地、海以及苍穹的本质,并理解了所有这些东西从何而来,又必须回到何方……当它意识到它不是作为某个固定地点的居民而被[狭窄的]樊篱所围困,而是整个宇宙的公民时……那么,在这种漫天的宏伟

(56) 《论法律》1.12.33。我改动了 Keyes 对 omnes(我们所有人)的翻译。

(57) 《论法律》1.13.33。我改动了 Keyes 对 omnibus(所有人)的翻译。

> 中,带着对自然的这种看法和理解,你们这些不朽的神,它将多么清楚地认识它自己。(58)

对于这段华丽说辞,阿提库斯冷嘲热讽:"你对智慧的赞美的确令人印象深刻,也很真实,但你的用意是什么?"(1.24.62)。马尔库斯以直截了当的方式回顾了这场对话的实际关切:

> 蓬波尼乌斯,首先它与我们即将讨论的主题有关,我们希望这些主题能被认为具有同样的崇高性,因为,除非这些主题的来源拥有巨大的尊严,否则这些主题便不能拥有这种尊严。(1.24.63)

由于本场讨论的目的是通过界定和捍卫正当论辩之实践来帮助国家及其成员,我们必须以极大的热情来对待这件事情。为了参与正当论辩之实践,我们必须设想自己是正义的。而反过来,正是正当论辩之实践使得我们能够形成对自己的这种看法。以此方式,法律始终与伦理教育和伦理理解的可能性有关。

对于那些对正义的承诺有些犹豫的读者而言,这场对话提供了一个认识自我的机会。它将读者引入法律实践,即通过有说服力的公共对话来追求正义,并使读者认识到在该实践中存在伦理和政治机会。此法律概念提供了一种理解正义的方式,即把正义理解为一种共享的价值和对我们国家有重要影响的组成部分,而无需依赖对

(58) 《论法律》1.22.59-61。我改动了 Keyes 对 nam qui se ipse norit(那么,假如已经认识了自己的人)的翻译。

某些永恒的人性的经验性证据，也无需将正义还原为私人偏好。(59)

---

(59) 可以把《论法律》视为某种概念中的核心文本，我暂且称这种概念为修辞性自然法。西方法学的正统历史将《论法律》视为本体论自然法理论的经典陈述。本体论的自然法理论认为正义法的内容来自永恒不变的人性，或者来自神性或其他超验秩序。这种方法与托马斯主义传统的关系最密切，最近被 Lloyd Weinreb 重新提出了(参见 Lloyd Weinreb, *Narural Law and Justice*, Cambridge, Mass. , 1987)。这种方法有时与道义论的自然法理论形成对比，道义论的自然法理论认为，正义法的内容立基于一个可确定的道德体系之上。See A. P. d'Entreves, "The Case for Natural Law Re-Examincd", *Natural Law Forum* 1(1951):34。比较 John Wild, *Plato's Modern Enemies and the Theory of Natural Law*, Chicago, 1953, 172(认为所有自然法理论必定是本体论和多元化的)。

在我的解读中，西塞罗的《论法律》并不适合这些概念中的任何一种。相反，西塞罗将法律视为关于正义的有说服力的公共论辩，西塞罗的这种看法提出了关于法律和正义之间的第三种概念，它聚焦于正义的修辞特性，也聚焦于法律论辩所提供的伦理和政治机会。我认为"自然法"一词部分包含这种观念：在正统的西方法律史上法律与正义之间的连接与"自然法"之术语相关，但我怀疑古典修辞学在自然法传统中的影响远远超过在正统历史中的影响。我对此的怀疑首先是因为修辞学在《论法律》中的重要性，以及西塞罗及其对话在整个法律史上不可否认的突出地位；其次，我怀疑自十七世纪以来，哲学家和其他学者对修辞学的激烈驳斥影响了现代历史学家和法律理论家，降低了修辞对自然法传统的意义。

A. P. d'Entreves 还区分了一种"技术性的"自然法理论，将自然法视为"知道如何做"："即对正确规则的知识，和对法律中某一特定问题的正确解决方案的知识，其答案存在于'事物本性'中，对于好的法律，只需寻找和应用即可。"A. P. d'Entreves 将这种方法归因于撰写《学说汇纂》的罗马法学家，但令人惊讶的是，西塞罗不在其中，A. P. d'Entreves 否定西塞罗是因为他致力于廊下派本体论自然法的"全面概括"。参见 A. P. d'Entreves, "The Case for Natural Law Re-Examincd", 30；也参见 A. P. d'Entreves, *Natural Law*, 20-23。A. P. d'Entreves 认为，Lon Fuller 的 eunomics(良好秩序)概念非常接近于这种技术自然法。遗憾的是，A. P. d'Entreves 教授没有根据这种分类重新考虑他对西塞罗的评价。虽然 A. P. d'Entreves 没有对这一分类进行详细的阐述，但我怀疑他的技术自然法的概念与我的修辞自然法的概念有很多重合。

在此概念中,正义存在于特定情形下对正义的论辩中,而非预先存在。这种对正义进行论辩的实践构成了参与其中的人的品性——既作为个体,也作为由此活动形成的国家成员。

此外,在这一概念中,法律与品性(character)之间的核心联系给我们提供了一种方法,可以丰富我们对当前法律实践的理解和对它的期待。最近的学术研究重新强调了实践推理和对话对我们的司法实践的重要性,其中一些工作恢复了对精神气质(ethos)的关注,而精神气质一直是修辞学传统中的一个重要焦点。(60)

---

(60) James Boyd White 关于修辞及其伦理意义的雄辩著作,对法律学者和其他人重燃对修辞的兴趣做出了不可估量的贡献。See James B. White, *Justice as Translation: An Essay in Cultural and Legal Criticism*, Chicago, 1990; James B. White, *Heracles' Bow: Essays on the Rhetoric and Poetics of the Law*, Madison, 1985; James B. White, *When Words Lose Their Meaning: Constitutions & Reconstitutions of Language, Character, and Community*, Chicago, 1984; James B. White, *The Legal Imagination: Studies in the Nature of Legal Thought and Expression*, Boston, 1973. 关于法律与正当论辩的实践之间的联系,特别参见"Plato's Gorgias and the Modern Lawyer", in *Heracles' Bow*, chap. 10。

最近关于法律论辩及其伦理可能性的其他工作包括:Milner Ball, Lying Milner Ball, *Lying Down Together: Law, Metaphor, and Theology*, Madison, 1985; Mary Ann Glendon, *Abortion and Divorce in Western Law*, Cambridge, Mass., 1987; Joseph Vining, *The Authoritative and the Authoritarian*, Chicago, 1986; Katharine Bartlett, "Re-Expressing Parenthood", *Yale Law Journal* 98 (1988): 293-340; John Cole, "Thoughts from the Land of And", *Mercer Law Review* 39 (1988): 907-935; Robert Cover, "Nomos and Narrative", *Harvard Law Review* 97 (1983): 4-68; Anthony d'Amato, "Can Legislatures Constrain Judicial Interpretation of Statutes?", *Virginia Law Review* 75 (1989): 561-603; Paul Kahn, "Community in Contemporary Constitutional Theory", *Yale Law Journal* 99 (1989): 1-85; David Klemm, "Gorgias, Law, and Rhetoric", *Iowa Law Review* 74 (1989): 819-826(这篇论文是由修辞探赜项目组织的"修辞和怀疑主义研讨会"的一部分);Frank Michaelman, "Traces of Self-Government", *Harvard Law Review* 100

正如亚里士多德所言,"说服"一词是个关系词:某物总是对某人具有说服力。[61] 同样,论证总是某人出于某种目的、在某种背景下进行的。这些因素都是修辞情境的一部分,本身也是说服性论证的潜在来源。[62] 因此,每一种修辞情境都会引起品性和国家的议题,而每一次成功的说服本身就是一个重要的伦理和政治事件。

对于法律论辩的研习者而言,这意味着正义问题总是伦理和政治问题。为了界定和捍卫良好的司法实践,不仅需要阐明实践推理的众多主题,而且需要探讨法律论辩对言说者个人的伦理意义,也要探讨这种论辩对国家的政治意义:国家既是论辩的听众也是其产物。[63]《论法律》认为,法律论辩的质量或价值既取决于

<hr>

(1986): 4-77; Martha Minow, "Justice Engendered", *Harvard Law Review* 101 (1987): 10-95; Carol Rose, "Property as Storytelling: Perspective from Game Theory, Narrative Theory, Feminist Theory", *Yale Journal of Law and Humanities* 2 (1990): 37-57; Teachout, "Reading Fuller", 1073-1148; Peter Teachout, "Worlds Beyond Theory: Toward the Expression of an Integrative Ethic for Self and Culture", *Michigan Law Review* 83 (1985): 849-893 (reviewing White, *When Words Lose Their Meaning*); Robin West, "Law, Literature, and the Celebration of Authority", *Northwestern University Law Review* 83 (1989): 977-1011 (reviewing Richard Posner, *Law and Literature: A Misunderstood Relation*, Cambridge, Mass., 1988)。

[61] 亚里士多德:《修辞学》1. 2. 11。

[62] 亚里士多德:《修辞学》1. 2. 3。也参见 1. 9. 1-14; 2. 1. 1-2. 17. 6。

[63] 在现代法学中有一派思潮,强调性格和法律裁决之间的关系,应该只是受到修辞学传统的间接影响。例如,Benjamin Cardozo, *The Nature of the Judicial Process* (New Haven, 1921), 16-17 ("从长远来看,Ehrlich 说:'除了法官的人格,没有任何正义的保证。'"引自 Eugene Ehrlich, *The Science of Legal Method*, Modern Legal Philosophy Series, 9:65);Lon Fuller, *Anatomy of the Law* (1968; reprint, Westport, 1976), 39-40; Edwin W. Patterson, "Logic in the Law", *University of Pennsylvania Law Review* 90 (1942): 894。

参与者的品性和它试图创造的听众,也取决于所处理的具体
议题。

最后,这篇对话录提出了法律的修辞学概念,在现代法学中,此
概念能丰富另外两个问题的讨论。第一,如果有的话,我们有义务
遵守法律的依据是什么? 这个问题一直是现代法学界争议的焦点,
部分原因是法律实证主义和现代道义论的自然法都没有提出具有
吸引力的答案。[64] 法律实证主义似乎说,没有遵守法律的义务,或
者至少没有与法律本身的效力(validity)相关的义务。道义论的
自然法理论则认为,只有在法律就是道德的情况下才有义务遵守
法律,但法律是不是道德,取决于是否存在某种统一的道德体系。
这两种方案都让人心烦。

西塞罗的法律概念提出了一种思考法律义务的替代性路径。
正如马尔库斯所强调的,只有从实践本身的角度,才能最后为正当
论辩之实践提供正当化理由。同样,以这种方式得出的对正义的界

---

[64] 最近关于这个问题的辩论也许可以追溯到 1958 年的哈特-富勒之
争。H. L. A. Hart, "Positivism and the Separation of Law and Morals", *Harvard
Law Review* 71(1958): 593-629; Lon Fuller, "Positivism and Fidelity to Law A
Reply to Professor Hart", *Harvard Law Review* 71 (1958): 630-672。在 60 年代
和 70 年代的公民不服从运动的冲突中这个争论更激烈。

最近的几项重要文献,见 Philip Soper, *A Theory of Law*, Cambridge, Mass,
1984(索珀将义务建立在官方对正义的善意宣称上,与《论法律》所发展的法律
概念进行了特别有趣的比较);John Finnis, *Natural Law and Natural Rights*, Ox-
ford, 1980; Michael Perry, *Morality, Politics and Law*, Oxford, 1987; Joseph Raz,
The Authority of Law, Oxford, 1979; Anthony Woozley, *Law and Obedience*, Chapel
Hill, 1979; Dworkin, 190-215; Anthony d'Amato, "Obligation to Obey the Law:
A Study of the Death of Socrates", *Southern California Law Review* 49 (1979):
1079-1108, 再版于 *Jurisprudence: A Descriptive and Normative Analysis of Law*,
Dordrecht, Netherlands, 1984, 228-258。

定,也只有对那些接受这种法律论辩的核心价值的人才具有说服力。如果某人不珍视正义,那么此人就不在论辩守法义务的修辞实践中。此外,由于正义总具有偶然性和可争辩性,因此任何权威的最终确立都无法避免根本性的质疑。⑥ 这种法律概念所表明的是,遵守法律的义务源自我们参与珍视正义之实践的结果。尽管大多数人是因其文化教育中未经审视的结果而参与,但是没有什么可以迫使一个人参与这种实践。然而对于那些参与者来说,参与就意味着义务。与其他道义论的解释不同,这里所提出的解释不会建立在某些普遍的道德之上,也不会声称是绝对的或不可改变的。

《论法律》对法律论辩的开放性也有所着墨。近期关于接纳不同的声音和视角的呼吁,既聚焦在一些人在法律中被禁止发声的众多方式,也关注法官和其他人的变革机会。⑥ 这部作品本身为法律和司法实践开辟了新的思路,并自然地引发了许多争论和希望。其

---

⑥ 由于这个原因,正义和秩序之间总是可能发生冲突,而修辞学的法律观最终与政府的威权性构成要素不相容。近来对这些紧张关系的有趣研究包括:Cover,"Nomos and Narrative"; Paul W. Kahn,"Community in Contemporary Constitutional Theory", *Yale Law Journal* 99 (1989): 1-85; David Luban,"Some Greek Trials: Order and Justice in Homer, Hesiod, Aeschylus, and Plato", *Tennessee Law Review* 54 (1987): 279-325; Joseph Vining, *The Authoritative and the Authoritarian* (Chicago, 1986)。

⑥ 参见 Derrick Bell, *And We Are Not Saved*, New York, 1988; Kenneth Karst, *Belonging to America: Equal Citizenship and the Constitution*, New Haven, 1989; Martha Minow, *Making All the Difference*, Ithaca, 1990; Symposium,"Excluded Voices: Realities in Law and Law Reform", *University of Miami Law Review* 42 (1987): 1-157; Patricia A. Cain,"Feminist Jurisprudence: Grounding the Theories", *Berkeley Woman's Law Journal* (1988): 191-214; Judy Scales-Trent, "Black Women and the Constitution: Finding Our Place, Asserting Our Rights", *Harvard Civil Rights -Civil Liberties Law Review* 24 (1989): 9-44。

中一些文章认为,法律论辩应该向不同的声音开放,不仅因为这有利于个体言说者,还因为对我们所有人而言,法律论辩完善了法律。这方面的论证有很多种:对不同观点的认知将加深和扩大法官和其他有权者的理解范围。⑰ 无论是用来表达社会价值,还是用来行使强制力,法律上的合法性(legitimacy)都取决于人们是否可以获得它,⑱并且,参与法律论辩有利于群体认同和增强凝聚力。⑲

在西塞罗的解释中,正义的修辞学特征提供了思考法律中的公开性的另一种方式。由于正义总具有偶然性和可争辩性,关于正义的论辩需要公开,而这种公开性必须超越仅仅承认其他视角的存在,因为参与正当论辩之实践要求某人既能说服他人,也能说服自己。在修辞学的世界里,了解正义和其他人类美德的唯一途径是说服,而为了说服和被说服,不仅要允许人们言说,还必须与他们互谈、倾听、质疑,有时诘问,有时肯定他们。

西塞罗的解释所提出的理想法律论辩的愿景是,正当论辩之实践在国家内蓬勃兴盛,政府官员及所有珍视正义的人都参与这种实

---

⑰　参见 Minow, "Justice Engendered"; Mari Matsuda, "Affirmative Action and Legal Knowledge", *Harvard Women's Law Journal* 11 (1988): 1–17。

⑱　参见 William Eskridge, "Public Values in Statutory Interpretation", *University of Pennsylvania Law Review* 1137 (1989): 1007–1104; Owen Fiss, "Forward: The Forms of Justice", *Harvard Law Review* 93 (1979): 1–58; Frank Michaelman, "The Supreme Court and Litigation Access Fees: Part II", *Duke Law Journal*(1974): 527–570。

⑲　参见 Richard Delgado, "The Ethereal Scholar: Does Critical Legal Studies Have What Minorities Want?", *Harvard Civil Rights –Civil Liberties Law Review* 22 (1987): 301–322; Eric Yamamoto, "Efficiency's Threat to the Value of Accessible Courts for Minorities", *Harvard Civil Rights – Civil Liberties Law Review* 25 (1990): 405–407。

践,就像他们彼此谈论生活中众多复杂的活动一样。⑩ 这些讨论有时候涉及宝贵资源的分配,有时候涉及暴力威胁,有时候涉及人类尊严或人类美德中的极具争议的问题;有时候,人们特别迫切地感受到对话的重要性;但从头到尾,人们都意识到,每个人所说和所思部分取决于他人如何言说和思考。这些探索什么有价值、什么无价值,什么合适、什么不合适,什么好、什么不好的修辞学方式,对每个人的生活质量而言,至关重要。

在这一愿景中,重要的是所有将成为国家的一部分的人的参与和投入,不仅因为它是公平的、广泛的和有凝聚力的,还因为在国家里,它是我们认识自己的唯一途径,也是探索我们可及的潜在善的唯一途径。⑪ 政治不是被视为预定利益之间的争斗,而是被视为一个持续的公共对话,在对话中我们发现我们是谁,也由此发现我们的利益是什么。尽管不是所有人都会选择参与,也不是所有人都会珍视这种实践,但在我们中存在正义,这要求正当论辩之实践是公开的、普遍的和生机勃勃的。只要贫困的女人和男人、残疾的女人和男人、女同性恋者、有色人种的女人和男人、工人阶级中的女人和男人、男同性恋者、白人女子没有真正参与到我们的法律商谈中来,

---

⑩ 以此方式,这个愿景与那些不以国家为中心的法律概念共享了好多观念,正如一些人的研究:Lon Fuller, *Anatomy of the Law*, Westport, 1968; Lon Fuller, "Human Interaction and the Law", in *The Principles of Social Order*, e-d. Kenneth I. Winston Durham, 1981; Carol Smart, *Feminism and the Power of Law*, London, 1989; and Gidon Gottlieb, "Relationalism: Legal Theory for a Relational Society", *University of Chicago Law Review* 50 (1983):567-612。

⑪ "受害者的群体与将受害者和刽子手联合起来的群体是一样的。但是刽子手并不知道这一点。"Albert Camus, *The Rebel*, trans. Anthony Bower, New York, 1956, 16, n. 2. 我感谢 J. Kastely 提供的这个参考。

我们中的任何一个都不会成为能够了解正义的那种人。我们将继续论辩和行动,我们甚至可能认为我们了解我们的行动对其他人的影响。然而,如果没有真正的对话,我们就无法了解这一点,如果没有公开的论辩,我们就无法看到我们实际上所行的不义。在无知的情况下,我们将成为不义之人。

柏拉图的《法义》与西塞罗的《论法律》

安娜丝（Julia Annas）

一　西塞罗的柏拉图

诚如西塞罗所言，对于他自己的著作《论法律》而言，柏拉图的《法义》是文本模型（《论法律》2.14），正如柏拉图的《理想国》之于西塞罗的《论共和国》。就《论法律》而言，影响怎能仅限于文本模型？在《论法律》2.16-17中，西塞罗说，他为法律写了一篇柏拉图称为序曲或弁言的东西，昆图斯回答道：

> 我很高兴，你关注到了与柏拉图的不同观点和不同思想。你先前所言，与柏拉图的大不相同，相同的是对诸神的引入。就我所见，你唯一效仿的是柏拉图的文本风格。

西塞罗的回答似乎承认这点：

> 有可能想去效仿。没有一个人能效仿或将去效仿他。转

述思想特容易，我若不是想成为我自己，我就转述了。①

在这里，作家西塞罗是附和昆图斯吗？在我们所拥有的对话录中，昆图斯经常采取会令西塞罗这一人物辩驳的立场，②并且西塞罗这一人物在这里承认的仅仅是，他依照他自己的想法，不是完全翻译柏拉图。事实上，通过下面的言说，西塞罗这一人物揭开了第三卷的序幕。

> 那好，正如我一开始就做的那样，我将跟随那位充满灵感的人的引领，可能时常超出必要地赞美他，因为我敬重他。

事实上，昆图斯在这里犯了错，正如我所表明的。

《法义》和《论法律》之间的大量不同相当明显。仅提三点：柏拉图的立法者认为自己要创立一个新城邦，这个城邦需要新法律，而西塞罗认为自己要返回到一个更古老的法律体系中，这个法律体系是一个更纯净的体系；与柏拉图相比，西塞罗更关心宗教信仰的

---

① 我使用了 Rudd 的翻译（Niall Rudd, *The Republic and The Laws*, Oxford University Press, 1998），还参考了 Zetzel 的翻译（J. Zetzel, *On the Commonwealth*; *on the Laws*, Cambridge University Press, 1999），从头到尾我都使用了 Powell 的《牛津古典编校本》（J. G. F. Powell［ed.］*M. Tulli Ciceronis De Re Publica*, *De Legibus*, *Cato Maior De Senectute*, *Laelius De Amiticia*, Oxford University Press, 2006）。

② 值得注意的是，关于保民官和秘密投票，西塞罗和其兄弟之间的分歧依然无法解决。Dyck 总结说，在对话中，昆图斯作为一个没有耐心且哲学素养有限的人出现。他"是一个持有很多意见的人，并且有时与其兄长观点相左"（参见 Andrew R Dyck, *A commentary on Cicero*, *De legibus*, University of Michigan Press, 2004, 28-29）。

合理形式,并不对任何人分享这些关于"异端"神学信仰的惩罚式焦虑;③尽管二人都认为法律是客观的,也认为法律具有宇宙中的神圣理性的人所能理解的形式,但是,西塞罗对此的解释是廊下派的,而非柏拉图式的。很明显,西塞罗想要成为他自己,而不是去复制柏拉图。

柏拉图的《法义》和西塞罗的《论法律》都是在引人入胜的风景描写中、在三人之间(其中一位比其他两位更聪明,其观点也更积极)展开的一场关于法律的对话,但是,与这些显而易见的文本模型相比,二者的关系远比这紧密和复杂。这也不是什么新想法,一直以来都有来自其他观点的讨论。④ 在本文中,我力图查明和探索,在哪些点上,西塞罗以其独特方式继承了柏拉图的哲学思想。

很明显,《论法律》常常提到柏拉图。但是,有一些援引仅仅在一般意义上反映了西塞罗对柏拉图非常敬重。在 1.15 中,阿提库斯称柏拉图为"你的偶像和心仪之人,高于你对其他所有人的敬意";在 2.39 中西塞罗称柏拉图为"希腊最伟大的思想家和目前为止知识最渊博的学者"。当然,在其著作中公开提到柏拉图的对话

---

③ 正如 Brunt 所强调的那样(参见 Brunt, P. A. , "Philosophy and religion in the late Republic", in *Philosophia Togata*, ed. M. Griffin and J. Barnes, Oxford, 1989, 198)。

④ 在本文中,我将不去关注柏拉图主义对西塞罗廊下派思想来源的影响问题。Horsley 认为柏拉图主义对第一卷中自然法的论述有影响(R. A. Horsley, "The law of nature in Philo and Cicero", *Harvard Theological Review* 71[1978]: 35-59);Ferrary 对此予以有效的批评(J. -L. Ferrary, "The statesman and the law in the political philosophy of Cicero", in *Justice and Generosity: Studies in Hellenistic Social and Political Philosophy*, ed. A. Laks and M. Schofield, Cambridge, 1995, 67-68)。

录时,西塞罗自然带有敬意。⑤ 在《论法律》中可以很明显地看出,西塞罗深谙柏拉图的《法义》。⑥ 有几处,为了澄清细节,西塞罗提到了柏拉图著作的几个段落;可能是因为西塞罗以革新的方式继承了柏拉图,在 2.45 讨论给神的祭品时,西塞罗以接近翻译的方式(他大概是这样说的[his fere verbis utitur])取用了《法义》955e-956b 的内容。⑦ 在 2.67-68,西塞罗在以下这几个方面援引了柏拉图:殡葬典礼要由专门的司仪执事,丧礼的耗费要受到限制。被明确提到的段落还有对《法义》958d-e 的参考;⑧在 3.5,西塞罗提到了《法义》701b-c,尽管这次并没有那么精确。西塞罗接受了这个一般思想:反对权威的人都像提坦族(Titans)。⑨ 在 2.41 参考了《法义》716d-717a 的一个观点:没有神愿意接受来自坏人的献礼,因为即

---

⑤ 关于西塞罗对柏拉图的总体态度,参见 A. A. Long, "Cicero's Plato and Aristotle", in *Cicero the Philosopher*, ed. J. G. F. Powell. Oxford, 1995, 37-62。关于西塞罗作品中对柏拉图的援引,参见 T. B. DeGraff, "Plato in Cicero",*Classical Philology* 35(1940): 143-153。在《论法律》中,提到柏拉图的地方有:1.15,2.6(关于《斐德若》),2.14,2.16,2.38,2.39,2.41,2.67,2.68,3.1,3.5,3.32。其中,最全面地引用柏拉图作品作为形式典范的是在 1.15。

⑥ Rawson 错误地认为"他是否认真阅读了这本书尚存疑问"(E. Rawson, "The interpretation of Cicero's 'De legibus'", *ANRW* 1.4[1973]:343), Rawson 还认为《法义》本身"杂乱无章"(E. Rawson, "The interpretation of Cicero's 'De legibus'", n. 28)。

⑦ Dyck 评论说,柏拉图"对献辞的具体限制中,有些是没有任何已知历史先例的"(Andrew R Dyck, *A commentary on Cicero, De legibus*, 371-372)。

⑧ Dyck 指出,在这儿,西塞罗对刚提及的雅典习俗与柏拉图的规则之间的区分并不像西塞罗认为的那么清楚(Andrew R Dyck, *A commentary on Cicero, De legibus*, 420)。

⑨ "西塞罗不严谨地变换了措辞……[他]记错了柏拉图的文字,或者根据当前的语境进行了调整"(Andrew R Dyck, *A commentary on Cicero, De legibus*, 436-437)。

便是好人也拒绝这样的礼物。还有其他更一般的参考,例如提及常去剧院之人的行为,在写这部分内容的时候西塞罗心中想的是《法义》,但不排除其他模本。⑩ 柏拉图的著作潜藏在后面,但时不时显现出来,西塞罗无疑对柏拉图的文本相当熟稔。

二 柏拉图的序曲:法律、美德与幸福

在《法义》中,柏拉图独具匠心地为法律设计了弁言或序曲,因为他想强调一件一直被忽视但很重要的事,即把劝谕"融入"法律的惩罚之中,以便不诉诸惩罚而让公民守法。序曲本身是多种多样的。序曲有时为法律提供理性支持(rational backing),如《法义》第十卷中的法律序曲,长篇哲学式的论述驳斥了不敬神,被这些论证搅扰的人们需要补偿,即来自追求成功的论证的补偿;序曲有时使用修辞并借助非理性因素(non-rational factors),如反对乱性行为、反对谋杀行为的法律,对非理性因素的借助是让人们相信被害人的游魂(the walking spirits)。当应对巨大的具有破坏性的非理性之力时,可以假定的是,人们认为这些论证是不适当的。尽管有这些不同,但是,正如我在另外的地方以更长的篇幅论证过的,⑪这些弁言都以卓尔不凡的方式试图去劝诫人们。

柏拉图所设计的马格尼西亚城邦的邦民所过的生活是有德性的和幸福的,对柏拉图来说,这显然很重要。《法义》绝非技术哲学

---

⑩ 《论法律》2.38-39 和 3.32 似乎引用了柏拉图的《理想国》和《法义》,提到了柏拉图关于音乐和戏剧对观众起腐蚀作用的观点。

⑪ J. Annas, "Virtue and law in Plato", in *Plato's Laws: A Critical Guide*, ed. C. Bobonich, Cambridge, 2010, 71-91.

之作,我们并非在抽象层面讨论这个想法。这种观点是比较常见的:马格尼西亚城邦的目的是让其邦民过上幸福的生活,过上这种生活的唯一方式是以有德性的方式生活。⑫ 与《理想国》不同,在《法义》中,从摇篮(或者在摇篮之前)到坟墓,邦民的生活在各方面都是有组织有安排的。邦民应当时刻准备好对城邦法律的无条件遵从,人们常常强调这点。⑬ 然而,及时而深刻的守法习惯如何培养有德性的邦民,而不是产生单纯的守法、服从命令的公民? 再说一遍,《法义》绝非一部技术哲学之作,我们在其中不能找到对德性和幸福的道德心理学解释,而《理想国》给出过这类解释。但是,序曲能以不同的方式弥补这个缺陷。

序曲展示了法律所建构的生活方式和生活实践的伦理要旨。关于婚姻法的第一篇序曲给了我们一个很好的范例(《法义》721b6-d6)。婚姻法规定,男人在三十到三十五之间要结婚,否则就要被罚款或褫夺身份。序曲发展了这样的思想:对人而言,追求比其自己的生物学生命更为广阔的事情,⑭且志在永恒不朽,这是自然而然的,正如欲求死后留名一样。中断人类没有止境的世代延续是不虔敬的(ὅσιον),这种中断将让人类的一个关键事实变得无法理解,即,个人渴望超越他自己的生活,并把他们自己看作某个家庭的血脉延续的一环。

---

⑫ 城邦的目标是通过培养公民的德性使他们幸福:《法义》631b3-632d7,718a3-b5,828d5-829b2。幸福和德性常常作为城邦的目标被提及。

⑬ "在很大程度上,柏拉图强调公民应成为或认为他们自己是'法律的奴隶',我在这篇文章中讨论过这一主题。"(J. Annas,"Virtue and law in Plato", 71-91.)

⑭ 尽管对妇女成为马格尼西亚城邦的公民的承诺(并不明确),但这篇序言显然只针对男性。

序曲旨在通过让人们深入理解什么是人类来进行劝诫。不理解这点的话，婚姻也许就是让人厌烦的，也许是给人造成不便的一种义务。在人生的某个阶段，在不需要提醒的情况下，受序曲所劝导的男人更能把结婚看作他自然而然该做之事，因为结婚是他的好生活的一部分。他将像一位好邦民那样去思考，认为家庭生活是有魅力的，隐士生活是自私的。他将发展出合理的家庭美德和相关的品质，这些品质将在实践环境中（in context）而非家庭生活中得到锻炼（例如保卫家庭的勇气）。因此，他所做的事情就是顺从法律，而非仅仅避免遭受违法带来的处罚。他能领会到法律构建家庭生活的目的，也能欣赏法律所倡导的美德。

无论长短，序曲都实现了这类功能。一位顺从捕猎法的邦民知道，[15]他不能设陷拉网捕杀动物，只能用茅箭、猎马和猎狗捕猎。尽管没有这种限制的话他能捕杀更多，但是他不会对此心怀怨恨，而是认识到，值得去做的唯一一类捕猎，是有一点风险和人身危险的，能恰当地锻炼勇气。在集市售货的邦民也明白，他们不能随意要价，必须公布一个固定价格并只能以此价格出售，也不能吹嘘商品或者借神发誓它们值此价格（《法义》916d-917e）。此规定的出发点——在习惯于讨价还价的文化中，柏拉图是一个锐意改革的人——在于讨价还价就是在说谎，凭借神发誓时将让谎话更严重。邦民不应该习惯于这种习俗：为了获利、为了不费吹灰之力的得利而说假话。[16]

---

⑮　《法义》822d-824c。这条法律明确体现了立法者的意愿，即让人们遵守"不成文"的规则，而不是法律明文规定的制裁。

⑯　柏拉图对固定价格的坚持在他所处的文化中是令人吃惊的；它预示了贵格会教徒后来基于同样的理由引入固定价格制度，讨价还价涉及谎言。

　　法典的序曲作为一个整体来教导我们（《法义》726e—734e），一个人首先应该崇敬神，他的灵魂应该优先于他的肉体和财产，此种观点应当指引他与家庭、朋友、邦民同事和陌生人打交道时的所有行为。让美德成为某人的整体志向，高尚的灵魂是此中应有之义，并因此能避免自私自负。心存此想法的人将能明白，对马格尼西亚的法律的遵守，不仅为了避免受罚，而且为了过好生活，也能教导他对事情的优先顺序有好的安排。由此，在守法时，他将有一个积极的态度：他会认为所有邦民不仅是为了避免冲突才守法，而且是为了发展美德，并因此以良善的和有意义的方式生活在一起。因为你理解了法律的伦理目标，所以有德性的生活就是符合法律的生活。

　　柏拉图认为马格尼西亚城邦的有德性的和幸福的生活方式是自我维持的，无需经常立法，此种生活代代相承。此外，对于好人而言，尽管他们也要守法，但无需经常考虑法律及其处罚。法律越有效，就越不需要其作为激励邦民行为的驱动力。所有这些之所以能实现，是因为邦民们不仅因外力而守法，而且因劝谕而守法，通过法律所蕴含的伦理目标、法律所建构的邦民们可以借此发展美德（家庭感情、勇气、荣誉及对物质财产的正确态度）的生活方式和生活实践来劝谕。

　　柏拉图笔下的立法者旨在设计一种法律，这种法律传达了智慧，借助理性，朝浩瀚苍穹看去，能看到更伟大的智慧。这些立法者不仅仅是凭靠一份规则清单来做到这点，而且是通过演示法律与邦民的美德和幸福的关系来做到这点。这是因为，依照最好城邦的法律而过的生活促成了美德，也因此成就了公民的幸福。也因为，与仅仅为避免遭受违法带来的惩罚而守法相比，因劝谕而守法是一种更积极的精神状态。

三 西塞罗论法律与美德

西塞罗也认为治邦者的目的是邦民的美德和幸福,正如我们在
《论法律》2.11 中发现的那样:

> 制定法律是为了确保人类的和平幸福生活……那些率先
> 通过这些法律的人们认为,只要接受并正式通过他们用心设计
> 并颁布的制度措施,他们的社会就能许诺他们幸福而又充满荣
> 誉的生活。⑰

在《论共和国》的残篇中,斯基皮奥表达过类似的意思:"我们
理想治邦者的目的是邦民的幸福生活(beata vita),即财产安全、资
源丰富、享誉盛名和崇尚德性(virtute honesta)的生活。"⑱这些段落
都透露一个问题:美德与幸福是什么关系? 西塞罗并不深入探讨美
德及其与幸福的关系所引发的理论争议,对一部政治理论的著作而
言,这是恰当的。如果把该著作作为整体理解,这部书显示出,西塞
罗假定了一个普遍的有教养的共识:对幸福而言,美德是必要的。
这忽略了其理论复杂性,它会把我们引向一个观点,即认为对幸福

---

⑰ "人们的安宁和良善的生活……赞成和接受这些法律的人们将体面
而幸福地生活。"语境就是,恰当地说,有一些理由认为那些不公正和有害的法
律根本就不是法律。

⑱ 这句话来自《致阿提库斯》8.11.1 的《论共和国》第五卷残篇Ⅵ,参考
第四卷残篇Ⅲ:"现在请你们仔细想一想,对于市民社会的其他方面也都多么
明智地预见到了,以使人们能够在那里幸福而荣耀地生活。要知道,这是人们
聚合起来的第一原因,并且应该部分地依靠习俗,部分地通过法律,为这个国
家的人民实现这一点。"

而言,美德是必要且充分的。

这个关于治邦者之目的的观点如何与西塞罗在《论法律》中所说的有关联?关于我们所能见到的两部法律(2.15–16,3.2–5),尽管西塞罗写了一篇简短引言,但没有采纳柏拉图的做法:为法典谱一首一般序曲,为每部法律写一段序曲。通过演示法律如何构建作为好生活的一部分的实践,柏拉图试图劝导邦民守法,然而,我认为西塞罗是以一种能被合理地看作媲美柏拉图的方式在前行。首先,通过考察西塞罗在第一卷说了什么,继而通过考察法律体系所给出的其他劝诫方式,我将试图展示以上这点。与任何其他的疏解一样,我对第一卷的疏解是合格的,因为我们的文本在一些关键点上有差异。尽管如此,我认为,在我们所及的范围内,我们能看到思想的连贯发展路径。

西塞罗以廊下派的方式开启其对法律的讨论。⑲“法律是植根于自然中的最高理性,法律允许应当去做之事、禁止相反之事。”这种陈述或类似陈述在西塞罗的著作中反复出现。一个显著的特征就是把法律解释为行为当为或不当为的正当理性命令,在西塞罗对法律的希腊文和拉丁文的词源学讨论中,还保留了这个重点陈述(emphasis)。

我们也发现,法律是正当理性,是明理之士的智慧。因为法律是正当理性,是应当做什么的恰当理解,所以法律具有规范性权威(normative authority)。法律是一种自然中的力,因为明理之士的正当理性与世界中的宇宙理性所具有的指令力是吻合的。尽管无需

---

⑲ 我关注的是西塞罗对其材料的使用,而不是其来源。关于自然法的这一论述显然源自 Chrysippus 的著述。

约束明理之士去做他们应做之事,但我们其他人应当要领会作为命令的正当理性的指令。并且,法律为我们区分什么是正确什么是错误。"法律是自然之力,是明理之士的理性和实践知识(prudentis),是正义与非正义的标准。"(1.19)在后面3.3中我们也发现一个论断:宇宙法(cosmic law)和人为法权威(imperium)都很关键,西塞罗也是以"相当罗马的方式"指出了要点:应遵守法律命令。西塞罗不如柏拉图强调这点,可能是因为罗马人更熟悉毋庸置疑地遵从法律这一观点。⑳

然后,西塞罗认为,为了与《论共和国》中所描写的各类城邦相匹配而塑造法律,从最高的法源开始是很重要的。西塞罗说,培育习俗实践也是很重要的,不是每件事都应有成文法。在这个意义上,这个目的仅仅是西塞罗整体宗旨的一部分,与法典没有密切关联。㉑

我们进一步考察自然中的法律的观点,而不是习惯中的法律的观点。人类是被造物里唯一拥有理性的,因此不仅能展示构建宇宙的世界理性,而且能理解世界理性。适当地理解理性,就是抓住理性作为指令的本质,也是与神分享理性的指令体系和法律体系,并由此参与到神和人组成的宇宙共同体中。所以,人和神的美德是相同的,因为,人和神便美德就是他们本性的完整或完满状态。自然如何赋予俊秀之士更优良的品质以便更好地使用他们的理性能力(rational faculties)?对此作出评论之后,西塞罗得出结论:

---

⑳　西塞罗还避开了柏拉图关于法律上的奴隶的富有启发性的比喻。

㉑　《论法律》1.20:"营造风俗,这一切不能靠成文法来建立(serendi etiam mores nec scriptis omnia sancienda)。"Dyck注意到,西塞罗另辟蹊径,在积极方面使用了serendi(营造)的寓意。

作为理性存在者，人都是相似的，只因我们走上了错误之路，便造成了差异（有些差异甚至是可被普遍预见到的）。紧接着，西塞罗产生了这个想法（尽管因文本佚失而中断，但是在轮廓上很清楚）：在理性共同体中，自然使得我们倾向于以互帮互助乐善好施的方式分享彼此，因为理性存在者合理关心自己并不比关心他人更强。

西塞罗对廊下派以及更大范围的人们，即对所有认为美德有内在价值的人，谈论了自然之中的法律和正义，接下来，西塞罗转而辩护其观点。他仅仅排除了伊壁鸠鲁学派和学园怀疑主义者（Academic Sceptics）。他认为伊壁鸠鲁主义者认为美德仅对快乐的结果而言是有价值的。尽管他敬重学园怀疑主义者，但学园怀疑主义者对此处讨论不会有积极贡献。那些确实认为美德凭靠自身是有价值的哲学家是谁呢？在这里，"旧学园派"（Old Academy）和漫步学派（Peripatetics）立场相同，是一伙的。尽管廊下派的说辞不同，但据说也持此种立场，甚至包括希俄斯岛的阿里斯顿（Ariston of Chios）——尽管其立场据说遭到了长久反对（一个迹象就是，这个归类被认为是包容性的，正如西塞罗所做的那样）。从这个归类来看，经安提库斯（Antiochus）中和过的卡尔内阿德斯（Carneades）的伦理学说的分类是作为背景存在的。

由此而来，所产生的就不是技术哲学的论证。美德凭靠自身是有价值的，而不仅仅是工具性的价值。通过将这一立场与自然中的法律、正义建立概念联系，西塞罗将其情况呈现在更广泛的听众面前。西塞罗诉诸我们对美德的直觉，以证明我们在事实上对善恶的鉴别确实达成了一致——"没有恶棍曾如此厚颜无耻以至于不想否认他犯下的罪行"（40节）。西塞罗也证明，把美德看作实现下一个目标(例如快乐或自利)的工具是对美德的误解。他还证明,我们不仅认识到正义就其本性而言与法律事实上对正义的称呼不同,而且认识到善好和美德的真实性是相同的:

> 不仅正义和非正义就其本质而言是不同的,而且万物毫无例外要么是值得尊敬的要么是不值得尊敬的。(44 节)

所有这些与自然法有何联系?在第 42-43 节中(不幸的是,这里的文本是残缺的)我们能找到答案。西塞罗重申:假如正义不依赖自然,那将完全没有正义。也就是说,"这就是为什么,假如正义离开了自然的支撑,任何美德都会被废除。哪里还有慷慨、爱国、虔敬和惠泽他人之发心或观功念恩存在的余地?因为这些美德起源于我们关心他人的自然倾向,而这正是正义的基础"(《论法律》1.41)。这就是说,自然法确立了自然正义,并且自然正义涉及你对自己和对他人的正确态度,它是所有美德的源泉。

那么,通过反思人类理性对其在宇宙中所扮演的角色的认识,我们认识了自然法。我们也认识到,不是在既存人定法的力量之中,而是在自然中,法律有一个客观基础。基于对自然法的分有,所有的理性存在者在一个共同体中联合起来了,自然正义将这些理性存在者彼此勾联起来了。因此,正义是一种对我们自己的适当态度(a proper attitude),也是在我们与他人的关系中对他人的适当态度,正义有一个自然基础。并且,在拥有这个对我们自己和对他人的适当态度时,会涉及什么?一旦我们能清楚回答,我们就能看到,这就是所有美德的基础。

关于美德的后面这个看法有独立的支撑。我们被告知,自然赋予我们所有的共享观念(intelligentiae communes),这些共享观念是迟滞的、不成熟的,但是,每个人都能发展它们,直到我们获得清晰的知识——当然,这假定了我们没有被快乐腐蚀掉,也没有被似是而非的歧见带上歧途。㉒ 我们的美德观念起初是模糊的和不具体的,但能发展起来,西塞罗对此很乐观。在第 30 节中西塞罗认为,如果跟随自然的引导,来自任何国家的任何人都能成就美德。在第 44-45 节,西塞罗说,在值得尊敬和不值得尊敬之间只存在习惯性的区别的想法是"极其愚蠢的"。有人认为他一直不能清晰精确地表达那些观念。因此,以廊下派理论术语表达的自然法思想到头来会有一些关于美德的暗示,这些暗示暴露出来之后,具有独立的支撑,因为当我们恰当省视并阐释我们所共有的美德观念时,我们意识到这些观念支撑如下论断:法律立基于自然。任何人都能认识到美德,由此而能领会这个联系,尽管只有明理之士才能完全理解这个联系。

法律立基于自然,对这个观点的检讨由此把我们引向了对美德和邪恶的检讨,以及对善良人性和邪恶人性的检讨。根据西塞罗,从逻辑上,我们现在被引向了(52 节)这样的讨论,不仅讨论对我们人而言什么是善,而且讨论这个问题的正确答案是什么,什么是我们的至善(highest good)? 美德构成了至善,单一的美德就是善,这是廊下派的答案吗? 或者安提库斯是对的吗? 廊下派真的同意"旧

㉒ 第 26、27、30 和 59 节讨论了共享观念(intelligentiae communes)。在(Powell 的版本)第 26 节,我们发现自然给我们揭示许多事物的模糊不清、未足够显现的观念,并且将其作为认识的基础(rerum plurimarum obscuras nec satis <enodatas> intelligentias [enodavit] quasi fundamenta scientiae)。在第 30 节中,我们发现能令心灵产生印象的东西(我前面已经说过,最初的观念)同样作用于所有人的心灵(quaeque in animis imprimuntur, de quibus ante dixi, inchoatae intelligentiae, similiter in omnibus imprimuntur)。

学园派"的一致意见吗？他们的一致意见认为,在缺乏与至善相关的核心要素的情况下,你依然可以有美德地生活。在这个点上,西塞罗与安提库斯是一致的㉓;但是在这个点上,一位没有耐心的哲学外行昆图斯把话题拉回到法律上。从形式上讲,关于目的(telos)的虎头蛇尾的讨论是个题外话(参考第57节),它好像是偏离主题,但是很难这么说,因为素材与讨论无关。假如我们接受目前的论证——正如文本中的谈话者理所当然地接受那样,我们也会接受,立法的目标就是让邦民过上幸福生活。㉔ 美德对幸福而言是否充分? 了解这点头等重要,无论持有何种观点,皆需充分理由,这也头等重要。似乎引入昆图斯就是用来打断谈话的,因为西塞罗发现自己不得不客观解释廊下派,以证明廊下派仅仅是口头上不同意"旧学园派",并且,就这场政治与法律的对话而言,这将会导致进入技术伦理理论的层面过深。

这里有佚失。当文本重新开始时,昆图斯告诉西塞罗他问的不是现行法律(actual laws)。"我希望你今天告诉我的是,提供一

㉓　西塞罗使用了卡内阿德斯(Carneades)的两难选择,在《论善恶之极》第三卷和第四卷中这个两难得到了很好的解决:要么廊下派同意 Ariston 所持有的已被抹黑的观点,要么他们像"旧学园派"那样用不同的术语表达相同的事情。但在这里,就像《论善恶之极》第五卷中的安提库斯那样,他的结果不是让我们脱离所有的选择,而是让我们只剩下安提库斯的选择。在《论善恶之极》第五卷中,在以滔滔不绝的演说阐述了安提库斯的立场后,西塞罗果断地将其推翻(77-86)。See J. Annas, "Ethics in Stoic philosophy", *Phronesis* 52(2007): 58-87.

㉔　参见 2.11:"毫无疑问,法律的制定是为了保障市民的幸福、国家的繁荣和人们的安宁而良善的生活;那些首先制订这类法规的人也曾经让人们相信,只要人们赞成和接受他们将要提议和制定这样的法规,他们将荣耀和良善地生活。"

部生活的法典,为各民族和每个人提供一个教导体系。"法律现在被当作生活法典(leges vivendi),一部有教养(disciplina)的生活法典,一个"教导体系"(或者"生活的戒律"——策泽尔[Zetzel])。西塞罗再次为这个新观点奠基:"毋庸置疑,正如法律应当纠正邪恶、倡导美德,一部行为法典也可以从中推导出来。"(或者,"因为法律应该纠正邪恶、促进美德,那么,就可从中得出如何生活的知识。"——策泽尔)

即使手头文本有缺失,我们也从中得出了结论。我认为,在讨论了美德之后,我们发现,法律不仅告诉我们该做什么不该做什么的正当理性,还促进美德抑制邪恶,还形塑生活方式、陶冶以那种生活方式生活的人的品格,这是很有意义的。正是在这点上,我们发现,法典提供生活实践和生活方式。通过鼓励一些品质、压制另一些品质,法典以所提供的生活方式形塑人们的品格。这就是说,我们认为,法典不仅是一个指导我们行为的规则体系,还建构生活方式并进一步形塑品格。通过揭露这种联系,现在西塞罗的结论是:此书也探索哲学的重要性——不仅是在宽泛的意义上"认识你自己",而且在严格意义上,从伦理学、物理学和逻辑学方面教导你自己,以获得真正的智慧。这就是它所要求的:成为好人,并由此成为幸福之人(第59节)。㉕

对自然法的第一部分讨论并没有仅仅止步于讨论什么行为该做、什么行为不该做,尽管这些讨论是重要的。第一部分止步于讨论德性和幸福,提升你的理解力以变成一个德性高尚并幸福的人是很重要的。

㉕　J. Annas, "Ethics in Stoic philosophy", 58–87.

对西塞罗而言，一方面是法律，另一方面是美德和由此而来的幸福，在这两方面建立联系也是相当重要的，在第一卷中，这耗费了他相当多的笔墨。我认为，西塞罗做出了与柏拉图在《法义》中所做出的类似论断，即，最好城邦的法律倡导美德、鼓励充满德性和幸福的生活。对于这两位哲人而言，这就是人们能受劝谕而守法的原因，而不是仅仅为了避免受罚而做法律所命令之事。最好城邦的法律不是要求人们如何行为的一堆规则和约束，而是构建一种生活方式，这种生活方式能倡导邦民德性并由此成就他们的幸福生活。

因为西塞罗借助了廊下派更成熟的自然法思想，所以，与柏拉图相比，西塞罗更能充实理性的人对宇宙和对法律的理解。这就是第一卷所讨论的实质内容。共同体中的理性存在者借自然正义而彼此联系，他们因自然法而聚在一起，所以，自然法能被看作所有美德的基础，与柏拉图相比，西塞罗的法律因此而在观念上与美德有更紧密的联系。

柏拉图的序曲为法律体系引入了劝谕以及强制力要素。西塞罗有类似研究吗？我们看到，在本章开篇，鉴于昆图斯尖锐反驳了这种思想，乍一看西塞罗似乎没有类似研究。但是，昆图斯错了。昆图斯所提及的谈话是西塞罗对几部法律的简短介绍的其中一个，在这个介绍中，西塞罗有个序言，他说，在叙述这些法律之前，他将赞美它们。㉖ 2.15 到 2.16 的对话教导邦民认识到神是全能和神圣的，并且关切我们做的所有事情。这是一个信念，它导向坚定和

㉖　在《论法律》2.14 中，西塞罗将柏拉图与 Zaleucus 和 Charondas 等实际的法律制定者相提并论（尽管他承认前者的存在是有争议的），并将自己与他们相提并论，认为自己是一位实际的立法者，而柏拉图只是一位理论家，柏拉图的法律体系只是为了"研究和娱乐"。在这里，西塞罗经常将自己视为哲学和

有用的信仰,主要是充分理解理性在宇宙中、在人身上如何有序运转。这让人暂时想起了理性这一主题,西塞罗确实与柏拉图共享了这一主题:运转于宇宙总体规律和管理人类行为的法律中的理性。

法律应当使用劝谕,以及以暴力和威胁为后盾的强制,西塞罗追随柏拉图,认为这是重要的。尽管西塞罗没有像柏拉图那样使用序曲。其实,对西塞罗而言,他的第一卷的主要论述就是充当一般序曲的功用,因为这个主要论述认为,自然法是美德的基础,并且,来自任何文化的任何人都能领会这个自然法。在第二卷的开篇,有一段关于法律的要点概括,导向了对宗教法的简短介绍,这就是西塞罗所谓的柏拉图式序曲,3.2-5对官职法的简短介绍也充当了相同的角色。在柏拉图《法义》第五卷中,雅典异乡人对马格尼西亚城邦的邦民传达了这个教诲,这就是柏拉图的伟大序曲,但是,这个序曲的功能被西塞罗的《论法律》第一卷中的自然法的讨论所取代。

就其在第二卷和第三卷中制定的法律,西塞罗与其对话者仔细检查和讨论了某些细节,为了在某些方面澄清这些细节,西塞罗进行了辩护。针对这些法律,对话者进行了投票表决,这有点戏剧虚构。在2.24对法律的第一轮表决之后,阿提库斯礼貌地恳请他人说服自己投票,我们甚至发现了选牌术语以及投"是"或"否"的正

政治能力的兼具者。对比《论演说家》1.224-225(论述了柏拉图思想的实践无用性——尽管他想到的是《理想国》)和3.56-81(论述了哲学与政治演说之间不幸的分野)。

式仪式。㉗ 但是,西塞罗没有赋予投票任何权威,当阿提库斯和昆图斯投票反对保民官和投票法时,西塞罗不予考虑(3.26, 3.38-39)。投票行为带有书呆子式的自负,引进投票不是赋予对话者任何高于法律的权威,而是像柏拉图以不同的方式所做的那样,强调邦民之所以应当服从法律,是因为法律有一个在原则上让人相信的合理基础,而不仅仅因为法律以强制力作为后盾。

窃以为,西塞罗的《论法律》以远超出文学情节的限度效仿了柏拉图的《法义》。西塞罗完全采纳柏拉图在《法义》中的观点,并以此模式提出了一套法律体系。柏拉图在《法义》中认为,法律应该被已受劝谕而守法的邦民遵守,而不是被那些为避免强制惩罚的人遵守。柏拉图使用了劝导性序曲,将法律所倡导的尚德而幸福的生活方式所构建的实践,引介给邦民。西塞罗借用了廊下派对自然法的解释,在下面二者之间建立了观念上的联系:一方面是基于自然而非习俗的客观的良法体系;另一方面是人们之间的客观的正义关系,进而是美德的基础。这就是西塞罗所宣称的,尽管只有明理之士才能完全理解和精确表达,但是,任何人都能看到它的雏型。因此,以劝谕性的模式发布法律的计划看起来是合情合理的,事实上,对于关切邦民的美德和幸福的治邦者而言,这应该很重要。

在西塞罗和柏拉图的结论之间,有两个主要分歧点,无论在

㉗ 阿提库斯提到的赞成仪式是"如同你提议"(Uti rogas),代表带有 VR 的牌(反对票是写有 A[等于 Antiquo(不通过)]的牌)。有关历史细节,请参见 Andrew R Dyck, *A commentary on Cicero, De legibus*。有趣的是,在《理想国》中,格劳孔曾表示自己对苏格拉底提出的一项法律进行了投票(380b3-c10)——尽管苏格拉底和他的对话者一般都是为理想中的德性城邦制定法律,只是对什么是"最好"展开哲学论证,而不是诉诸任何东西。在《法律篇》中,对话者对雅典人的提案进行了投票,对此不存在伪装。

哲学意义上,还是就罗马背景而言,对这两个分歧点的解释都是开放的。第一,柏拉图心中想的是为希腊的具体城邦(polis)立法,没有预设其他的城邦也以相同的方式管理;而西塞罗认为他的法律体系"不仅适用于罗马,而且适用于所有良善的和稳定的国家"(2.35)。很明显,这个认识是普遍化的。当然,这并不意味着西塞罗在思考联合国式的全球共同体,他思考的是普遍价值体系;对西塞罗而言,罗马代表了这个价值体系,并进而影响各式各样不同的社会。

第二,西塞罗认为,这个在伦理上普遍有效的法律体系,已经以相当完整的形式存在着,那就是罗马法,为体现自然法的要求,罗马法仅需微调。这个主张是很清楚的:阿提库斯很高兴这部关于宗教的最好的法律到头来与努马(Numa)的法律有些类似(2.62),并且,西塞罗认为,很少或者压根不需要修正罗马关于官职的法律,因为事实上,罗马帝国确实展现了最佳宪制。西塞罗所说的是延伸到罗马共和国早期阶段的《论共和国》中的宪制(3.12),而不是西塞罗所处时代的真实宪制与法律。

四 最好城邦的法律

一方面主张普遍立法,另一方面主张接受罗马法,融合二者是可行的。由于这个融合,有人坚持认为西塞罗混淆视听(也许是隐约意识到了这个混淆,西塞罗放弃了他的写作)。最近,在两派关于《论法律》的研究者中,能发现这类观点。《西塞罗〈论法律〉评注》的作者狄克(Andrew Dyck)反对这种观点:"针对具体城邦的法律如何能普遍有效?"㉘最近,编订了《牛津古典编校本》的鲍威尔(Jona-than Powell)发现西塞罗在两种观点之间摇摆:"从《论法律》中的一处到另一处,在普遍性(普遍法典,法典范本)和诸多法律中的具体罗马特色之间,很容易看到西塞罗的游移不定……能得到这样的印象:西塞罗一边写作一边思考,并且他没有全盘考虑清楚他希望他的法典如何普遍化。"㉙

但是,西塞罗没有注意到这个如此显著的问题吗?㉚ 西塞罗注意到,对夜间宗教集会的普遍禁令,假如用于依洛西斯神秘仪式(Eleusinian Mysteries)㉛时,㉜会遭到合理的反对。西塞罗也注意

㉘　Andrew R Dyck, *A commentary on Cicero*, *De legibus*, 410-411. 参见 114-115 页:"这也许是《论法律》最令人头疼的地方:在实践中,第二卷和第三卷的立法以罗马制度为导向,往往会使第一卷中作为理想而制定的整体法(universum ius)及其对现行法律进行彻底批判的潜力变得无用。"

㉙　J. G. F. Powell, "Were Cicero's Laws the laws of Cicero's Republic?", in *Cicero's Republic*, ed. J. G. F. Powell and J. North, *Bulletin of the Institute of Classical Studies*, Volume 45, Issue Supplement 76, January 2001, 34. 参见 35 页:"《论法律》中的法典部分适用于所有运行良好的符合混合宪制之类型的国家,部分是关于如何改进罗马的建议。西塞罗显然未能在这两个目的之间做出决断,这无疑令人困惑。"

㉚　Girardet 应已提醒学者们注意这一点,并注意自然法的"普遍标本法-法典"观点的解释性难题。感谢 Fritz-Heiner Mutschler 提供的参考文献(Girardet, K. M. *Die Ordnung der Welt*: *Ein Beitrag zur philosophischen und politischen Interpretation von Ciceros Schrift De legibus*, Wiesbaden, 1983)。

㉛　[译按]古希腊每年在依洛西斯城举行的祭祀谷神得墨忒耳(Demeter)和冥后珀耳塞福涅(Persephone)的秘密仪式。

㉜　2.35-2.36,情况并不完全清楚,但在罗马共和国,在法律约束力方面,雅典(可能还有其他地方)有例外。

到,为了达到政治妥协,罗马法典的某些条款甚至会让步。㉝ 因此,西塞罗远不会去主张有一部直接适用于任何地方的普遍法典。在考虑不同的环境时,需要进行适当的判断。

但是,这本身难道不是一个恰当的例子,例示了最好法律与现行法律之间的混淆? 在 1.17,西塞罗首先区分法的本质(nature of law)——一种统治城邦的应然法,和人们写下来的法律和命令——包括罗马市民法。许多人认为这是层级的不同,因此问题就是:我们有两类法典,普遍最好的或理想的法典和现行具体的罗马法。在理论上,西塞罗清晰区分了层级,但在实践上,他来回摇摆。

这里的假定就是,如果现行法典就是一系列特殊术语组成的规则,那么一部理想法典将是——或类似——一系列普遍术语组成的规则,问题就变成了:如何从普遍规则体系达到特殊规则体系? 但是,我们没有好的理由以此种方式思考自然法:把自然法看作与现行法类似的规则体系,仅仅在一般层级上有所不同。西塞罗非常清楚,法律是自然中的也是人类心智中的最高理性(summa ratio)(1.18)。它不是从理性(ratio)到正当理性(recta ratio)再到法律(lex)的运动。自然中的法律是明理之士心中的正当理性,并且,正如最近的争论所强调的,它并非显而易见地就应该采取普遍甚至一般的规则或法律形式。㉞ 因此,我们应该小心谨慎,并且,别从那些

㉝　3.26:蓬波尼乌斯在正当地恢复保民官制度时,不仅考虑到理想,也考虑了不可避免的必然(necessarium)。

㉞　See P. Mitsis, "Natural law and natural rights in post-Aristotelian philosophy", *ANRW* II 36.76(1992): 4812-4850;P. Mitsis, "The Stoics and Aquinas on virtue and natural law", *Studia Philonica Annual*, 2003: 35-53; B. Inwood, "Natural law in Seneca", *Studia Philonica Annual*, 2003: 81-99; K. M. Vogt, *Law, Reason, and the Cosmic City: Political Philosophy in the Early Stoa*, Oxford,

现行法律中引进普遍规则和法律模型,那些现行法被认为是神秘地
推导出来的。㉟

　　西塞罗所讨论的并非两套法律体系,而是一套,即罗马法。他
认为这套法律体系具有其他法律体系所缺乏的伦理权威。但是,这
并不是因为西塞罗将罗马法与某些其他普遍的体系混淆了,也不是
因为西塞罗相信罗马法能以某种方法从某些其他的普遍体系中推
导出来,而是因为,西塞罗认为,与其他的法律体系不同,罗马法(主
要)传达了明理之士的正当理性(recta ratio)。当反驳明理之士不
赞同的其他法律体系时,正当理性显示了罗马法是正确的。在第一
卷中,西塞罗曾强调过,㊱到目前为止,人类分有了正当理性,并因
此分有了法律,人类彼此之间组成了一个共同体,也与诸神组成了
共同体——也就是说,人类能正确地理解自然,也能理解宇宙中的
和人自身的理性的角色。(大体而言)罗马法的卓越之处在于,全
体智慧之人的理性为其背书,到目前为止,这些人是智慧的,以超越
现行共同体的方式,这些人彼此形成了一个智慧共同体(the com-
munity of the wise)。在这个意义上,罗马法(大体上)被认为可以普
遍适用,即使在罗马法缺乏事实权威的地方,它也有伦理权威,因
此,无论那些智慧之人是不是罗马人,都能识别并赞同罗马法。当
然,这不意味着罗马法的表现形式完全像它们应当所是的那样,也

2008. Vogt 认为,自然法应从明理之士的理性角度来理解,而非从规则角度来
理解。一些批评参见 J. Annas,"Law and value in the Stoics: a discussion review
of K. Vogt, *Law, Reason, and the Cosmic City*", *Oxford Studies in Ancient Philoso-
phy* 37(2009):275–286。

㉟　西塞罗正在寻找法律的"头"(caput;1.18)、"源"(fons)和"根"
(stirps;1.20)。我们为什么要期待它们自身有法律那样的结构?

㊱　尤见 1.23–24。

不意味着它的修正案应该施加于每个人身上。西塞罗也许在他的其中一个法律中为依洛西斯神秘仪式备有一个例外,这是某类地方性调整,这个调整与他关于罗马法的普遍伦理权威的一般主张是一致的。

那么,认为西塞罗在最好法与现行法这两类法律体系之间来回摇摆的观点就是错的。相反,西塞罗推举了一部现行法典,它传达了智慧共同体的正当理性。当智慧之人的正当理性也要为这部法典背书时,西塞罗对它做了微调。结果就是,几乎任何人都能获得最好法典,正如它不仅在罗马而且在任何地方都拥有伦理权威一样,尽管这不排除针对地方性情形的调整。智慧共同体为罗马法的背书,得考虑平庸之人也能理解的事情:正当理性支持的法律助长美德、打压邪恶,并由此有助于产生这样一个城邦:人人尚德,幸福生活。

这种对《论法律》的疏解的做法,很对《论共和国》的胃口。《论法律》中的法律就是最好城邦的法律,这个最好城邦就是《论共和国》中的城邦。符合自然法,倡导城邦中的美德和幸福,并传达了明理之士的正当理性,这符合《论共和国》的主题:城邦需要的是一位充满智慧的治邦者(rector rei publicae)。我赞同费拉里(Ferrary)㊲,并认为,西塞罗的术语范围包括最好公民(optimus civis)和治邦者(rector),这意味着西塞罗关切的是政治家(πολιτικός)。政治家的职责不是制定新的法律体系,而是拥护并敦促邦民们拥护最好宪制的法律。他们已经拥有这样的法律,但因为品性的堕落,他们不再满

㊲ J.‐L. Ferrary, "The statesman and the law in the political philosophy of Cicero", 51-53.

意这些法律。㊳《论法律》中的法律的确能做到这些。

这引发了一些争议，在《论法律》中，西塞罗代入了他自己的身份，在制定法律时，他担任领导角色，另两位对话者仅仅参与讨论他所提出的法律。鉴于西塞罗的廊下派知识，尽管西塞罗可能让自己扮演了一位融合了哲学和政治天分的人——这项立法计划要求这样的天分（并且这项计划注定会使他与希腊文化中的理论家们分道扬镳），但他几乎不把自己看作一位智者（sapiens）。他呼吁最博学之人（doctissimi），但是他也举出了大量的罗马祖传习俗（mos maiorum），却没有任何论证。在这里，柏拉图给出了一个典范——不是《理想国》，在《理想国》中苏格拉底告诉我们理想社会的知识可能像什么，但很清楚，《理想国》的风格和形式并没有传达这样的知识。相反，《论法律》更像《法义》。在《法义》中，雅典异乡人在与两人的谈话中提出法律，这两位谈话者很明显不是哲人，他们的很多讨论是非理论化的。在两种情况中，谈话者都接受，所讨论的法律的确显示了诸神和人类共享的神圣理性所具有的智慧。他们自己并非哲人，所预期的听众也被认为是讲究实效的人，因此，对明理之士所具有的理性的完整解释，只能暗暗留给一个更严谨的哲学场合。

结　论

正如我们所观察到的，西塞罗的廊下派自然法思想既支持他与柏拉图分道扬镳——西塞罗的主张具有普遍性，也支持他讨论具体

㊳　See J. G. F. Powell, "Were Cicero's Laws the laws of Cicero's Republic?", 17–39.

的既存法律体系,即罗马法。我们还看到,这两个主张并不冲突,鉴于廊下派能理解自然法所具有的普遍接受的主张,这两个主张能完美兼容。尽管西塞罗效仿柏拉图,认为法律需要劝谕,而不仅仅是强制,但是,西塞罗对罗马法的强调可能解释了为什么他不完全效仿柏拉图的序曲。西塞罗为我们所立的法律是业已存在的法律,这些法律立基于我们所熟悉的传统。相反,柏拉图所提出的方案,尽管通常基于雅典法,但它是作为升级版面向未来、面向一个想象共同体而不是一个既存共同体。邦民们可能需要一个一般训诫,遵守一个新法典,而不是他们熟悉的法典。

无论如何,我们不需要为了揭示西塞罗最后意识到了他的方案是令人混淆的而抛弃《论法律》,因为他的方案丝毫不令人混淆。此方案是否成功是另一回事,并且,在许多观点中,西塞罗有点幼稚,但我现在不会考究这点。㊴ 对西塞罗而言,罗马共和国的法律是自然法的具体化,因为它是一个法律体系,这个法律体系(有一些修订)助长美德、劝诫邪恶,因此能给邦民带来幸福生活。罗马法是现存比较好的,罗马人需要去做的就是循罗马法而生活。㊵ 其他人也是,假如他们希望高尚而又幸福地生活的话。

此外,西塞罗和亚历山大的斐洛(Philo of Alexandria)也有一些类似之处,斐洛也以廊下派的术语理解自然法。斐洛认为摩西律法

㊴ 在《论法律》3.39 中,他举例说明了他的折衷方案,即让人民秘密投票,但选票只开放给贵族,"人民被允许"和"我们的法律提供了关于自由的概念,维护了高尚者的威望,消除了争执的口实"。这些说法,尤其是最后一种说法,可以说是极具争议。

㊵ 这就需要他们恢复传统罗马美德,而西塞罗显然认为这些美德在他的时代已经丧失殆尽或面目全非。

(Mosaic law)是自然法的成文复制品,因此,摩西律法有对抗异教徒的法律的伦理权威。斐洛主张,遵循摩西律法的生活能助长高于异教徒的美德。[41] 斐洛不是从应用到特殊情形的普遍规则的角度,而是从摩西律法所鼓励和建构的生活方式的优越性的角度注意到了这个争议。我认为,深入的研究将支持斐洛与西塞罗的对比,西塞罗认为罗马共和国的法律所建构的生活方式,在伦理上优越于其他人。(他与斐洛一样,都认为自己的法律优越于希腊人的法律!)当然,斐洛的法律不是人制定的,甚至德性上完美无缺之人(正如西塞罗认定的罗马曾有过的)也无法制定。对斐洛而言,法律有神圣的起源,因此无需任何修订。西塞罗不可能对斐洛有任何影响,但这很值得玩味,他们都把具体既存的法律体系看作是一套廊下派话语能辩护的法律体系、一套有着(其他法律体系所没有的)伦理权威的法律体系,并由此看作是自然法的实际表达。

柏拉图关于自然中的法律的思想不太成熟,但他能被合理地看作西塞罗思想的哲学和文本典范。通过从不同的背景反思柏拉图在法律和美德之间建立的联系,西塞罗成功地"成为他自己"。西塞罗吸纳了廊下派成熟的自然和法律思想,作为一位罗马人,西塞罗求助于更好的过去,而非像柏拉图所做的那样,求助于更好的将来。

㊶　参见《摩西生平》2.14:"只有摩西律法是坚定的、不可撼动的、不能变迁的、盖有印章的,正如它曾盖上大自然的印章那样。"See H. Najman, "A written copy of the law of nature: an unthinkable paradox?", *Studia Philonica Annual* 15(2003): 51-56.

西塞罗论自然法和制定法

阿斯密斯(Elizabeth Asmis)

一直以来,摆在自然法面前的一个问题是,自然法与人为法有何关系? 西塞罗的《论法律》或许被看作欧洲自然法理论的基础,这本书也使上述问题更加尖锐。通过使用一种自然法观念,西塞罗试图设计最好的法典。这部法典与罗马帝国传下来的法律极为类似,无论是西塞罗著作中的谈话者还是当代读者,对此都感到惊讶。然而,西塞罗的法典与自然法的联系是什么? 西塞罗在设计城邦的法律时抛弃了自然法吗?

前辈学者提供了大量的解答,这些解答被分为三类:第一类,西塞罗采取了柏拉图的观点,把法典看作对自然法的复制和模仿,这是传统的看法;①第二类,西塞罗把他的法典当作自然法的具体化

---

① 感谢 Classical Antiquity 的匿名审稿人,他的建议和批评使我明晰了自己的想法。也感谢 Julia Annas, Brad Inwood 和 Phillip Mitsis 对本文早期版本的评论。所有的翻译都是我自己的。Turnebus 在《西塞罗〈法律篇〉注疏》中,认为人为法是自然法的映射(simulacrum)(第 2 版,1557 年版,1824 年在 Creuzer and Moser 再版,第 613 页)。Büchner 认为西塞罗采取了柏拉图的观点,把人为法奠基在高级实在的基础上(K. Büchner, "Sinn und Entstehung von 'De legibus'." *Atti del I congresso inter - nazionale di studi ciceroniani*. Vol. 2, 88. Rome, 1961);可进一步参考 Girardet 对先前观点的细致分析(K. M. Girardet, *Die Ordnung der Welt: Ein Beitrag zur philosophischen und politischen Interpretation von Ciceros Schrift De legibus*, Wiesbaden, 1983, 23−40)。

和现实化。② 最近几十年,第三类解答兴起,这类观点最先由吉拉德特(Klaus Girardet)提出,他认为西塞罗将其法典与自然法等同。③ 根据吉拉德特,西塞罗的法典源于明理之士(wise individuals)(特别是西塞罗和其他罗马先哲)的本性,这使得法典具有了自然性。维尔德特(Paul Vander Waerdt)认为西塞罗在描述其法典所

---

② Schmidt 简要地认为,在西塞罗的法典中,自然法得以实现(P. L. Schmidt, *Die Abfassungszeit von Ciceros Schrift über die Gesetze*. Rome, 1969,205)。Bader 和 Wittmann 把西塞罗的法典看作自然规范的"具体化"(E. Bader and L. Wittmann, eds. *Cicero. Über die Gesetze*. Munich, 1969,125)。

③ Girardet, *Die Ordnung der Welt*: *Ein Beitrag zur philosophischen und politischen Interpretation von Ciceros Schrift De legibus*, 49-75,99-101 和 107-110。在另一本书中,Girardet 总结了他的立场(K. M. Girardet, 1989. "Naturrecht' bei Aristoteles und bei Cicero[De legibus]: Ein Vergleich", In W. Fortenbaugh and P. Steinmetz, eds., *Cicero's Knowledge of the Peripatos*, 114-132. New Brunswick, N. J.),Girardet 认为,西塞罗的法律来源于自然而非自然法,这是西塞罗等明理之士以及创立罗马生活方式的先辈们的自然,从这些明理之士的自然出发,西塞罗的法典就是自然法。J. -L. Ferrary, "The Statesman and the Law in the Political Philosophy of Cicero" in A. Laks and M. Schofield, eds., *Justice and Generosity*, Cambridge, 1995, 68-70;D. D. Mehl, "Comprehending Cicero's *De Legibus*" Ph. D. diss., University of Virginia, 1999, 143-152;以及 A. R. Dyck, *A Commentary on Cicero, De legibus*. Ann Arbor, 2004,103, 279-280, 432. 这三本书均沿用了 Girardet 的观点。同样,Atkins 也认为,《论法律》第二卷和第三卷中的法典"与自然法中的我们的箴言相同"(E. M. Atkins, "Cicero" in C. Rowe and M. Schofield, eds., *The Cambridge History of Greek and Roman Political Thought*, Cambridge, 2000,500)。Perelli 则反对 Girardet 的观点,Perelli 认为,西塞罗保留了自然法与实在法之间的对立,尽管形式有所减弱(L. Perelli, *Il Pensiero politico di Cicerone*. Florence, 1990,121)。Fontanella 持传统观点,认为西塞罗的法律以自然法为模本(Fontanella, F., "Introduzione al de legibus di Cicerone, I. ",*Athenaeum* 85[1997]: 494-495)。

蕴含的不完美义务(imperfect duties)时重新定义了自然法。④ 鲜有
支持前两类观点的解释出现,相反,吉拉德特及其追随者为其立场
进行了细致的辩护。

　　为回应近来的论辩,本文主张两个基本论点:第一,西塞罗严格
区分了自然法和他设计的法典;第二,西塞罗吸取了廊下派的自然
法观点,因此,他借用廊下派的理论,在自然法和他的法典之间建立
了联系。所以,本文赞同传统的自然法与西塞罗法典之间的二分
法。同时,本文认为,西塞罗通过借用廊下派对完美义务与不完美
义务(perfect and imperfect duties)之间的区分,将其法典与自然法联
结起来。自然法颁布完美义务,不完美义务是人类朝向完美义务进
程中的手段而已。在我看来,西塞罗特别热衷于清晰地比对自然法
与人为法典(包括他自己的法典)。此比对既明确又重要。另一方
面,廊下派对完美义务与不完美义务的区分如水中月、镜里花。尽
管文本并没有清晰呈现完美义务与不完美义务的区分,但是这个区
分足以委婉地证明西塞罗的观点,西塞罗反复强调自然法必须是人
为法的范本和渊源。

　　与西塞罗自己的论证相对应,本文也包含两部分。在《论法
律》第一卷中,西塞罗提出了一个人类的道德发展和自然法的哲学
分析,紧接着在第二卷开篇,西塞罗转到了他的法典,随后,在传世
的第二、三卷中(传世的文本结束于第三卷),他细致地讨论他的法

---

④　P. A. Vander Waerdt, "The Stoic Theory of Natural Law", Ph. D. diss.,
Princeton University, 1989,231-269。以及 P. A. Vander Waerdt, "Philosophical
Influence on Roman Jurisprudence? The Case of Stoicism and Natural Law", In
W. Haase and H. Temporini, eds., *Aufstieg und Niedergang der römischen Welt*,
II. 36. 7, Berlin, 1994,4872。

典。在本文的第一部分,我将阐释哲学教义是如何为西塞罗构建他的法典奠定基础的。正如我试图揭示的,在第一卷中西塞罗不仅把自然法奉为人为法的范本,而且把自然法看作一种力量,这种力量植根在所有人之中,并引导人们朝向完美理性或完美德性。为了揭示自然法如何作为一种引导,我将补充西塞罗对廊下派的人类道德进化理论的简短说明。在我看来,通过把命令约等为不完美义务的要求,廊下派认为自然法可以引导人类。

本文第二部分试图揭示西塞罗如何建立自然法与其法典之间的联系,在第二卷承上启下的开篇中含有理论上的联系,在他的法典设计中也有实践上的联系。我的结论是,廊下派在阐释不完美义务时使用了一些箴言(precepts),西塞罗立基于这些箴言塑造了他的法典。西塞罗把罗马法填充到了这些不完美义务中。正如初级指令或不完整指令是为了变得有德性一样,西塞罗的法典与自然法吻合,但是法典本身不是自然法。以这种方式,西塞罗成为一位试图把成文宪法奠基于道德原则之上的现代先驱。

在进入西塞罗的论证之前,简短的术语梳理是必要的。在廊下派的严格用法中,我所谓的"自然法"仅仅是"法律"。廊下派把"法律"(希腊文νόμος,拉丁文 lex)定义为一个自然条件,这个自然条件不仅存在于作为整体的自然界中(或"普遍"自然["common"nature]中),而且存在于人类智慧中。其他哲学家使用 law of nature(希腊文νόμους τῆς φύσεως,拉丁文 lex naturae)指称自然法。在《论法律》的传世文本中,西塞罗并没有使用 lex naturae 这样的泛称用语,尽管西塞罗把廊下派的生活目标概括为"顺其自然,循法(lex)而活"。⑤ 除此之外,西塞罗使用"法律"仅仅意指"自然法"。在其他论著中,特别是在《论义务》中,为了显明这特指廊下派的概念,⑥西塞罗使用了泛称术语自然法(lex naturae)。西塞罗在他的《论法律》中仅仅使用简单单词"法律",是因为廊下派对"法律"的定义支配着整场讨论。西塞罗在其论证一开始就指明了这一点,在文中好几处都重申了这一点。

在《论法律》中,西塞罗也使用了相关术语自然法(ius naturae)。因为在《论法律》中法(ius)有两种不同意思:"法律"(law)和"何谓正义"(what is just)。ius naturae 要么被译为"自然法"(law of nature、natural law),要被译为"自然正义"(justice of nature、natural justice)。无论何种译法,译文指称相同的事态(state of affairs);自然法是自然正义的条件。《论法律》的传世文本出现或几乎出现了三次表述。⑦

尽管西塞罗在《论法律》中十分吝啬地使用了术语"自然法",

---

⑤　《论法律》1.21.56,西塞罗说:"依循自然并且就像按自然律法来生活(naturam sequi et eius quasi lege uiuere)。"进一步参见下述脚注35。

⑥　参见西塞罗《论义务》1.102,3.27,3.30–31和3.69。在《论共和国》1.27,西塞罗在廊下派意义上使用自然法(lex naturae)(在那儿他增加了术语"共同"[communi]),并且这个意思与《论善恶之极》5.47廊下派的观点(自然法及自然方式[naturae legem et modum])相吻合。在《图斯库路姆论辩集》1.30,西塞罗把自然法(lex naturae)等同于"所有民族的合意"(consensio omnium gentium)。在《图斯库路姆论辩集》5.38,西塞罗把"自然法"(law of nature)扩展到了所有的生灵(animals)。这两种用法都与罗马法有关:前一种与万民法(ius gentium)相关,后一种与自然法(ius naturale)有关(《优士丁尼学说汇纂》1.1)。

⑦　三处使用分别在《论法律》1.40(其他自然法[naturae iure aliquo]),3.3(这里西塞罗把"法律"定义为"自然的正当条件"[ius condicionemque naturae]),3.49(参见下述脚注74)。

但是他的整个论证是基于自然法这一观念。许多关于自然的明确指称都在强调这一观念。

一　自然法和人性

第一个议题就是,西塞罗是否认为"法律"或自然法(natural law)是为了人为法而独立存在的规范,或者更具体地说,是否是为了他的法典而独立存在。正如我之所见,在《论法律》第一卷的哲学讨论中,西塞罗由始至终都认为自然法是为了人为法而被设定为规范的,进而在第二卷构建他的法典前,他重申了这个立场。他以一个对"法律"的双重定义(a bipartite definition)开启了他的论述,即把"法律"定义为一个既运行于整个自然界,又存在于明理之士(a wise person)中的完满理性的力量(a perfectly rational force)。《论法律》的传世文本紧随这个定义,揭示了自然界如何引领人类达到完满理性的状态。

在论证的开始部分,尽管西塞罗没有鉴别自然法是否存在,但却灵巧地指出了自然法存在。西塞罗以一场谈话作为对话录的引子,在这场谈话中,他的弟弟昆图斯和他的好友阿提库斯为了西塞罗而渐渐地聚焦到一个新话题上。西塞罗轻蔑地打发了关于罗马市民法(Roman civil law)的琐细话题,这时,阿提库斯建议西塞罗模仿柏拉图,追随他的《理想国》讨论法律。西塞罗热切地采纳了阿提库斯的建议,并进一步扩大了话题。西塞罗提议,为了探究最好的法律,应该审视一下整个伦理学领域(1.16):

> 任何其他的讨论都不可能(比这更)清楚地揭示(美德):

自然赋予人什么恩惠？人的心智蕴含怎样巨大的创造完美事物的能力？我们出生到世上是为了履行、尽到怎样的责任？人们之间存在怎样的联系？人们之间存在怎样的自然联合？要知道，把所有这些问题解释清楚了，便可以找到法律和法的根源(fons legum et iuris)。⑧

阿提库斯恰当地评述说，这会把西塞罗带入哲学的幽暗深渊。在这儿，西塞罗把伦理学领域（以术语美德[honesta]为标志，这个术语对应希腊文道德善[καλά]）粗略分为五大主题：自然给人类的礼物；人类心智的力量；人类的责任；人们相互之间的联系；人的自然联合。对这些主题的研究能展现法律和法的根源(fons legum et iuris)。西塞罗之前仅仅使用术语法(ius)指称罗马市民法(ius civile)和作为整体的法(universum ius)。西塞罗也使用术语法律(leges[对应希腊文νομοί])指称制定法(the laws of a state)。结合这两种用法，西塞罗把法(ius)和法律(leges)综合为一个术语，这个术语可

---

⑧ 《论法律》1.16。抄件中是 honesta patefieri(揭示美德)，H 版在页边增加了 magis(非常)。大多数编者改变了 honesta(美德)一词。例如 Vahlen, J., ed. 1883. *M. Tulli Ciceronis de legibus libri*(Berlin)建议用 posse ita(以此方式，能)。我遵循 L. P. Kenter, ed. *M. Tullius Cicero De legibus. A commentary on book I*(Amsterdam. 1972：75)的解读，读作 honesta magis patefieri(更清楚地揭示美德)。Büchner, ed. *M. Tulli Ciceronis De legibus libri tres*(Rome, 1973：30)则保留了 honesta(美德)，没有 magis(更)，但校订为 nullo⟨alio⟩(任何其他……都不……)。J. G. F. Powell, ed. *M. Tulli Ciceronis De re publica, De legibus, Cato Maior de senectute, Laelius de amicitia*(Oxford, 2006,165)则遵循了 A. R. Dyck, (*A Commentary on Cicero, De legibus.* Ann Arbor, 2004, 100-101)，认为是 honest⟨ior⟩a patefieri(被清楚地揭示更加具有美德)。其实无须改变 honesta，这个词概括了整个伦理学，能把它分为所提及的五个主题。

以涵盖整个"法律"领域。⑨

随着书的内容展开的 1.18,西塞罗将这部分议题概括为"必须揭示法(ius)的本质,且应该在人类的本性中寻找"。鉴于西塞罗先前的用法,法(ius)依然有"法律"(law)的意思。现在,通过反省人类的自然禀赋和自然功能,西塞罗开始探究法的本质特征(法的"本性")。这是个哲学工程,除此之外,西塞罗还增加了两项内容:谨慎考虑了统治城邦的法律;处理了事实上已经制定的法律,包括罗马市民法。哲学工程占据了《论法律》第一卷的剩下部分;第二卷和第三卷分别处理了那两项增加的议题。

陈述了这两项议题之后,西塞罗立即展开了他的论证。第一卷的论证由两部分构成:简言之,在预备部分中,西塞罗引用了廊下派对法律的定义,然后由此推导出探究"自然"的目的就是正义(ius)的渊源(1.18-20),并且,对人类道德发展的详细解释涵盖了先前所说的五个议题,在描述人之智慧时达到高潮(1.21-63)。尽管西塞罗拓展了他的讨论,使之包含柏拉图和亚里士多德的人性的概念,但是其整场讨论以廊下派的法的定义为中心。

---

⑨ 正如 Broggini 所揭示的,ius 和 lex 的关联是罗马法律语言中一个被充分证实过的特征,此特征在文学文本中也留下了痕迹。Broggini 认为,在综合性的法律惯常用语中,ius 意指由 lex 所产生的东西,但证据似乎不足以支持这种区分(G. Broggini, "Ius lex que esto." in *Ius et Lex*, Festgabe zum 70. Geburtstag von Max Gutzwiller, Basel, 1959, 23-44)。Broggini 还指出,有时直接把这个惯常用语简化为 ius(G. Broggini, "Ius lex que esto.", 29)。西塞罗在《论法律》1.16 和 1.17 使用的组合表达反映了正式的法律用法,他将组合表达直接简化为 ius(《论法律》1.17)。随后(《论法律》1.19),西塞罗效仿廊下派,明确区分了 lex 和 ius。西塞罗还在《论法律》1.35(leges et iura)、1.56(civilis iuris et legum)和 3.42(iuri ac legibus)中使用了组合表达,在每一处,他似乎都是在惯常法律意义上使用组合表达。

我们希望,这个研究将揭示法的"渊源",或者以另一种方式揭示"法(ius)的本质"。另一方面,我可能试图推断,一旦西塞罗引用了廊下派的法律的概念,他就揭示了法的渊源。这是因为,存在于自然中的法律就是"何谓正义"(ius,1.19)的渊源和标准(regula),西塞罗刚刚指出了这点。该定义似乎将法的"渊源"一览无余,西塞罗仅仅在弁言中暗示了这一"渊源"。这个定义不足以告诉我们,如何从法的渊源或与法的渊源相关的规则措施中推断出法典。我们要进一步了解法的渊源。具体而言,我们需要了解自然法如何引导人类道德发展。而我们仅仅停留在了解人法(human laws)如何引导人类的位置。因此,法律的定义就是探究的起点。通过展示法律的两个维度——自然的完美理性和明理之士的完美理性,我们踏上了探究之路,探究自然的完美理性如何引导不完美的人类达至完美理性。

西塞罗很快就完成了其论证的第一个部分。他指出廊下派对法律的定义如下(1.18-19):

> 然而,饱学之士们认为应该从法律(lex)这一概念谈起。他们也许是对的,如果能像他们界定的那样的话:法律(lex)乃植根于自然的最高理性(ratio summa insita in natura),法律命令人们做应该去做的事(recte facere),禁止相反的行为(delinquere)。当这种理性在人的灵魂中得到确立和实现时,便是法律。⑩

---

⑩　Igitur doctissimis uiris proficisci placuit a lege, haud scio an recte, si modo, ut idem definiunt, lex est ratio summa, insita in natura, quae iubet ea quae facienda sunt, prohibetque contraria. Eadem ratio, cum est in hominis mente confirmata et <per>fecta, lex est. Itaque arbitrantur prudentiam esse legem, cuius ea uis sit, ut recte facere iubeat, uetet delinquere.

　　尽管西塞罗没有提及廊下派,但很明显他紧贴廊下派的理论。⑪ 廊下派把法律定义为"正当理性,它命令(προστακτικός) 做应该去做的,禁止(ἀπαγορευτικός) 做不应该去做的"。⑫ 法律也被认为是"命令做必须之事和禁止不该之事的自然理性"。⑬ 或者仅仅被认为是"自然理性"(naturae ratio)(西塞罗《论义务》3. 23)。法律所要求的行为类型是"正确行为"(κατόρθωμα, 西塞罗翻译成 recte facere),所禁止的行为类型是"错误行为"(ἁμάρτημα, 西塞罗翻译成

---

　　⑪　他不认为这些"饱学之士"是廊下派,这表明这个概念(而非这个词语)属于更广泛的哲学家群体。随后(见脚注 49),他进一步将廊下派伦理学纳入柏拉图-亚里士多德传统之中。正如西塞罗把廊下派的生活目标看作是柏拉图-亚里士多德观点的文辞变体,他似乎也将廊下派对"法"之术语的使用视为涵盖了共通教义的文辞风格。在《论善恶之极》一书中(4. 11-12),西塞罗不仅指出,芝诺同意这些前辈的观点,即世界是"由神的心智和自然主宰的",而且将与神的理性相同的"真正的、最高的法"归于整个柏拉图-亚里士多德传统。在现代学者中,Morrow 认为柏拉图奠定了廊下派法理论的基础,但没有使用此术语。(G. R. Morrow, "Plato and the Law of Nature" in M. Konvitz and A. Murphy, eds. , *Essays in Political Theory presented to George H. Sabine*, Ithaca, NY, 1948, 29; G. R. Morrow, *Plato's Cretan City*, Princeton, 1960, 565.)尽管柏拉图没明确用"法律"一词来指代自然秩序,但他将法律定义为"对理智的分配"(τοῦ νοῦ διανομήν,《法义》714a),这自然将其自身带到了这种解释:他预见到了廊下派的法学观。我同意 Striker 的观点,即廊下派的法概念是一种创新,与柏拉图和亚里士多德将正义建立在自然基础上的努力有着根本区别(G. Striker, "The Concept of Natural Law" in J. Cleary, ed. , *Proceedings of the Boston Area Colloquium in Ancient Philosophy*, 1987, vol. 2, 79-94. Reprinted, with revisions, as "Origins of the Concept of Natural Law" in G. Striker, *Essays on Hellenistic Epistemology and Ethics*, Cambridge, 1996, 209-220)。

　　⑫　《廊下派辑语》2. 1003(亚历山大《论命运》35):命令做必须之事,禁止不该之事(λόγος ὀρθός προστακτικός μέν ὧν ποιητέον, ἀπαγορευτικός δὲ ὧν οὐ ποιητέον)。也参见《廊下派辑语》3. 4, 3. 314, 3. 332 和 3. 613-614。

　　⑬　《廊下派辑语》3. 323,同费洛《论约瑟》29。

delinquere)。⑭ 追随廊下派理论,西塞罗区分了两类领域:作为整体的自然或廊下派所谓的"普遍自然",和明理之士的智慧。正如理性充盈于整个广延之中,法律也同样作为整体在自然之中和在明理之士的智慧中。

语源学的解释之后,西塞罗得出一个结论(1.19):

> 如果这样说是正确的——实际上我个人一般也这么认为,那么法的始源(iuris exordium)应导源于法律(lex),因为法律乃是自然之力量(naturae vis),是明理之士(prudentis)的智慧和理性,是正义(ius)和非正义(iniuria)的标准。⑮

现在,通过称法律为"自然之力"和"明理之士的智慧和理性",西塞罗提炼出了他的这个双面定义。他还增加了第三个面向:法律是正义与非正义的标准(或"规范""刻尺",regula)。由此,法律是正义(ius)的始点。此时,西塞罗首次区分了法律(lex)与法(ius)。他把这个区分归因于廊下派的克利西波斯(Stoic Chrysippus),克利西波斯认为法律(νόμος)是"正义(δίκαια)与非正义(αδίκα)的标准(κανών)"⑯。正义(ius)是δίκαια的译文,非正义(iniuria)是αδίκα的译文。⑰

---

⑭　《廊下派辑语》2.1003 和 3.519-520。

⑮　Quod si ita recte dicitur, ut mihi quidem plerumque uideri solet, a lege ducendum est iuris exordium. Ea est enim naturae uis, ea mens ratioque prudentis, ea iuris atque iniuriae regula.

⑯　《廊下派辑语》3.314:正义与非正义的标准(κανόνα……δικαίων καί αδικων)。

⑰　在《论义务》3.42 中,西塞罗似乎用 ius(法)翻译了克利西波斯的术语δικαίων(正义),正义之美德又是另一个术语,由 iustitia(正义)表示,希腊语是δικαιοσύνη(正义)。参见西塞罗《论法律》1.48。

正如其所定义的,在比对了"法律"和作为成文法规的"法律"的始源意涵之后,西塞罗反复重申了他的结论(1.19):

> 从那种最高的法律(lex)入手,让我们彻底摸清楚法(ius)得以建基之始吧,最高的法律的诞生比任何法律的起草,甚或国家的建立都要早万万代(saeclis omnibus)。⑱

自相矛盾的用语"早万万代"是为了表达没有法律就没有时间。"最高的法律"是已经存在于自然中的法律。接下来,西塞罗得出了一个更进一步的结论。他问道(1.20):

> 你是不是希望我们从其根源(ortum)谈法(ius)的产生?当我们找到这个根源时,我们正在探讨的问题的归向便不会有什么疑问了。⑲

他们所寻找的是国家的最好法律。当文中的对话者说"是的"时,西塞罗重申了正义的标准和渊源:

> 我们将从自然中寻找法(ius)的根源(stirpem),在自然的引导下展开我们的整个讨论。⑳

---

⑱　1.19:Constituendi vero iuris ab illa summa lege capiamus exordium, quae, saeclis omnibus, ante nata est quam scripta lex ulla aut quam omnino ciuitas constituta. 这句话中对术语 lex(法)的第二次使用是一个对此术语的通常使用的例子,(正如西塞罗刚才所解释的)他常常用这个术语。

⑲　Visne ergo ipsius iuris ortum a fonte repetamus? Quo inuento non erit dubium, quo sint haec referenda quae quaerimus.

⑳　1.20:Repetam stirpem iuris a natura, qua duce nobis omnis <haec> est disputatio explicanda.

　　西塞罗之前的结论是,正义必须溯源到植根于自然的法律中去,现在,西塞罗通过说法律必须溯源到自然中,简化了他之前的结论。这个结论直接源自法律是"自然之力"的主张。在克利西波斯的著作中,我们发现了对自然的类似诉求:"除了宙斯和普遍自然,不可能发现正义(δικαιοσύνη)的另一个始点(ἀρχή)或创造者(γένεσις)。"㉑

　　和克利西波斯一样,西塞罗把世界的本质看作万物正义的源头。依据廊下派,世界的最高理性等同于法(也被称为"普遍法"),也等同于自然(也被称为"普遍自然")和神(宙斯)。它们在功能上的唯一不同是被当作不同力量的理性。法律被当作命令和禁止之力的理性,自然被当作创造之力的理性,神被当作世界主宰者的理性。㉒ 被当作"自然之力"就意味着法律是一种力,通过其命令力、禁止力,法律让自然的创造性程序变得有序。显然,西塞罗在其"法律"的最初定义中忽略了神。在《论法律》第二卷开篇,西塞罗重申

　　㉑　普鲁塔克《论廊下派的辩驳》1035c(《廊下派辑语》3.326)。在同一段落中(《廊下派辑语》3.68),普鲁塔克还引用了克利西波斯的如下一段话:"解释善恶、美德或幸福,没有什么方法比从普遍自然和世界之主宰开始更接近的了。"

　　㉒　关于自然是一种创造之力,见西塞罗《论诸神的本性》2.57-58、81-82、115。关于宙斯、法律和正当理性的同一性,见第欧根尼(Diogenes Laertius)7.88(《廊下派辑语》1.162);参见《廊下派辑语》2.1081。从广义上讲,自然与世界(世界是一个完全理性的存在,或者说是神)的所指同一;但自然也有狭义的含义,即只适用于生长在大地上的事物,也就是动植物,包括人类(《廊下派辑语》2.1132)。

了法律的廊下派定义，这个定义弥补了之前对神的疏忽。㉓ 在那儿，西塞罗把法律定义为"神的心智，凭借理性，命令万物或禁止万物"（《论法律》2.8），也定义为"至高的朱庇特的正确的理性，能实施命令和禁止"（《论法律》2.10）。西塞罗在最初定义中忽略神的原因在于，在《论法律》第一卷中他的首要关切是法律作为自然之力的功能。

然后，在其论证的第一部分，西塞罗把重点转到了自然。然而，这不是对自然法的抛弃，相反，西塞罗使用廊下派的法律定义直接探究作为自然之力的自然，这个自然之力引领人类达臻法律的完善。正如吉拉德特所言，自然不是先在于自然法的某类实体，而是与自然法相同的理性之力。㉔

为揭示植根于自然之中的正义的源泉，西塞罗使用多步骤论证方法开启了他对人性的探索。这种方法把人和神合为一体，法律统治世界城邦（cosmic state），前提是，"是不朽之神的力量、本性、理性、权能、心智和意志（numine）统治整个自然，还是其他某个词汇来统治整个自然？依凭该词汇我也许能更好地表达我所想要的［意思］"（《论法律》1.21）。接下来是一个更廊下派式的论证。简言

㉓ 西塞罗在《论共和国》（3.33，下述脚注40的引用）中对"真正的法律"所下的定义也显示了类似的概念轨迹，尽管其范围要小得多：首先强调的是自然，然后才是神。

㉔ K. M. Girardet（*Die Ordnung der Welt：Ein Beitrag zur philosophischen und politischen Interpretation von Ciceros Schrift De legibus*，34，n.52）简短地否定了这种可能性。在我看来，Girardet这篇文章第56页的观点是没有根据的，它把法律定义为自然之力，"指出……他超越自身，自然可能是法律的起源"（weist ... über sich selfbst hinaus auf die Natur als möglichen Ursprung des Rechtes hin）。

之,这个论证认为,人和神共享理性,因此,人和神都具有正当理性,由此人和神共同具有法律、共同具有正义(ius)。结论就是,在同一个世界城邦中,人和神是一体的。(《论法律》1.23)

随即,我们惊讶地发现,人和神共享的不仅是理性,而且是正当理性、法律和正义。应明确的是,不是所有的人都实践着正当理性、法律和正义,只有明理之士才实践它们。然而,西塞罗把正当理性、法律和正义扩展到了所有人身上,就像所有人和神共享的某些东西。在所讨论的情形中,我们对此有些疑虑:西塞罗提出了从理性到正当理性、法律和正义的相同逻辑进程,稍后,他明确宣称,"所有"人都被赋予了理性,因此,"所有"人都被赋予了法(ius)。(《论法律》1.33)这是为何?一些学者认为,廊下派对这个问题的看法有先后差异,早期的廊下派认为只有明理之士才和神共享某些东西。在维尔德特看来,西塞罗使用了一个修正过的法律概念,这个概念认为所有人都和神共享。㉕

可是,没有理由推测西塞罗在这儿偏离了早期廊下派。一个避免困难的偷懒方式是,假设所有人都将正当理性、法律和正义作为目标。但是,这个回答不是很完美。我们要弄清楚这个目标在每个人身上的实现情况。西塞罗提供了一个偏颇的答案。西塞罗告诉

㉕　Vander Waerdt, "Philosophical Influence on Roman Jurisprudence? The Case of Stoicism and Natural Law", 4873-4878。Schofield 认为,西塞罗在《论法律》1.23 中追随早期廊下派,只承认明理之士是人神共同体中的真正公民(M. Schofield, *The Stoic Idea of the City*, Cambridge, 1991, 67-70)。尽管西塞罗只承认明理之士是世界城邦的"真正公民"(见《论法律》1.61),但西塞罗在《论法律》1.23 和 1.33 中并不是这么说的。在这些段落中,他将所有人都置于主宰世界城邦的法律的统治之下。这显示出,所有人都是世界城邦的成员,即使不是"真正的公民"。

我们,起初,所有人都被自然平等地赋予了学习的能力,所有人都共享这个理性能力,"尽管在学识方面,人是千差万别的,但在学习能力方面,是相同的"㉖。然后,西塞罗设想了一个途径,通过这个途径,自然引领人类从出生到最终实现完美理性和完美德性。自然赋予我们感知能力,借此形成源初观念,对所有人而言,源初观念是相同的。这些源初观念是模糊而又朦胧的,是最后呈现的完整知识的基础。㉗ 自然引领我们从这些源初观念走向理性的巅峰:"没有任何教导,从初始的、雏形的概念入手,自然凭借自身巩固和完善理性。"(《论法律》1.27)即便在实现德性目标之前,所有人都会偏离德性目标的实现之路,但是,从出生开始,普遍自然就引领着所有人朝向德性目标。㉘

作为宇宙自然(universal nature)的一部分,人类行为的普遍自然(common nature)具有完满理性。这个普遍自然以完满理性之力的方式发挥作用,推动人类从德性的初始能力到德性能力的完全实现。即使个别人不能完全响应自然的引领,自然本身也可凭借完满理性而行动。得出的结论就是,人类也许离他们本应被引向的目标相距甚远,但是人类拥有作为引领之力的正当理性、法律和正义。

窃以为,这个解释在廊下派的前期和后期理论中一以贯之。克

㉖ 《论法律》1.30:ratio…certe est communis, doctrina differens, discendi quidem facultate par。

㉗ 《论法律》1.26-27,1.30,1.44 和 1.59。

㉘ 在《论法律》1.59,西塞罗把引领力等同于"智慧"。廊下派坚持认为,人类对美德的追求坚如磐石,任何堕落都来自外部(参见《廊下派辑语》1.179[芝诺]、1.566[克瑞安提斯]和 3.228)。很显然,西塞罗试图形成一种和柏拉图、廊下派共通的立场,通过吸纳一些享乐的诱惑,西塞罗修改了廊下派的立场。

利西波斯有两个证据支持这个观点。在前面的引用中,克利西波斯认为法律是正义与非正义的"标准"($\kappa\alpha\nu\acute{\omega}\nu$),同时,他把法律的引领扩展到所有人身上。在其著作《论法律》中,克利西波斯说道:

> 法律应该决定什么是道德上的善和恶,决定统治者和护卫者,在这方面,法律应该是正义和非正义的标准,并且,对所有的自然政治动物而言,法律应该命令该做之事和禁止不该做之事。[29]

克利西波斯突破并修正了亚里士多德的名言,他用"自然政治动物"这个群集合了所有人,自然法的命令和禁令统治这个群。[30]尽管克利西波斯说过什么"应该是",但他不仅把自然法当作最后要实现的目标,而且把自然法当作一种力,当不完满的人步履蹒跚地迈向德性时,这种力引导这些不完满的人。此外,克利西波斯对"动因"的定义暗示这种引导以心理之力的方式存在于每个人身上。在其著作《论法律》中他也写道:"人的冲动($\acute{o}\rho\mu\tilde{\eta}$)就是命令($\pi\rho\sigma\sigma\tau\alpha\kappa\tau\iota\kappa\acute{o}\varsigma$)其去行动的理由($\lambda\acute{o}\gamma\sigma\varsigma$)。"[31]作为一种"命令"之力,

---

[29] 《廊下派辑语》3.314,包括:$\tau\tilde{\omega}\nu\ \varphi\acute{u}\sigma\epsilon\iota\ \pi\sigma\lambda\iota\tau\iota\kappa\tilde{\omega}\nu\ \zeta\acute{\omega}\omega\nu\ \pi\rho\sigma\sigma\tau\alpha\kappa\tau\iota\kappa\acute{o}\nu\ \mu\acute{\epsilon}\nu\ \tilde{\omega}\nu\ \pi\sigma\iota\eta\tau\acute{\epsilon}\sigma\nu,\ \acute{\alpha}\pi\alpha\gamma\sigma\rho\epsilon\upsilon\tau\iota\kappa\acute{o}\varsigma\ \delta\grave{\epsilon}\ \tilde{\omega}\nu\ \sigma\acute{\upsilon}\ \pi\sigma\iota\eta\tau\acute{\epsilon}\sigma\nu$(对于政治动物而言,应该做他该做的事情,禁止做不该做的)。虽然这段摘录是直接引自克利西波斯的《论法律》一书的开头,但其松散的语法形式表明,它是从克利西波斯论述的关键语句中拼凑而成的摘要。

[30] 亚里士多德:《政治学》1.2,1253a2–3:$\acute{o}\ \acute{\alpha}\nu\vartheta\rho\omega\pi\sigma\varsigma\ \varphi\acute{u}\sigma\epsilon\iota\ \pi\sigma\lambda\iota\tau\iota\kappa\acute{o}\nu\ \zeta\tilde{\omega}\sigma\nu$(人在本性上是政治动物)。

[31] 普鲁塔克《论廊下派的辩驳》1037f(《廊下派辑语》3.175):$\kappa\alpha\grave{\iota}\ \mu\acute{\eta}\nu\ \acute{\eta}\ \acute{o}\rho\mu\acute{\eta}\ldots\ldots\tau\sigma\upsilon\ \acute{\alpha}\nu\vartheta\rho\acute{\omega}\pi\sigma\upsilon\ \lambda\acute{o}\gamma\sigma\varsigma\ \acute{\epsilon}\sigma\tau\acute{\iota}\ \pi\rho\sigma\sigma\tau\alpha\kappa\tau\iota\kappa\acute{o}\varsigma\ \alpha\grave{\upsilon}\tau\tilde{\omega}\ \tau\sigma\upsilon\ \pi\sigma\iota\epsilon\tilde{\iota}\nu$(人的冲动就是命令其去行动的理由)。普鲁塔克补充说,否定性冲动($\acute{\alpha}\varphi\sigma\rho\mu\acute{\eta}$)是"禁止的理由",但是,不清楚这是普鲁塔克自己的补充还是从克利西波斯那里的摘录。

理由(reason)就是"法则"(law)。克利西波斯对人之冲动的定义因此便是法律的简单定义。无论是"理由"还是"法律"都是完全理性的。在克利西波斯论及的人类的普遍自然的限度内,这是正确的,在人的冲动之中,理由以完全理性的方式发挥作用。由此,法律以自然冲动的方式存在于所有人身上,哪怕个别人可能会抵制此冲动。吊诡的是,普遍自然和个体自然彼此是冲突的。在完满理性的限度内,调和二者的冲突是我们的目标。

尽管西塞罗创设了一条通往美德的认知之路,但是他没告诉我们法律如何通过其命令和禁令引导人类的行为。西塞罗意图将廊下派归入一个单一哲学传统之中,并把这个传统追溯到柏拉图,但是他几乎没有触及廊下派独特而又精致的道德进化理论。廊下派做出的恰当区分涉及人为法与自然法的关系。因此,我将借助普鲁塔克的文本对这些观点做简短评述。

廊下派的道德行为理论的关键术语是"合理行为"($\varkappa\alpha\vartheta\tilde{\eta}\varkappa o\nu$),西塞罗将其翻译为"义务"(officium)。廊下派将合理行为或义务分为两类:完美的合理行为,又称"正确行为"($\varkappa\alpha\tau o\varrho\vartheta\dot{\omega}\mu\alpha\tau\alpha$);"合理行为",或精确一点叫"适度合理行为"($\mu\acute{\epsilon}\sigma\alpha\ \varkappa\alpha\vartheta\tilde{\eta}\varkappa o\nu\tau\alpha,$, media officia)(《廊下派辑语》3. 494、498、499)。一般来说,合理行为致力于获取一些所谓的"好处"(advantages),例如生命、强壮的四肢、健康、财富、荣誉。然而同时,它的坏处也是可理解的,例如,自残或散财也是合理的(《廊下派辑语》4. 496)。按廊下派的观点,这些好处都"符合自然"($\varkappa\alpha\tau\grave{\alpha}\ \varphi\acute{\upsilon}\sigma\iota\nu$),但不是真正的善。美德及源自美德的行为才是善,才完全符合自然。在德性的完美理性状态下实施行为时,德性的方式得以呈现,完美合理行为以德性的方式实现,由此区分适度合理行为和完美合理行为。

人类始终以选择性的方式学习实施适度合理行为,直到最后,他们的选择都是完全一致的,通过这个学习,人类接近德性目标。[32]在最后阶段,人类达到德性的状态,他们的行为就是完美合理行为。得出来的结论就是,明理之士和平庸之人实施相同类型的行为。明理之士也实施适度合理行为,因此,可以说,明理之士和平庸之人"共享"适度合理行为。[33] 不同之处在于,明理之士以严格合理的方式实施适度合理行为。鉴于适度合理行为是"理性的"($εὔλογον$, probabile),因此完美合理行为或者"正确行为"就是完满理性的。西塞罗解释了术语"理性的",意指"理性(ratio)要求"某人应当作某类适度合理行为"之事"。[34]

在《论法律》(1.55)中,西塞罗简单提及廊下派的好处理论(theory of advantages),与柏拉图式和亚里士多德式学说中的"善"相比,"好处"与其说具有实质差异不如说是术语的革新。通过援引安提帕特(Antipater)对人生目标的定义,西塞罗也触及了廊下派的道德进化的观点,安提帕特认为人生目标就是"不做无聊之事,凭靠自己,实现自然所要求之事",由此过上"凭靠美德正如凭靠法律"的生活。[35] 他说,这就是依自然正如依自然法的生活。在安提

---

[32]　西塞罗:《论善恶之极》3.20–22(同《廊下派辑语》3.188,3.497);参见《廊下派辑语》3.510。关于这个过程,参见 Inwood, B., *Ethics and Human Action in Early Stoicism*, Oxford, 1985, 201–215。

[33]　西塞罗:《论善恶之极》3.58–59(同《廊下派辑语》3.498)和《廊下派辑语》3.516。

[34]　西塞罗:《论善恶之极》3.58:ut ratio postulet agere aliquid et facere eo-rum(恰若理性要求去做某事或做一些适度行为)。

[35]　《论法律》1.56。参见《廊下派辑语》3.57 中的安提帕特(Antipater),又参见 G. Striker, "Antipater, or the Art of Living" in M. Schofield and G. Striker,

帕特的定义中,自然所要求之事就是所谓的好处。以美德的方式追求这些好处,人就践行了法律的要求。

正如我们所见,法律要求"正确行为"。㊱ 这是完美的合理行为,源自完满的理性状态。明理之士必定服从法律的命令,因为他(或她)情不自禁要做完满合理之事。但是,法律命令如何在不完满的人身上发挥作用? 因为,不完满的人没有美德,所以他们不能做出完美合理行为,因此他们也不能服从法律的命令,不能避免做法律所禁止之事。正如西塞罗在《论共和国》(3. 33)中阐释廊下派的法律时所指出的,法律"不会徒劳地对好人发布命令和禁令,也不会发布命令和禁令来感召坏人"。那么,法律如何引导不完满的人?

米特希斯(Phillip Mitsis)认为,廊下派的法律不仅规定正确行为,而且规定适度合理行为。㊲维尔德特的替代方案认为,西塞罗跟随其老师安提库斯(Antiochus)修正了廊下派的法律定义,以便于法律规定适度合理行为,而非正确行为。依据后一种观点,法律规定

---

eds., *The Norms of Nature*, Cambridge, 1986,187–194。(reprinted in G. Striker, *Essays on Hellenistic Epistemology and Ethics*, Cambridge, 1996,298–315.)西塞罗把柏拉图–亚里士多德式的版本表述为:ex natura viuere…id est vita modica et apta virtute perfrui(依据自然生活……这是过适度的、符合德性要求的生活)。我将其翻译为"to live in accordance with nature, that is, to enjoy a life of moderate means, based on virtue"(依自然而活,这就是基于德性,享受适度意义上的生活)。进一步参见 A. R. Dyck, *A Commentary on Cicero*, *De legibus*, 218–219。

㊱ 参见上述脚注14。

㊲ P. Mitsis, "Natural Law and Natural Right in Post–Aristotelian Philosophy. The Stoics and their Critics" in W. Haase and H. Temporini, eds., *Aufstieg und Niedergang der römischen Welt*, II. 36. 7, Berlin, 1994,4830–4834. 在这里,米特希斯认为这就是早期廊下派所设想的法理论。

不再被认为来自完美理性状态,而是被认为来自一般人类理性。㊳
两种观点的问题在于,西塞罗和其他许多廊下派主义者,都坚持把
法律定义为要求完美合理行为的完满理性之力。另一方面,这没那
么简单,大量论据显示法律要求适度义务(intermediate duties)。西
塞罗援引克利西波斯认为,法律是"一种生活的指南,也是合理行为
(officia)的教导者"㊴。这看起来像是对上述来自克利西波斯的《论
法律》的引用的扩展。那么,克利西波斯把法律当作适度义务的教
导者吗? 在《论共和国》(3.33)对廊下派法律的评述中,西塞罗把
真正的法律(true law)定义为"正当理性",这种正当理性"以命令要
求义务(officium),以禁令阻止不法"㊵。那么,这种正当理性要求
人履行适度义务吗?㊶

　　在一段相当棘手的文本中,普鲁塔克直面这个难题:廊下派法
律是否规定了适度义务? 普鲁塔克旨在证明廊下派成员彼此矛盾。
普鲁塔克写到,廊下派主张"正确行为(κατορθώμα)就是法律的命令
(προσταγμα),错误行为(άμάρτημα)就是法律的禁令(απαγορευμα),
那么,法律对坏人禁止许多事情,但是不命令任何事情,因为坏人不

　㊳　P. A. Vander Waerdt, "Philosophical Influence on Roman Jurisprudence? The Case of Stoicism and Natural Law", 4872.

　㊴　西塞罗:《论诸神的本性》1.40:quasi dux vitae et magistra officiorum(生活的指南和合理行为的教导者)。参见前述脚注29。

　㊵　整个定义是:Est quidem vera lex recta ratio naturae congruens, diffusa in omnes, constans, sempiterna, quae vocet ad officium iubendo, vetando a fraude deterreat.(真正的法律是与自然相符合的正确的理性,适用于所有的人,稳定,恒常,以命令的方式召唤履行义务,以禁止的方式阻止犯罪行为。)

　㊶　为了支持其观点,维尔德特批评了这个文本(P. A. Vander Waerdt, "The Stoic Theory of Natural Law", 33,253),他认为西塞罗把法律看作对适度义务的描述。

能正确行为"。据此,普鲁塔克给廊下派的不融贯性挑刺:(按廊下派的观点)就像法律不能对坏人发布任何命令一样,法律不能对坏人发布任何禁令,因为法律不能阻止坏人犯错。他补充到,廊下派"自己"说,"那些下达禁令的人们谈论($λέγειν$)一件事,却禁止其他的事,并命令其他的事"。比如,某人谈论"不盗窃"($μὴ κλέψῃς$),他谈论的是"不盗窃"这件事,却传达了"不要盗窃"($μὴ κλέπτειν$)这个禁令。[42] 普鲁塔克写道,这表明,法律"如果不下命令,就无法禁止坏人做任何事"。[43]

廊下派如何回应对其不融贯性的诘问?尽管普鲁塔克的解释很简短,但窥见了一二。廊下派持此立场,部分是因为区分了"说"($λέγειν$)和"命令"或"禁令"。普鲁塔克没有告诉我们这个区分如何发挥作用。然而,这似乎意味着,廊下派意图把法律的命令和禁令转变为命令和禁令所传达的意涵(meaning),或者转变为所谓的言说($λεκτά$)。[44] 根据廊下派的理论,言说(字面意思"所说的东西")是无形的实在(incorporeal entities),基于对这个实在的感知,理性存在者作出同意或拒绝的意思。在普鲁塔克的文本中,对应不得偷盗之禁令的意涵或言说($λεκτόν$)是"不偷盗"。我们也许可以假设,明理之士完全理解言说"不盗窃",但是平庸之辈就不能理解这个言说($λεκτόν$)。此间的区别在于:是否下达了一个禁令或命令。

㊷　[译按]前一个希腊文$κλέψῃς$(盗窃)是第二人称单数不定式过去时虚拟式主动态,后一个希腊文$κλέπτειν$(盗窃)是不定式。

㊸　普鲁塔克《论廊下派的辩驳》1037c-d(部分存在于《廊下派辑语》3.520-521)。在 $μὴ κλέπτειν$(不要盗窃)之前,无需补充。结论就是:$οὐδὲν οὖν ἀπαγορεύσει τοῖς φαύλοιςὁ νόμος, εἰ μηδὲ προστάξει$(如果不下命令,就无法禁止坏人做任何事)。

㊹　关于$λεκτά$(言说)的简要说明,参见《廊下派辑语》2.166。

对明理之士而言,法律成功表达了禁令或命令的内容;对平庸之辈而言,法律无法表达这点。换言之,法律传达了禁令和命令的意涵给明理之士,但是没能传达其意涵给平庸之辈。因此,法律既没对平庸之辈下达禁令,也没对其下达命令。

那么,所声称的矛盾是什么? 廊下派有主张"法律对坏人禁止许多事情"吗? 他们说的应该是避免不融贯性,指的是平庸之辈从事了许多法律禁止的行为。事实上,法律禁止平庸之辈做一切事。对我来说,似乎可能的是,普鲁塔克及其先驱曲解了廊下派的实际意思。很容易对这两种截然不同的主张产生混淆:第一种主张是法律没有对平庸之辈下达禁令,第二种主张是法律禁止他们做许多事情。

当法律下达命令或禁令时到底表达了什么? 普鲁塔克的下一个异议澄清了这点。普鲁塔克指责廊下派自相矛盾,廊下派主张法律仅仅就正确行为(correct actions)发布命令,但事实上又承认法律可以针对适度行为(intermediate actions)颁布命令。依据普鲁塔克,廊下派认为,博士们"命令($\pi\varrho o\sigma\tau\acute{\alpha}\tau\tau\epsilon\iota$)学生切割和焚烧,但是(其要求)忽略了($\varkappa\alpha\tau\grave{\alpha}$ $\pi\alpha\varrho\acute{\alpha}\lambda\epsilon\iota\psi\iota\nu$)在正确的时间以谨慎的方式去做"[45]。正如乐师颁布或奏或唱的命令时忽略了说应以悦耳的方式去做一样。根据廊下派的理论,这就是为什么当没有正确行为时,权威会施以惩罚。普鲁塔克继续道:"因此,明理之士给仆人施加一个或说或做某事的命令,假如仆人没有在恰当的时间以应当的方式做时,

───────────────

[45]　*$\Pi\alpha\varrho\acute{\alpha}\lambda\epsilon\iota\psi\iota\nu$*(假省笔法)的修辞手法是说一个人将省略某些事情;然而,通过说出省略的内容,说话者说出了他想说的一切,同时留给听众想象的空间比所说的更多(见德米特里《论文体》第263页)。廊下派的$\pi\alpha\varrho\acute{\alpha}\lambda\epsilon\iota\psi\iota\nu$(假省笔法)与此手法的共同之处在于,暗示的内容多于所说的内容。

就会遭到惩罚。很明显，明理之士命令了正确行为（$\kappa\alpha\tau o\varrho\vartheta\acute{\omega}\mu\alpha$）而非适度行为。"接着，普鲁塔克反驳道："但是，假如明理之士们向坏人发布了一个适度行为的命令，那么什么能防止法律命令变成这类命令？"

普鲁塔克的论证相当精练。许多学者阅读时颠倒了行文："很明显，明理之士命令了适度行为，而非正确行为。"[46]这个颠倒让接下来异议的转变更容易，但代价是让争论变得毫无意义。也就是说，即使一位经验丰富的匠人在发布命令时没有明确说，但他命令了正确行为，因此，即使明理之士没有明确说必须从事正确的行为，但他命令了正确行为。正如惩罚所表明的那样，纵使没有明确说，也暗示着正确行为的命令。假如我们不考虑暗示意思，仅仅关注所说的话，命令的内容就是适度行为。廊下派坚持暗示意思，据此，法律命令的并不是适度行为，廊下派维护了这种观点。正如明理之士仅仅命令正确行为一样。廊下派认为既存在明理之士，法律又命令了适度行为，这是不融贯的，为了指责廊下派的不融贯性，普鲁塔克忽视了暗示意思。这种转变有一些生硬，但尚可容忍。混淆观点的是，像明理之士一样，法律以暗示的方式对平庸之辈下达了命令。

那么，假如我们要考量明理之士到底"说"了什么，就需要在命令的完整意涵或完整言说（$\lambda\varepsilon\kappa\tau\acute{o}\nu$）与言辞中的不完全意涵或不完全言说（$\lambda\varepsilon\kappa\tau\acute{o}\nu$）之间做区分。就像明理之士对平庸之辈明确说

---

[46] 也参见 H. Cherniss, trans., *Plutarch*, *Moralia*. Vol. 13, part 2. Loeb Classical Library, London, 1976,450;P. Mitsis, "Natural Law and Natural Right in Post-Aristotelian Philosophy. The Stoics and their Critics", 4832-4834。

了一件事但暗示更多的事一样，法律对平庸之辈明确说一件事，但暗示更多。法律对平庸之辈明确说"做一个行为"（或者"不做一个行为"），所暗示的命令是正确去做（或禁止不正确行为）。⑪即便针对平庸之辈，法律也必然要求正确行为（和禁止错误行为），但那是以不完整的方式发布命令和禁令。

假如这是对的，那么法律所规定的适度义务只是要求从事德性行为之命令的部分内容。尽管不完满之人不能服从法律的全部命令，但是通过服从此命令的部分内容，或者说，通过服从对适度行为的要求的部分内容，他们也能受法律引导。对不完满之人而言，纵使法律存在隐藏含义，但这就是法律对他们"说"的全部内容。什么能解释此不完满性？就是我们之前区分所有人共有的正当理性、法及正义，与个别人的具体进程。尽管在所有人中法律以一种命令正确行为的方式发挥作用，但是平庸之辈只能不完满地理解这些命令。某人可能说，他不能完全理解命令；尽管不能理解全部信息，但存在一些可理解的东西。法律的不完全陈述反映了源初观念的模糊性（正如西塞罗所阐述的）。平庸之辈的不完满理性不能充分认识到法律命令可以以完整的方式被陈述。因此，每个人感受到的法律之力没有受到限制。尽管法律的命令和禁令被不完整地表述，但以暗示的方式被完整表述。

因此，在人生的每个阶段，法作为一种力量存在于每个人身上，通过命令和禁令来引导每个人。在《论共和国》3.33 中讨论廊下派法律观时，西塞罗阐释了法的这个功能。命令式的完满义务认为真

---

⑪ 斯托比亚斯（Stobaeus）（《廊下派辑语》3.501）以盗窃为例，说明了一种错误行为（ἁμάρτημα）。

正的法(true law)"是义务",就像法律以禁令的方式"惩罚错误行为"一样。但是,在达至此完满目标之前,法律命令仅仅被理解为适度义务的要求。我们可能被诱导而认为法律"下达"适度义务的命令,但这是不确切的。相反,法律要求适度的合理行为,这是法律命令的部分内容。同样,我们可能被诱导而认为法律"要求"适度义务,但这也是不确切的。通过把适度义务作为朝向完满义务的一个阶段,法律要求完满义务。西塞罗似乎很费劲地准确阐释了这个观点,西塞罗认为理性要求适度义务的"某些内容"。[48] 这些"内容"构成了明理之士和平庸之辈共享的行为内容。从而,廊下派的早期和后期都共享了这个理论。没有理由怀疑安提库斯改变了这个理论。

现在,让我们回到西塞罗的《论法律》。在援引廊下派关于人和神之群体的论述之后,西塞罗继续在柏拉图-亚里士多德的传统之下融合廊下派伦理学。[49] 就自然而言,西塞罗认为:"离开了自然规范(naturae norma, 1.44),我们就不能将良法从恶法中区分出来。"[50]这个定论平等地适用于柏拉图和廊下派。然而,西塞罗时不时提醒读者,他的整个论证是基于他关于法律的源初定义,这个定

---

[48]　参见上述脚注 34。

[49]　在《论法律》1.37-39 和 1.53-56 以及其他地方,西塞罗声称,廊下派对柏拉图和亚里士多德关于人生目标的观点没有实质性的改变,只是改变了术语。西塞罗的这一解释来自他的老师安提库斯(Antiochus),而安提库斯又是学园怀疑派的领袖。阿西西劳斯(Arcesilaus)和卡内阿德斯(Carneades)都被提及支持此解释。详见西塞罗《论善恶之极》3.41,4.56-60、78-79,以及5.22、74;西塞罗《学园派之书》1.17-18,2.15-16。

[50]　西塞罗《论法律》1.44:Atqui nos legem bonam a mala nulla alia nisi natura<e> norma dividere possumus.(然而,假如没有其他的自然规范,我们无法将良法从恶法中区分出来。)

义是廊下派式的。因此,他把法律定义为"关于命令和禁止的正当理性",它决定了什么是正义(ius,1.42)。西塞罗也区分了廊下派法律观和他自己关于最好法典的构想。当他的兄弟昆图斯冒昧建议西塞罗给各民族和每个人讲"生活法则和教诲(doctrina)"时,西塞罗回答道:"法律纠正错误、歌颂美德,这是必然的,应从法律中推出生活的教诲。"[51]这句话让人想起克利西波斯的主张,正如之前所援引,克利西波斯认为"法律应该决定什么是道德上的善和恶"(《廊下派辑语》3.314)。在这儿,西塞罗认为自然法是道德教令的渊源,他的法律将规定这些道德教令。

最后,在《论法律》第一卷末尾,西塞罗论及明理之士时,回到了廊下派的法律观。西塞罗精心构思了一个结论,他把智慧的顶点描述为:承认你自己是世界城邦的一位公民(1.61)。

> 当(心灵)……领悟到掌握这宇宙的管理者和统治者,并承认你自己不是某个地方被城墙围住的居民,而是如同统一城邦的整个世界的公民时,在这宏伟之中,在对自然的沉思和认识之中,认识自己啊!

尽管西塞罗没有使用术语"法律",但是,他将他对人类道德进化的分析终结于廊下派的法律观,就像开始时一样,廊下派法律观认为法律是一种力量,这种力量把人和神统一于一个单一共同体之中。在朝向道德进化的目标的过程中,明理之士完全清楚地认识到

---

[51]　西塞罗《论法律》1.58:Sed profecto ita se res habet, ut quoniam uitiorum emendatricem legem esse oportet commendatricemque virtutum, ab ea vivendi doctrina ducatur.(然而,事情无疑有他自己的方式,因为法律纠正错误、歌颂美德,这是必然的,应从法律中推出生活的教诲。)

自己是世界城邦的公民。借助其理解力,明理之士以这种方式承认命令和禁令是要完全服从的。

西塞罗得出的结论就是,明理之士在这个政治共同体中将扮演积极角色。为此,西塞罗不仅使用了辩证法,而且使用了修辞学。修辞学将给西塞罗的演说染上政治风格,这对统治和立法而言是必须的,除此之外还有去政治风格的道德演说,包括"劝导性箴言"(1.62):

> 当(心灵)认识到一个人的出生是为了政治社群时,这将使得不仅需要使用精妙论证,而且要使用不断自由涌溢的言说,以统治人民,确立法规,斥责恶徒,保护好人,赞美圣人,向自己的公民颁布导向幸福和荣誉的劝导性箴言(praecepta),安慰受伤的人,用永久的纪念碑传递勇士和明理之士的功业和谋略,也传递恶徒的耻辱。

尽管方式多样,但柏拉图、亚里士多德和廊下派都普遍赞同,明理之士应该参政及参与立法(《廊下派辑语》3.611、616)。亚里士多德对修辞学寄予厚望,廊下派也在辩论技巧中要求修辞能力。[52] 廊下派自己也关心城邦的法律,就像西塞罗在《论法律》后面(3.13-14)将告诉我们的,直到公元前二世纪廊下派才对从政有了实践兴趣。所有时期的廊下派都特别关注"箴言"(希腊文 παραίνεσις),它是关于不完全义务的建议。随后,我们将回到箴言这一主题。现在,我们可能要注意,明理之士发布法律和箴言,还有其他种类的道

---

[52] 《廊下派辑语》1.75(芝诺),1.482(克瑞安提斯[Cleanthes]),2.48 和 2.297(克利西波斯)。西塞罗采用了廊下式修饰法中相当模糊的观点。

德劝导。

在这部分中,西塞罗周密地给明理之士指派了立法的任务。由此引起了一些不安,阿提库斯质问西塞罗以回应他的这个观点。阿提库斯问道(1.62):"这是对智慧的高度赞许,但你的用意是什么?"西塞罗回答道:

> 首先,我们所从事的事业必须源自对伟大之物的回应;其次,我禁不住宣布我对哲学的热情,'无论我是谁',对哲学的热情使我成为现在这样一个人。(1.63)

西塞罗避开将自己与明理之士等同的可能性。这也许是一种修辞立场,但也可能存在一种认识,认为西塞罗或其他人离哲学家们所设计的道德目标还有好长一段路。

简言之,《论法律》第一卷的论证揭示了"法(ius)的本性"是自然法,其存在于明理之士身上,也作为整体植根于这个世界,而且这个自然法引领每个人实现完满理性的目标。借其他理论资源来补充西塞罗的理论,我们可以对这个引导填充许多细节。自然法完全命令德性行为,但在不完满的人身上以不完全的方式发布命令。自然法对不完满之人所言说的是从事适度行为,但暗示他们应该以德性的方式去做。不完满之人只能部分明白自然法的命令,这就是他们对自然法的回应。总体上,自然法是人法的来源和范本。这两类法的关系如何,留待下文探讨。

二　西塞罗的法律与自然法

在《论法律》的第二卷中,西塞罗回到联结他的法典与自然法的关系的任务上。在构建他的法典前,西塞罗留下了一个过渡部分(2.1-14),这部分包含两个明确要求:所有所谓的人定"法"必须与自然法相协调;西塞罗的法典必须是永恒的。此外,根据一个有疑问的段落,某些人为法和自然法一起分享了要求人们走向德性的力量。基于前两个要求,西塞罗从五花八门的"法律"中剔除了不正义的法,也从其法典中剔除了临时法——一种为具体情形而设计的法。在着手构建法典时,西塞罗前置了对自然法的论述。然而,组成其法典的具体法似乎与自然法的联系很微弱。尽管如此,西塞罗还是认为其法典具有自然法的引导力吗?

　　在过渡部分,西塞罗继续援引廊下派把法律作为人为法的来源和范本的定义。然而,廊下派法律所具有的力量如何能传递到人为法上? 这点很难洞悉。廊下派的法律是完满理性的内心状态,它准确地告诉明理之士在各场合该做什么、不该做什么,反之,成文法(written laws)不是一种内心状态,也不能告诉个体在各场合如何正确行为。依据廊下派的观点,所有人法都被从"法律"里排除出去了。无论成文法规定什么内容,都不可避免地是有缺陷的。㊵ 因此,在西塞罗《论法律》的第二卷中,学者们发现了一个向柏拉图主义的转向,㊶这一点都不奇怪。基于这个观点,通过参照人为法所

　　㊵　廊下派回应说,所有的人法都是错的(《廊下派辑语》3.324;参见3.327和328以及后面脚注56)。

　　㊶　Büchner 在 1961 年的一篇文章中(K. Büchner, "Sinn und Entstehung von 'De legibus'")沿袭了 Reitzenstein 在 1893 年的一篇文章中的观点(R. Reitzenstein, "Drei Vermutungen zur Geschichte der römischen Literatur", in P. Jörs, E. Schwartz, and R. Reitzenstein, eds., *Festschrift Theodor Mommsen zum Fünfzigjährigen Doctorjubiläum*, Marburg, 1893, 6-7),认为西塞罗是在完成《论法律》第二卷之后才完成第一卷的。Büchner 认为第一卷在构思上倾向廊下派,

接近的模型,人为法被赋予了"法律"的名号。柏拉图有一个鉴别事物真相的方案,可以用这个方案作为范本评判人类经验中的具象(particulars),事实上,西塞罗刚开始定义法律的方法以及后来把此定义运用到人为法上的方法,就是效仿了柏拉图。由此可以看出,柏拉图模式的加入,解释了西塞罗的法典何以被称为"法律"(尽管在派生意义上),也解释了其法典何以是正确的(尽管是不完满的)。

　　基于先前对完满和不完满义务的分析,我将试图揭示,西塞罗吸收了廊下派的理论,在自然法和他的法典之间搭建了一个桥梁。尽管他借用了柏拉图式框架,但是他用廊下派的分有观(view of participation)充实了这个框架。人法不是"法律",且所有的人法规定都必然是有缺陷的,这是廊下派的观点,在宽泛意义上,这个观点不能否定人法是"法律",这个"法律"不完满地分享了自然法的力量。借用廊下派对适度合理行为和完满合理行为的区分,西塞罗回到罗马政治实践中去设计法典,这个法典规定适度合理行为是成就德性目标的手段。西塞罗的法典源自罗马先祖的不完满的实践智慧,并经受了西塞罗自己的政治和理论洞见的检验,其法典接近于某类法令,通过这类指令,自然法引领人类实现德性目标。

　　在《论法律》第二卷开篇,西塞罗重申了廊下派的法律定义,也通过强调自然法的优先性,为读者预备了一个通向人为法的桥梁。

第二卷倾向柏拉图派且在精神上接近西塞罗的《共和国》。通过这种联系,Büchner认为,西塞罗后来在 2.8-9 插入了廊下派的法律定义(K. Büchner, "Sinn und Entstehung von 'De legibus'", 88-89)。Hentschke 反对 Büchner 的见解(A. Hentschke, "Zur historischen und literarischen Bedeutung von Ciceros Schrift 'De legibus'", *Philologus* 115[1971]:118-130)。

（就像先前所提到的那样）西塞罗集中探讨了自然法的神圣性，并把神的心智（the mind of god）描述为"首要的和终极的法"（principem legem…et ultimam，2.8）。随后，西塞罗称其为"真正的和首要的法"（lex vera atque princeps，2.10）。他在1.19 称其为"最高的"（summa），在2.11 他又这么说。"首要的"（princeps）意味着在时间和权威方面的优先性。重点在于，作为神的心智存在于自然中的法律是终极的或最终的。最高的权威，就是"真正的法律"⑤。

在这些看法之中，存在一个困惑。在继续讨论"人民的法律"（populares leges，2.9）之前，西塞罗的兄弟昆图斯再次提醒他解释"神法"（celestial law），西塞罗被迫做出了如下解答：

> 我们从小便学会把"如果传唤去法庭"和其他一些类似的东西称为法律。我们必须这样理解：它，以及人们的许多其他法规和禁令，具有号召正确行为和阻止犯罪的力量，然而这种力量不仅比人民和市民社会的存在更古老，而且与那位管理、统治天空和大地的神同龄。（《论法律》2.9）

西塞罗从《十二表法》中引用了这第一个法，它规定了被告要出庭。西塞罗认为我们习惯于把这个以及与其类似的法规称为"法律"（leges）。但是，真相是，这些施加给人民的"命令和禁令"有"号召正确行为和阻止错误行为"（ad recte facta vocandi et a peccatis avocandi）的力量，这种力量永恒存在。西塞罗举贺拉斯（Horatius）勇

---

⑤ Girardet 认为术语"首要的""终极的""真正的"是隐喻意义上的用法（K. M. Girardet, *Die Ordnung der Welt*：*Ein Beitrag zur philosophischen und politischen Interpretation von Ciceros Schrift De legibus*，70-71，75）。

敢地站立桥上的例子演示了这种命令,举卢科瑞提娅被奸淫的例子演示了这种禁令。论述成文法时,他说:

> 理性源自万物本性,理性要求人们正确行为和阻止人们犯罪,它成为法律并非始自它成文之日,而是始自它产生之时,它是同神的心智一起产生的。因此,真正的第一条具有允许和禁止能力的法律是至高的朱庇特的正当理性。(《论法律》2.10)

"源自万物本性",真正法律的理性与万物同龄。西塞罗把法律的力量再次描述为"要求正确行为和阻止错误行为"之后,他得出结论:在所要求和所禁止方面,法律被定义为神的完满理性(the perfect rationality of god)。

西塞罗对他兄弟的回答可能令读者吃惊。基于之前所提到的万物(everything),我们认为这是另一个区分真正法和人为法的主张。即使西塞罗做了一个区分,但他事实上把这种力量赋予了这两类法律。西塞罗把"法律"的名分给了人为法,纵使不是把真正的、首要意义上的"法律"的名分给人为法,也使得人为法具有了要求人们走向德性的力量,因此西塞罗的论证出现了转变。㊶ 这个转变导致一些学者在西塞罗的文本中插入否定词"没"(non),正如我们所读到的:"但是……这些和那些施加给人民的命令和禁令(没)有要求正确行为和阻止错误行为的力量。"㊷无论是对西塞罗接下来

㊶　有人可能补充说,在《学园派之书》2.136,西塞罗写到,廊下派明确否认《十二表法》是"法"。

㊷　See F. Creuzer and G. H. Moser, eds., *M. Tullii Ciceronis de legibus libri tres, cum Adriani Turnebi commentario ejusdemque apologia et omnium eruditorum notis*, Frankfurt, 1824,177.

的文本,还是对这一段内容而言,这个校订保证了融贯性。与其他地方一样,在这个地方,西塞罗清晰区分了成文法(written legislation)和"法律",现在,他称"法律"为"真正法",是植根于自然的完满理性之力。《论法律》的文本在这一段的开头有一个佚失缺漏,这使得学者们相信要插入否定词。尽管如此,是否存在一种方式把这种力量扩大到对人为法的德性要求? 吉拉德特和其他学者援引了可信文本(received text)来证明,某些人为法,特别是西塞罗的法典中的某些人为法,其本身就是自然法,原因在于,这些人为法与自然的隐含理性(the unwritten rationality of nature)具有同样的力量。⑱

那么,是否存在为可信文本辩护的路径呢? 与西塞罗在《论法律》的其他地方谈及的不同路径是,他此时认为在真正意义上,"法律"的力量是"号召"或"要求"人类朝向正确行为的力量,是"阻止"做错事的力量。西塞罗使用了术语"号召",在《论共和国》3.33 对"真正法"的定义中也同样使用了这个术语。⑲ 正如我所论及的,自然法既是完满理性的条件(a condition of perfect rationality),也是要求人们实现其目标的力量。我认为,假如可信文本是正确的,西塞罗此处赋予人为法一种引领人类之力,但没有同时赋予它自然法的完满理性。鉴于人为法分有了一种要求人类实现美德的力量,因此人为法不完满地分有了自然法的力量。在论证的结尾,西塞罗提醒我们自然法的完满理性。在把自然法的引领力扩展到人为法之后,

---

⑱ K. M. Girardet, *Die Ordnung der Welt: Ein Beitrag zur philosophischen und politischen Interpretation von Ciceros Schrift De legibus*, 71-75.

⑲ 参见上述脚注 40。

西塞罗以这种方式重申了自然法和人为法的区分。

　　我之前就认为,通过以不完整的方式颁布命令,自然法引领不完满之人。假如这是对的,我们就可以推测,人为法尽管是不完满的,但其通过颁布命令的部分内容而具有了自然法的力量,进而号召人类走向德性。尽管法律的规定没有暗示自然法的不完整陈述,但法律的规定与自然法对适度义务的明确要求一致,这是有可能的。虽然人为法自身不含有德性标准,但以此方式,人为法被认为可以要求人类走向德性。就像人为法的渊源和范本是派生于自然法那样,人为法要求走向德性的力量也是派生性的力量,其"法律"的名分也是在派生的意义上被使用。

　　那么,尽管原文可能包含否定词,但在接受可信文本的同时坚持融贯性,似乎也是可能的。廊下派理论发展了一种用自然法范本区分良法和恶法的方法:假如人为法共享了自然法,具有号召人们朝向德性之力——哪怕是以不完美的方式共享,那么,在宽泛意义上就可以称这种人为法是"法律"和"良善的"。廊下派的措词并没有为这个观点制造障碍。当宽泛用法适合廊下派时,廊下派就时时准备着诉诸宽泛用法。克利西波斯总是纵容术语的宽泛使用,但是不造成混淆。⑥ 在公元前二世纪和公元前一世纪,廊下派有一个适用道德术语的习惯,这些术语仅仅被严格适用于明理之士,或者适用于在通常意义上履行了适度义务的善良之人。⑥

　　下一段论证提出了针对永恒性的要求。西塞罗用很长篇幅准

---

　　⑥　《廊下派辑语》3.137;参见 3.698。

　　⑥　在《论义务》2.35,西塞罗为了在通常意义上使用术语,援引了帕奈提奥斯(Panaetius)作为他的权威依据;亦参见《论义务》3.15-16。

备这个要求,但却没有论及要求本身。西塞罗通过对比廊下派所定义的"法律"与人制定的法律的多样性和易变性,引入了这一主题:

> 因此,正如神的心智即最高法,对人类情形而言,当理性在明理之士的心智中得到实现时,法律便存在。但那些为了人而制定的易变的和适用于具体情况的(varie et ad tempus)条规,享有法律的名分,与其说是基于事实,不如说是出于善意(fa-vore magis quam re)。(《论法律》2.11.)

在第一卷中,西塞罗反对称一般意义上的成文法为"法律(law)"。现在,他反对称呼法律为那种特殊的成文法,即一种随时间和国家而变化的成文法,一种易变的成文法。"易变的和适用于具体情况的"涵盖两种成文法:一种是从一个政治共同体到另一个政治共同体而易变的成文法;另一种是在一个政治共同体内为了应对变化的情形而不断变化的成文法。㉒ 与此相反,西塞罗的法律是永恒的,正如他即将告诉我们的。在后面,他将声称法律具有适用于"所有善良稳定民族"(2.35)的普遍性(university)。

西塞罗最初的反对,为他自己的法典开了一个口子。但是,接下来的讨论并不直接反对不断变易的人为法。事实上,西塞罗拒绝称恶法和非正义的法为"法律"。他提出了两条辩证法的论据来主张法律是某类值得称赞的(praiseworthy)事物,值得称赞是廊下派仅仅运用于道德善的事物的术语(《廊下派辑语》3.29 和 3.37)。第一个论据是,西塞罗认为立法者有一个观念:法律是一类可以带来安全、美德和幸福的规定,并且,立法者承诺所立的法令就是这类法

㉒　ad tempus(适用于具体情况的)对应希腊文πρός καιρόν(具体适合)。

令,他们称其为"法律"(2.11)。⑥ 所以,恶意的和非正义的规定就根本不是法律。西塞罗进一步补充道,术语"法律"(lex)"包含选择正义与正确(iusti et veri legendi)的意思(sententiam)与能力(vim)"。在第一卷(1.19)中西塞罗首次阐释廊下派的定义时,曾回顾过这个词源,他把拉丁语 lex 和 legere[选择]联系起来了。第二个论据基于一个很受欢迎的假设,认为法律是很良善的事物,自然而然,邪恶的成文法就绝不是"法律",它不会比医生所开的毒药方好到哪儿去。

这两个论据都基于法律是有助于幸福的通常观念。西塞罗在第一卷中认为这些观念是达到完全知识的源初的、混沌的基础。廊下派追随伊壁鸠鲁学派称他们为"源初观念"(προλήψεις)。在廊下派看来,源初法律观念被法律的定义取代了,这个定义认为法律是完满的理性条件。通过再次引用廊下派的定义(2.13),西塞罗唐突地完成了这最后一步。

> 故而,法律(lex)区分正义与不义,法律呈现在自然中,也呈现在最古老的东西之中(most ancient nature)和万物的始源之中(beginning of all things),人法(leges)也受自然引导,人法惩恶扬善。(《论法律》2.13.)

西塞罗效仿克利西波斯把法律定义为"正义(δίκαια)与非正义(αδίκα)的标准(κανών)",现在他把法律定义为正义(iusta)与非正

---

⑥　斐洛(Philo)讲述了一个关于法律起源的类似故事,同时补充说,人类法律因国而异(《廊下派辑语》3.323)。他认为这些不同的法律是自然法的补充。在他看来,法律只有两种:自然法和可变的人法。

义（iniusta）之间的区分。⑭ 这个对正义的强调与先前的论辩一致。"呈现在自然中"（expressa ad…naturam）是"植根于自然"（insita in natura）的另一种表述，在第一卷（1.18）使用了"植根于自然"这一表述。⑮ 符合自然的那个东西能区分正义与非正义。

现在，西塞罗把廊下派的定义和人法是"被引导"（diriguntur）的这一主张融合在一起，即，通过自然法来"扳正"（set straight）。⑯ 在第一卷中，西塞罗曾认为人法必须由自然规范（the norm of nature）来评定。现在，通过将其附着于法的定义中，西塞罗重述了这个观点。假如人法是参照法律的标准被构筑的，那么，在宽泛意义上，人法就可被称为"法律"。同样，依据人类是被人法所保护还是惩戒，可以在宽泛意义上将人分为"好人"和"恶人"。

在重申了法律的定义之后，西塞罗再次拒绝将"法律"的名分赋予非正义法。为了丰富其论证，通过列举非正义法很快被废止的例子，西塞罗将易变性与非正义法绑定在一起。相反，西塞罗认为自然法不能被废除或取消。这是一个标志。昆图斯再次提醒西塞罗为城邦构建最好法典。昆图斯问他的兄长："当然，你想提出那些永远不能被废除的法律？"⑰西塞罗听从了他的两位朋友："的确，假如你俩都接受。"此后，西塞罗转向构建他的法典的任务。

西塞罗把永恒权力（the power of permanence）从自然法转移到

---

⑭　关于克利西波斯的想法，参见上述脚注 16。

⑮　在《论共和国》（3.33）中关于廊下派法律的表达中，西塞罗在同样意义上使用了短语 naturae congruens（与自然相符），参见上述脚注 40。

⑯　在语法上，先行词 ad quam（依它来引导）很模糊，quam 可指"法律""区分"和"自然"，鉴于这三个词意思一致，这种模糊不影响意思。

⑰　《论法律》2.14：Eas tu igitur leges rogabis videlicet quae numquam abrogentur?

了他的法典,并且以迅雷不及掩耳之势完成了这场转移工作。事实上,他很随意,以至于人们怀疑他是否严肃。⑱ 这是一个玩笑,它没有逃过罗马法律人的眼睛。增加法律不能被废止(abrogated)的条款是立法的惯常做法。⑲ 当法律被废除时,这个条款起不到任何作用。昆图斯暗示这个方案是无用的。不知不觉,西塞罗把昆图斯和阿提库斯带到昆图斯给他设定的任务上去了,他绕开了这个玩笑。

但是,玩笑的后面有严肃的意图。柏拉图提供了一个先例,在其《法义》中,经历了长篇关于审判的讨论之后,柏拉图认为其法典应该免于变更。⑳ 西塞罗在其《论共和国》中也主张应该以永恒的方式组建城邦。㉑ 这意味着为了维护最好类型的统治,所立之法应该是永恒的。在《论法律》中,西塞罗旨在建构这样一个法律体系。在设计它的时候就将其构想为一部成文宪法,以符合罗马在岁月的积淀中进化而来的统治类型。正如西塞罗所指出的,他设定了一些一般法律原则,这些原则能涵摄具体案件(《论法律》2.46, 2.51)。

---

⑱ Bill 指出西塞罗有一个从理想法到他的法律的迅捷转变(A. Bill, *La morale et la loi dans la philosophie antique*, Paris, 1928, 245–246)。Bill 认为,虽然西塞罗给人的印象是在与阿提库斯和昆图斯开玩笑,但他可能是认真地将他们视为廊下派的圣徒或柏拉图式的哲人。Girardet 理所当然地认为西塞罗是认真的(K. M. Girardet, *Die Ordnung der Welt*: *Ein Beitrag zur philosophischen und politischen Interpretation von Ciceros Schrift De legibus*, 81–82)。

⑲ J. Bleicken, *Lex Publica*: *Gesetz und Recht in der romischen Republik*, Berlin–New York, 1975, 231–232, 345–346.

⑳ 柏拉图《论法律》957a–b;参考柏拉图《论政治家》300c–302a。

㉑ 在《论共和国》3.34,西塞罗将国家的毁灭与世界的毁灭相提并论,认为两者都应该是永恒的。柏拉图(在《蒂迈欧篇》41a–b 中)区分了永恒的生灵的形式和因神的意志而永恒的被造世界。西塞罗之所以这样相提并论,其灵感源自柏拉图的这个区分。

正如罗马法律人所实践的,西塞罗非常清楚立法要符合当下情形,例如宣战、任官和农业土地立法。⑫ 在《论法律》中,西塞罗认为必须依照永恒宪制体系来决定上述情形。很明显,临时法(Temporary laws)之所以在较弱意义上被称为法,是因为临时法源自永恒法,反过来,普遍有效的"法律"源自那个真正的"法律"(the one true "law")。

有人认为,关于永恒性的条件提供了更进一步的证据,显示西塞罗的法典本身就是自然法体系。⑬ 但是,这里存在根本的不同:自然法是必然的永恒(necessarily everlasting),西塞罗的法典是被创造的法律体系,它旨在追求非实在的永恒(simply lasting)。与自然法的永恒存在相反,西塞罗的法典只具备临时持久性(contingent durability)。

到目前为止,西塞罗基本没有谈人法的引领力(the guiding power)。即使我们采纳可信文本,西塞罗也没有提及引领力的细节。法典本身就是一个最后的证物。尽管严重残缺,但西塞罗《论法律》的传世文本包含两类法律:宗教法(laws of religion)和官职法(laws of magistrates)。效仿柏拉图,西塞罗在每类法律前面写下了简短弁言,旨在劝导公民(2.14)。在宗教法的弁言中,西塞罗写道,要相信统治宇宙的是神或自然的理性之力(the rational power of na-

---

⑫　J. Bleicken, *Lex Publica*: *Gesetz und Recht in der romischen Republik*, 106-136.

⑬　Girardet 把对永恒的要求视为证据,证明西塞罗法典自身就是自然法体系(K. M. Girardet, *Die Ordnung der Welt*: *Ein Beitrag zur philosophischen und politischen Interpretation von Ciceros Schrift De legibus*, 83)。继 Girardet 之后,Dyck 也认为对永恒的要求是西塞罗将其法律视为自然法的"最确定的标志"(Andrew R. Dyck, *A commentary on Cicero*, *De legibus*, 279-280)。

ture)（2. 15-16），这是真的，也是有用的。对自然法而言，这是很清楚的。但是，当西塞罗开始构建具体法律时，他没有援引任何自然法的要求，只是将其作为首要法（first law）的一部分——这个首要法要求以虔敬但不奢华的方式奉祀神。

当西塞罗完成宗教立法时，昆图斯开始明确地发表意见。昆图斯赞扬西塞罗简明扼要地完成了立法的大部分工作，但他认为西塞罗的宗教法与努马的法律（the laws of Numa）和我们的习俗没有多大差别（2. 23）。昆图斯的惊疑也反映了读者的困惑。西塞罗通过提醒昆图斯来解答他的疑惑，他提醒说，让法律符合罗马宪制是必要的。关于罗马宪制，西塞罗在之前的《论共和国》中做过最好的演示。西塞罗指出，即使他的任何法律从来没有在罗马帝国存在过，但它们或多或少以习俗的方式存在过。

同样，西塞罗在着手构建官职法时也写下了一个关于自然法的弁言。他把"法律"定义为"自然的一个正义条件"（ius condicionemque naturae），认为没有什么像命令（imperium, 3. 3）那样符合这个条件。这就是说，世界服从于神，人类生活服从于"最高法"（supreme law）。同时，西塞罗标示了自然法与其法典之间的一个不同之处。当提议变成什么是"离我们更近更熟悉的事情"时（citeriora et notiora nobis, 3. 4），西塞罗指出，城邦内的最高权威最初归于君主，但是因为"我们给自由民立法"——这是先前所演示的最好政制的典型例子，所以城邦内的最高权威将归于官员们。尽管西塞罗没有如此说，但我们可以假定统治宇宙的权威归于王室，正如朱庇特的王权所显示的那样。西塞罗设想了一个混合统治类型，而不是按照自然统治类型设计他的法律。

官员的法与自然法有更紧密的联系。西塞罗再次着手把自然法的条件转移到市民共同体(the civic community):命令必须是正义的,且公民应该遵守命令(3.6)。随后,为了美德,西塞罗为这两个法律增加了一个要求:战争必须是正义的,且作战方式必须正义,元老们必须远离邪恶(3.10、28-29)。下面两条法律的引入,可看作是对自然法的演绎:对于执政官而言,人民的安全是最高的法(3.8);应该保护同盟者(3.9)。然而,大多数法律离自然法很远。当西塞罗完成立法时,昆图斯重复先前对宗教法的反应:你做得简明扼要,但这就是我们城邦的法律,即便你添加了一点你自己的东西也无所谓(3.12)。西塞罗再次提醒昆图斯,法律需要符合罗马祖传的政制,先前演示过,祖传政制是最好的。

即使西塞罗把自然法当成目标,即使他把罗马宪制当成其法律必须符合的框架,即使他从罗马政制经验中提取了大量的法律,但西塞罗的法典与自然法之间仍存在明显不一致。看起来好像他将这种衡量标准换成了另一种衡量标准。用亚里士多德式的话来说,西塞罗表示他将转而讨论什么是"离我们更近更熟悉的事情",这标志着从哲学理论到罗马实践的飞跃。事实上,在最基本的市民组织层面,在与官员相关的法律层面,罗马宪制的要求看起来压倒了自然法的要求。

西塞罗在其著作的开篇小心翼翼地做准备。他宣称将在最好宪制(他的《论共和国》)之下从事立法工作,但是,通过立最好的法,西塞罗欲使其法律符合祖传的罗马政制(1.20)。从一开始,西塞罗就把这个实践计划与揭示人法起源的哲学计划合为一体。在以很长篇幅讨论了自然法之后,西塞罗转向了罗马宪制,正如他提醒昆图斯的那样,西塞罗先前所宣布的意图缓解了其读者所感受到的震惊。此外,西塞罗还努力使他的法典附着于一套自然法观念,但是被主线所搁置。是否存在一种方法以协调这个双重定位:对自然法的哲学关切和向罗马宪制的实践跳跃?

首先,这两条路径之间并非水火不容。在《论共和国》(3.33)中,西塞罗在一场论辩中援引廊下派的法律定义,这场论辩旨在揭示罗马宪制依据自然是正义的,而不是依据习俗。如何使廊下派的这个定义符合论辩?传世文本没有提供细节说明。然而,西塞罗的总体立场是清楚的:罗马宪制是自然正义的。在《论法律》中,西塞罗设计了一个筛选法律的额外步骤,即看它们是否符合罗马宪制,并且用自然法标准来检验它们。以此方式,西塞罗证实了罗马宪制的正义性。传世著作结尾处的文本缺漏百出,西塞罗在此论及了这个筛选程序:

> 我们自己应当反思和讨论自然法(iure naturae),而关于罗马人民法(iure populi Romani)的问题,(我们必须致力于探索)它所留传下来的东西。⑭

正如西塞罗在第一卷(1.18)目次表中所宣示的那样,他将探索自然法、琢磨统治城邦的应是什么法、审核城邦已经立的法(涵盖罗马法)。西塞罗在第一卷中集中探讨第一个任务,再用探索的结果

---

⑭ 《论法律》3.49。文本包含若干问题:Nos a\<u\>t\<em\> de iure nat\<ura\>e cogitar\<e\> per nos atque dicere debemus, de iure populi Romani quae relicta sunt et tradita…(我们自己应当反思和讨论\<自然\>法[iure nat\<ura\>e],\<而\>关于罗马人民法[iure populi Romani]的问题,\<我们必须致力于探索\>它所遗留和传下来的东西……),对 iure nat\<ura\>e cogitar\<e\> 的校订被广为接受,这个校订也许可以追溯至 Turnebus。就像其所呈现的那样,这句话是不完整的,必须补充某些东西,诸如"\<我们必须致力于探索\>它所遗留的东西"。

完成其著作剩下部分中的第二个和第三个任务。在后世引用的文本中（the cited text），西塞罗指出了这三个任务如何彼此关联：通过反思自然法和构筑给定的法律，人们学会了如何发现统治城邦的法律。⑦

西塞罗举了一个例子，关于具体的罗马法如何经受自然法的检验。西塞罗重申自然是法律的标准（norma legis），并且指出，《十二表法》中的一些丧葬法是"顺应自然的"（secundum naturam），其他的符合习俗（2.61）。⑦ 阿提库斯表达了喜悦之情，说"我们的法律符合自然"（nostra iura ad naturam accommodari），感谢"我们祖辈们的智慧"（2.62）。西塞罗把这些罗马法的意旨涵盖在他的法律之中，他的法律规定"对已故亲属的花费和哀痛应该受到限制"（2.22）。诚如西塞罗所言，"顺应自然"与成为"自然"不同。"自然"不是别的，正是自然法，是规范，借此以判断人为法是否"顺应自然"。根据廊下派学说，此类规范完全顺应自然。西塞罗的法律

---

⑦ Girardet 等人将所引用的"自然正义（法律）"与"罗马人民的法律"之间的对比作为西塞罗将自己的法典视为"自然法"的证据。Girardet 将所引用的句子作为西塞罗将自己的法律视为自然法的最终证据。（K. M. Girardet, *Die Ordnung der Welt*：*Ein Beitrag zur philosophischen und politischen Interpretation von Ciceros Schrift De legibus*, 88-89.）Girardet 认为这两个句子指的都是西塞罗在第二卷和第三卷中的论述，他坚持认为西塞罗将自己的法律称为"自然法"。同样，Ferrary 也认为该句是支持西塞罗将自己的法律视为自然法的"最明确的文本"（J.-L. Ferrary, "The Statesman and the Law in the Political Philosophy of Cicero", 69）。在我看来，该句没有提供理由支持西塞罗将自己的法律称为"自然法"。

⑦ 《十二表法》中的法律符合自然的有：禁止在城市内埋葬或火化尸体（2.58）；限制葬礼费用（2.59）；抑制悲伤（2.60）；保护墓地（2.61）。关于限制葬礼费用，西塞罗指出，"特别是依据自然规律（e natura），在死亡后，应该抹掉财富上的差异"（2.59）。

是"顺应自然的",因为它们与此类规范一致。

这是廊下派法律学说的进一步延续。西塞罗法典的大量条文所要求的是这类行为,廊下派称之为适度义务。与廊下派的适度义务类似,这些行为的意图就是促进美德的实现。正如本文第一部分所言,尽管自然法可能以不完整的形式发布其命令,以要求适度义务,但是这些义务必须以美德的方式履行,这是一个整体,因此,自然法只命令完满合理行为。廊下派也有适度义务,例如道德中立行为,规定在所谓的"箴言"中(praecepta[箴言]对应古希腊文 παραίνεσις[劝诫])。⑦ 那么,在何种程度上,西塞罗的法律效仿了廊下派的箴言?为了回答此问题,我们需要简短地转向廊下派对箴言的有用性的讨论。

有些箴言发布给某些特定种类的人(由特定人格[persona]所涵盖),例如儿子、父亲或奴隶主,这些箴言是否都有用?正如塞内卡告诫我们的那样,早期廊下派对此问题争论不休。⑧ 阿里斯通

---

⑦ 在《论义务》1.7,西塞罗把 praecepta(箴言)和适度义务联系起来。参见 I. G. Kidd, "Stoic Intermediates and the End for Man" in A. A. Long, ed., *Problems in Stoicism*, London, 1971,156;亦参见《廊下派辑语》3.519。

⑧ 在《书信集》94 和 95,塞内卡将 praecepta(箴言)等同于 paraenesis(劝诫)。在最一般的层面上,适度义务优先指向中立的东西,例如健康、财富等,适度义务适用于所有的人。可以推测的是,塞内卡认为关于普遍适度义务的箴言构成了哲学教义(decreta)的一部分。有关这些信件的讨论,请参阅 Kidd, "Moral Actions and Rules in Stoic Ethics" in J. M. Rist, ed., *The Stoics*, Berkeley, 1978; P. Mitsis, "Seneca on Reason, Rules, and Moral Development" in M. Nussbaum and J. Brunschwig, eds., *Passions and Perceptions*, Cambridge, 1993,294-304; P. Mitsis, "Natural Law and Natural Right in Post-Aristotelian Philosophy. The Stoics and their Critics",4845-4850;B. Inwood, "Rules and Reasoning in Stoic Ethics" in K. Ierodiakonou, ed., *Topics in Stoic Philosophy*, Oxford, 1999,113-119。

(Ariston)是芝诺时代一位非正统的廊下派人物,他认为这类箴言的价值甚微。他主张最有用的还是哲学教义,因为这些哲学教义引导整个生活,而不是部分生活。学习这些教义($\delta\acute{o}\gamma\mu\alpha\tau\alpha$,拉丁文 decreta)的结果就是,一个人将知道如何处理生活的各部分,因此在每个场合该如何行事时,给他自己发布箴言(塞内卡《书信集》94.2-3)。克瑞安提斯(Cleanthes)更喜欢箴言,他认为箴言是有用的,尽管不"源自"教义的话,箴言的效用就会减弱(塞内卡《书信集》94.4;参见 95.12、44-46)。塞内卡站在克瑞安提斯这边,认为箴言引导我们的自然冲动朝向美德。离开了箴言,我们只能依赖自然冲动,这会让人变得懒散和颓废(塞内卡《书信集》94.30-31)。但是,仅有箴言是不够的,箴言必须结合哲学教义(塞内卡《书信集》95.34-41;参见59)。教义提供了一个尺度(regula),借用这个尺度,某人能判断其所行是否正确(塞内卡《书信集》95.39)。哲学教义提供了一个判断的混合标准(inflexibile iudicium)(塞内卡《书信集》95.62)。正如水手们必须把他们的航行方向朝着星星一样,我们也必须把我们的生活方向朝着一个目标,教义要求了这点(塞内卡《书信集》95.44-46)。例如,塞内卡认为,如何拜神的箴言必定伴有关于神之本性的哲学教义,如何对待他人的箴言必须被一个人类共同体的学说(an understanding)所引导,关于物质的箴言必须被它们价值的学说所引导(塞内卡《书信集》95.46-54)。

在讨论的过程中,塞内卡提出了反对意见,认为法律就是"带有威胁的箴言"(minis mixta praecepta)(塞内卡《书信集》94.37)。塞内卡回应了这种观点,指出威胁起着决定性作用:法律是强制,而箴言只是一个请求。塞内卡还指出,法律能威慑犯罪,而箴言鼓动实施合理行为。但是,塞内卡认为法律和箴言有一些共通的东西,他说,法律也能产生好习惯,特别是弁言中所说的,设计法律也是为了劝导。在这一点上,塞内卡与廊下派的波塞多纽(Posidonius)不同,波塞多纽认为柏拉图不应该给法律增加弁言,因为法律只应是命令(塞内卡《书信集》94.38)。

正如塞内卡在箴言情形中所要求的那样,西塞罗的法律序曲带有哲学教义。在第一卷中,西塞罗用相当长的篇幅阐明了哲学教义,然后在每个法律体系前面的简短弁言中写有教义精要,并且在其法典的几个地方也表明了教义。其创作手法与柏拉图对序曲的使用大致相同,更精确地说,这也类似于廊下派将箴言附着于教义的方法。按照克瑞安提斯的看法,箴言应该"源自"教义。教义是箴言的源泉,教义指示具体某类人(例如儿子或父亲)该做什么。尽管箴言所要求的行为对实现美德来说是不充分的,但通过再次强化自然的引导力,箴言能引导一个人朝向美德。同样,源自自然法教义的法律,通过强化公民的自然冲动,也能引导其朝向美德。塞内卡用相同的教义来支持宗教箴言和社会箴言,西塞罗用类似教义来支持其法律。西塞罗似乎通过以廊下派箴言为模板来立法,将廊下派的箴言教义放进了自己的意图中。

这并不是说西塞罗认为其法律就是箴言,和塞内卡一样,他也意识到威胁所造成的差异。诚如塞内卡所言,西塞罗将其法律看作强制的一种形式,劝导性序曲的使用减轻了这种强制。西塞罗写道,他增加序曲是为了不"借暴力和威胁来强制所有的事"(2.14)。与法律的强制相反,箴言是一条条的建议,每个个体可以参照其生活目标来权衡这些建议;并且,拒绝听从合理建议的唯一惩罚就是内心不安,这种不安是由于脱离自然而行动;此外,箴言允许有例外。尽管西塞罗把法律构筑在灵活性之上,这种灵活性要求官员的命令必须是正义的,并且,一般而言,所有的法律都要关联德性目标,但法律不允许有例外。

法律就是"带有威胁的箴言",有人持这种观点。塞内卡没有告诉我们是谁持这种观点,也没有明确的证据显示有任何廊下派哲人把成文法看作是规定适度义务的恰当手段,然而,一些证据显示某些廊下派哲人至少在方向上有转变。如前所述,西塞罗《论法律》(3. 13-14)提到过,大约在公元前二世纪初发生了一个变化:鉴于早期廊下派仅仅对政治进行理论探讨,廊下派哲人、巴比伦的第欧根尼(Diogenes of Babylon)和帕奈提奥斯(Panaetius)把注意力转到统治的实践事务上。⑦ 西塞罗的《论义务》对帕奈提奥斯着墨甚多。一个人不应该做违背城邦法律的事情,西塞罗将此观点归因于帕奈提奥斯的两位高徒:第欧根尼和赫卡同(Hecaton)。⑧ 即便成

---

⑦ 《廊下派辑语》3. 611。关于廊下派对政治的关注,参见 A. Erskine, *The Hellenistic Stoa*. Ithaca, 1990, 64-74; Annas, *The Morality of Happiness*, Oxford, 1993, 302-311。Annas 认为廊下派从根本上说是去政治化的,而 Erskine 则认为他们很早就参与了政治。我倾向于认为,一些早期的廊下派,诸如 Persaeus 和 Sphaerus(两人都写过论斯巴达宪制的书),对将国家法律与美德目标联系起来很感兴趣,而公元二世纪的廊下派通过更积极地评价国家的法律,强化了此趋势。

⑧ Diogenes 认为,一个人在卖货时只遵守国家关于信息披露的法律是"没错的"(turpe)。倘若法律没有规定,就无需披露瑕疵(《论义务》3. 51-53、91)。Antipater 反对 Diogenes 的观点,认为人们还须考虑自然法的原则,这些原则要求人们为所有人谋福利。西塞罗站在 Antipater 一边。正如 Annas 所指出的那样(J. Annas, " Cicero on Stoic Moral Philosophy and Private Property" in M. Griffin and J. Barnes, eds. , *Philosophia Togata*, Oxford, 1989, 158-160; Annas, *The Morality of Happiness*, 309-310),Diogenes 并没有否定自然法准则。Hecaton 认为,明理之士的职责是追求私人财富,"而不做任何违反本国习俗、法律和制度的事"(《论义务》3. 63;参见 3. 89-91)。

文法缺乏自然法的完美性,这些廊下派哲人也似乎依然把成文法看作是道德指引。他们可能分阶段鉴别成文法,把这当作规定适度义务的一个手段。西塞罗的此种观点来自其老师安提库斯,这是有可能的,在《论法律》第一卷中,他受到安提库斯很多启发。另一方面,没法解释为什么西塞罗自己没有采纳廊下派的学说,没有以廊下派对适度义务和完美义务的区分为范本来立法。

西塞罗的法典和箴言有一些共通之处。与箴言一样,西塞罗的法典源自生活目标的哲学教义,法典的目标是引导人走向美德。尽管法律和箴言存在不同——箴言承认例外,但二者都像普遍规则那样具有永久有效性。与箴言不同,法律被看作是大量箴言的补充,这些箴言颁布给某类人群,要求他们合理行为。在描述明理之士的任务时,西塞罗把立法活动从颁布劝导性箴言的活动中区分开来(1.62)。我认为,西塞罗虽维持了这个区分,但无论行为规则是法律所规定还是箴言所规定,他要求都必须参照完满理性的目标(the goal of perfect rationality)来设计。

那么,西塞罗认为其法典是明理之士所颁布的吗?诚如我们所见,在第一卷结尾处,西塞罗偏离了所有关于明理的主张。在接下来的讨论中,我认为西塞罗通过转向祖传宪制来反对这种假设:他的法律源于完满理性。正如阿提库斯指出的,这个祖传宪制来自"罗马先祖的智慧"(2.62)。罗马先祖的智慧缺乏完满理性,第一卷结尾处谈过这个完满理性。罗马先祖的智慧是实践的集体智慧,在长期的经验积淀之后,形成了曾有过的最好宪制。《论法律》中对这个宪制有一些修订,据此,西塞罗将自己忝列先祖行列。正如他在《论义务》中(3.13-17)所言,先祖的智慧是不完满的智慧,需要循着适度义务所指示的道路摸索前进。在《论法律》中,西塞罗告诫我们,这种智慧产生法律,"符合自然"的法律。留给我们的只能是这样的假设:西塞罗仅仅给自己抓取了一个朦胧的自然法和朦胧的罗马先祖。重要的是,这种学说(understanding)好得足以产生法典,这部法典尽量在实践可能性上分有自然法的指令。

结论就是,西塞罗认为其法律规定了适度义务,据此分享了自然法的引导力。其法律与自然法不同,其法律所规定的行为仅仅是自然法所要求的完满德性行为的一部分。西塞罗转向了罗马宪制,讨论了罗马先祖的不完满智慧,以及罗马宪制是履行这些适度义务的手段。通过用自然法来检验他的法律,西塞罗尽其所能地理解这点,希望设计一部能永久有效的宪法体系。

西塞罗的法律渊源

斯坦因(Peter Stein)

沃森在评论西塞罗《论题术》5.28 中所列的市民法的组成部分时说:

> 我们不能把西塞罗对市民法组成部分的列举当作西塞罗时代市民法的渊源清单……事实上,西塞罗对市民法'组成部分'的列举清单本身就表明,在共和国后期,于任何一个层面上谈论法律的'渊源'都毫无意义。共和国没有'法律渊源'的理论,实际上也很难有。的确,在共和国的文字记载中'法律渊源'的概念是陌生的。①

这些评论引自一本名为《罗马共和国后期的立法》的书。沃森费了很大笔墨讨论各种立法机构,以及告示(edicta)、元老院决议(senatus consulta)和司法意见的确切效力。他似乎将法律渊源视为对以下问题的回答:在共和国,什么是立法? 例如,他说"人们不认为元老院决议是制定私法",但是据推论,另外有一些类别的声明认为其是制定私法。我建议,我们应考虑是否有任何法律声明(statement of the law)被认为是"立"法。共和国后期的罗马人真的认为

---

① A. Watson, *Law Making in the later Roman Republic*, Oxford, 1974, 3-4.

法律是被制定或生产出来的吗？这是我们今天对法律的看法,但我们不能假定罗马人和我们想的一样。

在幸存的罗马法学家的著述中,确实很少有法律理论,并且西塞罗在写法律时,的确没有以法学家的身份来写作。他曾诙谐地调侃法学家,这表明,他不认为自己是一名法学家。然而,就像法学家们所理解的那样,他对法律知之甚多。他并不指望自己对遗产法或奴隶法的细枝末节都"了如指掌",但他对律师如何看待法律以及法律与其他学科的关系很感兴趣。我们推测他的言论反映了共和国后期人们对法律本质的猜想。当法律门外汉就法律展开写作时,他们通常会谨慎行事,并提出老生常谈的观点,与职业律师的观点相比,他们的观点往往略显过时。

对于西塞罗在不同的意义上使用 ius(法)这个词,我们一开始就应该加以区分。

首先,ius(法)表示自然法所说的理想正义。这种法律本身被称为 lex(法律),并被描述为"植根于自然中的理性"(ratio insita in natura)(《论法律》1.6.18),它由"神圣心智"(mens divina)(《论法律》2.4.10)植入人的体内,但它提供的是 ius。这个术语意义非凡。人心中的理性(ratio)是 lex,而 lex 所表达的东西是 ius。

其次,ius 表示具体城邦的整体法。虽然表述个别法律用 leges(诸法律)②,但在总体上表述一个民族的法律用 ius。因此,城邦之间的差异导致"法上的差异"(varietatem iuris)(《为巴珥布斯辩护》13.31)。当然,ius 常常具体指罗马的法律,例如法的组成部分(partes iuris)的清单中的那些要素。

---

② [译按]leges 是 lex 的复数主格。

　　第三,ius 也表示罗马法的特别部分,即 ius 的核心一方面是指
"敕令"(constitutum),在这个意义上,它被表达出来了,尽管另一方
面它还没有正式宣布为 lex。在这个意义上,ius 可以与 aequitas(公
平)对比,就像在《论义务》3.67 的"克拉苏斯维护法……安托尼乌
斯维护公平"(ius Crassus urguebat…aequitatem Antonius)(亦参见
《论演说家》1.240)。克拉苏斯不是在为法律辩护,安托尼乌斯也
不是在为更高的公平辩护。他们都声称自己提出的是 ius,但克拉
苏斯认为,在特定情况下,必须把 ius 严格限制在先前被承认的范围
之内。在许多段落中,ius 或市民法(ius civile)与诸法(leges)相配
合(例如《论演说家》1.193),lex 不是与 ius 相异的东西。一条 lex
所表达的就是 ius。这两种表达方式是互补的,但 ius 表示法律,无
论 ius 是否被制定为 lex。③

　　就法律渊源而言,西塞罗在其哲学著述中认为,唯一的"法的渊
源"(fons iuris)是自然(《论义务》3.72),④他特别嘲笑了法源自裁
判官的告示或《十二表法》的观点(《论法律》1.6.16-17)。然而,在
他早期的修辞学作品中提到《十二表法》时,他使用了"法律渊源"
(fons legum)一词(尽管不是"法的渊源"[fans iuris])(《论演说家》
1.195)。假如我们把"渊源"理解为可以找到法律的地方,那么,说

　　③　关于 lex(法律)和 ius(法),参见 Peter Stein, *Regulae Iuris*: *from Juris-tic Rules to Legal Maxims*, Edinburgh University Press, Edinburgh, 1966, p.9 ff.; F. Serrao, "Legge (diritto romano)" in *Enciclopedia del diritto* 23(1973):794 ff., 现载 *Classi Partiti e Legge nella Repubblica Romana*, Pisa,1974, 7 ff.; J. Bleick-en, *Lex Publica*: *Gesetz und Recht in der romischen Republik*, Berlin-New York, 1975, 67 ff.。

　　④　[译按]iuris natura fons sit(自然是法的渊源)。

法律渊源与"法的组成部分"(partes iuris)有关,就是恰当的。⑤

西塞罗在许多地方讨论了法的组成部分(partes iuris)。最早的是在《论开题》2.65-68 中,他提到了六个部分:自然(natura)、成规(consuetudo)、法律(lex)、契约(pactum)、权衡(par)和判决(iudicatum)。这是一份法的组成部分的标准清单,由以下事实证明:《献给赫壬尼乌斯的修辞学著作》列出了同样的清单,该作品与《论开题》的日期大致相同,且基于类似的来源。

但是,这两篇作品对这六个部分的介绍方式相当不同。⑥《献给赫壬尼乌斯的修辞学著作》将它们一一列出(2.13.19 及以下),⑦没有指出它们之间有任何质上的差别。西塞罗觉得,把它们归为法的组成部分的方式有很大差异。

对于先贤(auctor)来说,自然(natura)基于这些责任:我们因亲属和家庭情感而在关系上的亏欠。对西塞罗来说,自然(natura)不仅是某些规则的基石,而且是所有法律最终赖以存在的基础(参见《论义务》3.72)。对他来说,法律源自生活之事实,法律植根于人的自然本性和周遭的环境。然而,自然课予的义务比法律范围内的义务更宽广。前者包括宗教的、社会的以及法律的义务(legal obli-

---

⑤　相关的讨论和文献,参考 G. Crifô, "Attività normativa del senato in età repubblicana", *BIDR* 71 (1968): 88 ff.; D. Nörr, *Divisio und Partitio*, Berlin, 1972, *passim*, and reviews by G. Crifô, *Iura*, 23 (1972): 246 ff.; A. Guarino, *Labeo*, 21 (1975): 68 ff., and F. Horak, *Tijdschrift voor Rechtsgeschiedenis* 43 (1975): 97 ff.。

⑥　L. Bove, *La comuetudine in diritto romano*, I, Napoli, 1971, 27 ff.

⑦　[译按]因此,法由这几部分组成:自然、法律、习俗、判决、公平和良善、契约(Constat igitur ex his partibus: natura, lege, consuetudine, iudicato, aequo et bono, pacto)。

gations）。像其他义务一样，法律责任（legal duties）植根于自然，但自然仅指明法律责任的一般主旨，没有规定它们的精确内容。

由于法律必须比自然规定的更具体，法律从实践理性演变为习俗（ex utilitatis ratione…in consuetudinem venisse）。很多法律规则最终都源于自然，实际上它们以习俗或以其他方式表现得更具体。因此，很少有直接基于自然的法律责任，相对而言，它们在实践中也无足轻重：naturae iura…neque in hoc civili iure versantur et a vulgari intellegentia remotiora sunt（自然法……不在市民法中，也离通俗的理解更远）。

成规本身被认为是法律，因为它被遵守的时间太长了。在这种情况下，没有必要制定法律，因为随着时间的推移（propter vetustatem），规则的界得以固化（certa）。

被判定为成规的法律类型非常广泛，裁判官习惯性地在其告示中公布的大部分法律都属于此类。重要的是，《献给赫壬尼乌斯的修辞学著作》引用了成规作为规则的唯一示例，该规则可能是由裁判官引入的。他说成规是法律，因为，虽然在这个问题上没有法律，但一个规则被遵守，就像有法律一样，例如银行的合伙人要承担银行的债务的规则。

西塞罗说，已经成为法律（certa consuetudine［固化的习俗］）的其他种类的规则是契约（pactum）、权衡（par）和判决（iudicatum）。先贤认为这三种法律形式与自然和成规具有相同的根源，但西塞罗将它们归入成规的范畴。契约向我们展示了合同双方之间的法律，因为他们自己业已同意。权衡表示对所有人都公平的东西。判决表示在某些人的意见中已经规定了什么。在《论开题》1.30、48 中的另一处，西塞罗将判决（iudicatum）定义为某个人或某些人的决定,或权威意见,或批准所认可的东西。如果认为判决在这里仅仅是指司法决定,那就错了,尽管它包括司法决定。⑧ 先贤对判决的定义比西塞罗的要窄,即通过判决(sententia)或裁决(decretum)所决定的东西;而西塞罗指出,这些往往相抵牾,它取决于具体的"审判官"(iudex)或官员的看法。但对西塞罗来说,判决(iudicatum)似乎包括所有权威性意见——不管在庭内还是庭外,例如法学家的意见。

很清楚,西塞罗认为成规是一个包容性的范畴,涵盖了所有以某种特定方式(certum)被认可但没有被制定为法律(lex)的法律(law)。它是一个冗余的范畴,在《论开题》中关于它的解释并不十分一致。如果时间和长期遵守是它的正当化理由,就很难看出契约和权威性意见如何构成了成规。西塞罗和《献给赫壬尼乌斯的修辞学著作》都把成规定义为"排除"法律(lex),而不是"涵盖"其他类型的法律。

法律(lex)本身是法律从自然经习俗演化来的第三阶段。法律确认某些被习俗认可的,或被认为是合宜的东西。因此,颁布的法律始于有记录的习惯法。诸种法律(leges)不创设新法,它们确认习惯或那些被认为是有用的东西(因此符合自然)。

《论开题》2.160-162 基本重复了前面 2.65-68 中对法的组成部分(partes iuris)的阐述。法律起源于自然,然后演进为习俗,随后从自然中产生并被习惯支持的东西进一步被"法律上的威慑和良知(legum metus et religio)"所认可。从这个阐述中,我们第一次知道什么是法律(lex)。规则就是作为法律(lex)的法律(law),它包含

---

⑧　A. Michel, *Rhétorique et Philosophie chez Ciceron*, Paris, 1960, 486.

在书面文件中,向人们公布,让他们遵守。《献给赫壬尼乌斯的修辞学著作》说,法律(lex)是由人民的命令所认可的东西,诸如《十二表法》中有关传唤被告的规则。西塞罗没有解释人民的命令;法律(lex)的本质是:它是书面的,且被权威性地公布。这与 lex 从 legere 衍生而来是一致的,瓦罗认可这点:

> 去阅读指令,眼睛在文献中阅读这些词句……此外,要遵守那些被阅读并颁布给人民的法律(legere dictum, quod leguntur ab oculis litterae…etiam leges, quae lectae et ad populum latae, quas observet)。(《拉丁语论》6.66)⑨

《论开题》把法律描述为一种自然现象,它必须以解释其他自然现象(如天气)的方式而加以解释。我们不追问为何会有这些现象,我们认为它们的存在是理所当然的。相反,我们试图搞清楚它们如何工作,我们以何种方式感受它们。我们对这些现象的认识或模糊或清晰,而我们对这些现象的确定程度、清晰程度,将主要取决于它们向我们呈现的形式。由于它们是自然现象,我们认为它们的运行方式是有章可循的,所以我们对它们过去的表现了解得越多,就越能预测它们未来的运行。

法的组成部分(partes iuris)并非生产性的法律渊源(productive sources of law)。它们说明了过去的法(ius)是什么,因此它们指引

---

⑨　A. Cenderelli, *Varroniana*: *Istituti e terminologia giuridica nelle opere di M. Terenzio Varrone*, Milano, 1973, 48、122. 亦参见 P. Stein, "The meaning of 'Lex publica'", *Studi Volterra*, 2(1969):313 ff.; *Regulae iuris* 有引用;Serrao, *op.* 有引用。西塞罗接受了源自 legere 的词源,但仅仅在"选择"的意思上(《论法律》1.19)。

未来的法（ius）将是什么。辩护律师和法官都必须从他们那里获得适用于未来案件的法律知识：碰到类似案件，有必要从法的组成部分中选取和推论通常适用什么（ex partibus iuris…sumi oportebit et ratiocinari quid in similibus rebus fieri soleat）（《论开题》2. 61）。值得注意的是，西塞罗认为"类案"（similibus rebus）中的推论可以不加区分地普遍适用于法的组成部分，尽管他并没说它们作为证据都有同等的权威，但它们都是"法（ius）是什么"的证明。

西塞罗在《演说术的各个部分》37. 130 中延续了其关于法的组成部分的想法。西塞罗讨论如何解释事物的确切性质，并以法律为例。为了理解法律的整个原理（ratio），我们必须首先将其分为两个基本部分：自然（natura）和法律（lex）。这两部分中的每一部分都涉及人法和神法，但只有人法涉及公平。公平既是自然也是法律的特征，但是，自然是不成文的，而法律则包含成文和不成文的要素。可把成文法细分为两组：公法和私法。每组有三个例子：法律（lex［狭义］）、元老院决议（senatus consultum）和条约（foedus）是成文公法的例子，表法（tabulae）、既定契约（pactum conventum）和要式口约（stipulatio）是成文私法的例子。不成文法是指通过习惯或一般协议或默示惯例（quasi consensu）而遵守的法律。⑩

《论开题》倾向于将习俗解释为基于古老惯例（propter vetustatem）的存在，强调习惯性规则的历史悠久性。《演说术的各个部分》则倾向于把认可和赞同之因素作为习俗的基础。大多数人承认

---

⑩　最后一类不仅包括罗马习惯法，也包括实践所承认的万民法（ius gentium）：ea quae sine litteris aut gentium iure aut maiorum more retinentur（那些没有文字记载的法律通过万民法或祖传习俗得以保留）。See A. H. J. Greenidge, *The Legal Procedure of Cicero's Time*, Oxford, 1901, 91 ff.

有用的规则可以成为习惯性规则,即便它在过去没有被遵守。《献给赫壬尼乌斯的修辞学著作》举了一条规则为例:一个超过 60 岁的人可以借助代理人在法律诉讼中出庭。他举这个例子是为了说明"公平和善"(aequum et bonum)是法律的一个组成部分(pars iuris)。一旦规则被接受,它就会通过对规则所具有的公平性的认可而成为习惯。

《演说术的各个部分》提出了两个区别,《论开题》并无此区分。首先,它提出了一个鲜明的区别:一方面是在人性中依然隐藏着未宣布和未阐明的法律,另一方面是在实践中得以表达或在书面中得以体现的经宣示或阐明的法律,前者是"非建构性的公平"(aequitas non constituta),后者是"建构性的公平"(aequitas constituta)。《论开题》将法律(lex)限制在公共法令的狭义范围之内,因此将契约和告示法划归习俗名下。《演说术的各个部分》将所有宣示的法律称为法律(lex),无论其以何种形式宣示。

其次,《演说术的各个部分》把所有的法律分为成文形式和不成文形式。这种区分似乎并不是基于这两种法律的内在差异,而是基于这两种法律对辩护律师或法官所要求的方法的不同。当法律有固定的文本时,律师的方法必然不同于没有固定文本时的方法。无论是处理民众会议(comitia)的法规、参议院的决议、遗嘱人的遗嘱,还是双方一致同意的合同,其技巧基本相同。它们都提出了"字面解释"(interpretatio verborum)的问题,它们也与修辞性的位置、措辞和意图、模棱两可的用语、相冲突的材料(例如《论题术》25.96)等一起发挥作用。

另一方面,如果没有固定的文本,这些技巧就不适用。构成法律争议点的大多数案件都是临界性案件。西塞罗自己也指出了这一点。他在《论演说家》(1.57.241)中指出,许多适用法律清晰的案件,根本就没有走到法院。牵涉诉讼的案件,甚至在律师之间也存在争议。在法律尚不成文的地方,根本不是解释的问题。问题不在于法律是什么意思,而在于法律是什么?也许存在一个习惯性规则或实践,但没有标明其确切的限制和范围。如果有人对此发表了意见或者做了一个决定,那就是范围的证据,但不是决定性的。在这种情况下,有可能使用了一些论据,在"字面解释"的地方,这些论据是不合适的。例如,为了确定规则的界限,人们会争论什么东西在公平意义上应属于规则的范围。⑪

《论题术》23.90 重复了这个基本区分,即原始的公平(aequitas)、未经阐明的规定(自然[natura]),和表达出来的公平、公平的制度(institutio aequitatis)之间的区别。⑫ 在这里,法律制度(institutio iuris)或公平制度(据说每个部分都是相同的;24.91)被用来代替《演说术的各个部分》中法律(lex)的广泛意义。然后,西塞罗又将公平制度细分为三个部分:第一,法律上的;第二,协议上的;第三,悠久习俗所确定的。在这里,西塞罗不再区分成文法和不成文法,而是在较窄的意义上谈论法律(lex)——即有一个固定的文本,然后区分了基于约定的不成文法和基于长期使用的不成文法;协议

---

⑪　未宣布的法植根于自然之中,宣布的法分为制定法和习俗。《论演说家》1.216 最先区分了未宣布的法和宣布的法:"无论是事物本性、法律还是习俗都不禁止"(neque enim est interdictum aut a rerum natura aut a lege aliqua atque more)。

⑫　B. Riposati, "Una singolare nozione di 'Aequitas' in Cicerone", *Studi Biondi*,2(1965):447 ff.;参见《论题术》2.9:"市民法是为了某些人而建构的衡平,属于相同城邦的这些人理应保有他们自己之物"(Ius civile est aequitas constituta eis qui eiusdem civitatis sunt ad res suas obtinendas)。

（conveniens）主要不是指契约,而是指在普遍承认其效用的基础上被合理证成的惯例（usage）（《演说术的各个部分》提出的观点）;依据《论开题》的传统解释,第三类是基于长久的惯例而被合理证成的习俗。

在《论题术》的另一段话中（5.28）,西塞罗举列举法的组成部分作为通过构成部分（partitio）来定义的例子,与通过切分（divisio）来定义的相对比。我们所见到的不是构成法律之属的所有种,而是共同识别法律这一不确定性事物（res infinita）（《论法律》2.7.18）的要素。他列举了七个部分:法律、元老院决议、判例、法学专家的权威意见、官员的告示、习俗和公平。

这份清单的顺序很重要。西塞罗从诸种法律（leges）这个最具体的法律形式开始,到最不具体的公平（aequitas）。因此,他遵循的处理顺序与他在考量公平的制度（institutio aequitatis）时所采用的顺序相同。

法律（leges）和元老院决议（senatus consulta）都属于法律的组成部分（legitima pars）,它们都有固定的书面文本。西塞罗并不关心元老院决议在约束力方面是否等同于法律（leges）的问题。它们都是法律的权威声明,在书面形式上是一样的,因此,演说者应以类似的方式来处理。

判例（res iudicatae）、法学专家的权威意见（iuris peritorum auctoritas）和官员的告示（edicta magistratuum）都属于协议上的部分（conveniens pars）。这是以前被描述为成规的不成文法,它的合理性在于民众的认可,也在民众实践中得以表达。前两者在《论开题》中取代了判决（iudicatum）的位置。判例（res iudicatae）是已判决的案件,在这些案件中,法官只为诉讼各方解决了"什么是法律",

而这些判例是论据,支持在类案中关于"什么是法律"的论证。⑬ 法学家的意见同样也是"法律是什么"的论据,但它们在多大程度上表达了真正的法律,则取决于具体法学家的权威(auctoritas)。

告示也是法律的论据,因为裁判官的职能是"言说法律"(ius dicere),西塞罗称裁判官为"市民法的监护人"(iuris civilis custos)(《论法律》3.8)。很明显,西塞罗并不把裁判官的告示看作像法律(leges)或元老院决议那样的书面文件,它是一种临时性陈述,只在官员的任期内有效,而且官员有一定的自由裁量权,可以在事实上声明他所建议遵循的原则的程度,以及在多大程度上让它们不成文。西塞罗在讨论他自己作为西里西亚总督发布的、看起来异常简短的告示时,提到了某些论题——论其他可言说的法和其他不成文法(de reliquo iure dicundo ἀγράφου reliqui),并给出结论(《致阿提卡》6.1.15)。⑭

习俗(mos),即通过长期遵守而确立的习俗(custom),是制度性公平的第三个要素。它逐渐发展并取代了成规(consuetudo),后者是更广泛和更普遍的概念。成规是惯例意义上的习俗,涵盖了任何未表现为法律(lex)的法律,包括万民法(ius gentium)。习俗是一套传统的社会实践,是特定民族的遗产。⑮ 习俗的大部分内容都在法律之外,而且作为法律组成部分(pars iuris),其范围受限。在共和

---

⑬　L. Vacca, *Contributo alto studio del metodo casistico nel diritto romano*, Milano, 1976, 57 ff.

⑭　A. J. Marshall, "The Structure of Cicero's edict", *Am. Journ. Phil.* 85 (1964):185 ff.; G. Pugliese, *Riflessioni sull'editto di Cicerone in Cilicia*, *Synteleia Arangio-Ruiz*, Napoli,1964, 972 ff.

⑮　D. Nörr, *Zur Entstehung der gewohnbeitsrechtlichen Theorie*, *Festschrift Felgentraeger*, Göttingen,1969, 353 ff.; Bleicken,同前书, 354 ff. 。

国最后一个世纪的社会价值观解体过程中,有一种将祖传习俗(mores maiorum)理想化的趋势,保守派思想家尤其强调其重要性。然而,在实践中,演说家很少有机会将他的论证建立在尚未以其他方式证明的罗马习俗实践之上。

清单中的最后一个要素是公平(aequitas),与其他六个部分不同,公平还没有被制度化。由于人们认为全部法律都以公平为基础,所以演说家在有疑问的情况下可以引用公平作为准绳。通常情况下,源自公平的论证要求无偏私地适用法律,并以相同方式处理相同的案件。公平应强调在同等案件中要求同样的法律。(《论题术》4.23)⑯

我们现在可以总结一下西塞罗关于法的组成部分的思想发展。它显示出,希腊的理论概念对罗马经验的适应和分析越来越精巧了。

《论开题》阐述了廊下派的观点,即在自在的共同体中存在普遍法。它从自然(φύσις)中生发出来,通过惯例(θέσις)变成法律(νόμος)。制定法只是其发展过程的一个阶段。这个粗线条的框架符合一套老观念,即在时间上市民法(ius civile)是不可分割的,在措词上"新法"有矛盾,因为立法是声明和澄清过去一直存在的法律,至少在公元二世纪后半叶之前,这套老观念很流行。英国普通法的经验表明,这种观念很僵硬。在人们认识到立法产生新法、法

---

⑯　P. P. Parpaglia, "ἐπιείκεια Greca, Aequitas Romana e Filosofia Greca a Roma", *SDHI*,40(1974):415 ff. (在《论开题》中用平等[par]表达公平[aequum])。有一些规则反对正义标准,对这些规则也有一些外部批评,关于这些外部批评与法律体系的内在正义之间的区别,参见 P. Stein and J. Shand, *Legal Values in Western Society*, Edimburgh,1974, 73 ff. , 84 ff. 。

官的判决产生新法之后很长时间,法庭用语依然假定:除了长期确立的法律,不可能出现需要适用法律的问题。[17]

一般来说,尽管这种廊下派的框架适合罗马法,但西塞罗试图在成规的保护伞下将私人合同、公平理想和权威意见等独立的制度纳入其中,这简直是枉曲直凑。

在《演说术的各个部分》中,西塞罗承袭了希腊著名的不成文法(ἄγραφος νόμος)和成文法(ἔγγραφος νόμος)之间的区别,但他用了此术语在希腊思想中罕有的那个意思。在希腊思想中,此术语通常指在共同体中与自然法相对的所有有效的法律,而西塞罗用它指在权威文本中清晰表达的法律,相对于没有在权威文本中清晰表达的法律——尽管后者可能以书面形式非正式地证明。[18] 这种分类很详尽,涵盖了所有公认的法律。成文法(ius scriptum)既包括公共文本,也包括利益相关人同意的私人文本,因为同样的解释技术也适用于它们。不成文法(ius non scriptum)包括万民法(ius gentium)及罗马帝国的习俗。为了迁就万民法(ius gentium),为不成文法进行正当辩护的理由是民众的当下认可,而不是长久的惯例。尽管自然(natura)仍被提及,但显然它属于前法律阶段,而非在法庭上适用的法律。

在《论题术》中,在思考辩护律师在法庭上能援引的法律时,西

---

⑰　Sir Henry Maine, *Ancient Law*, Chap. 2 (World's Classics ed. 26) : "人们完全理所当然地认为,在某些地方必然会有这样一条法律能够包括现在诉诸法律以求解决的事实,如果不能发现这样一条法律,那只是由于缺乏必要的耐性、知识或智力发现它而已。"

⑱　A. A. Schiller, " Custom in Classical Roman Law", *Virginia L. R.* 24 (1937) : 270; 现在载 *An American Experience in Roman Law*, Göttingen, 1971, 43; 引用亚里士多德《修辞学》1. 10. 1368b。

塞罗进一步考虑了法的组成部分的局限性。不再提及自然、契约等制度,他们表达的法律仅针对特定的当事人而不是所有人,只包括辩护律师能据以进行普遍论证的要素。辩护律师要处理适用法律不明确的临界案件,他不能期待确定性,他的任务是确立法律可能是什么。在法庭上,无论你辩护什么案件,都应该让人觉得有理有据、有信服力。(《论演说家》1.10.44)[19]

因此,辩护律师能将其论点建立在任何可用来证明法律是什么的要素之上,因为他知道他可能会遇到基于不同立场的反驳。每一方都着眼于过去,并假设法律将像过去那样。因此,好的辩护律师必须了解"所发生的历史事件和古老事例"(monumenta rerum gestarum et vetustatis exempla)(《论演说家》1.46.201),因为市民法本质上是权威(auctoritates)、先例(exempla)和遗嘱的类型(testamentorum formulae)。(《论演说家》1.39.180)当然,不同的法的组成部分有不同的权威。如果一方能依赖公法,他的论证将比仅仅基于先例的论证更有分量。(参见《论演说家》1.195;《论法律》2.18)一般来说,组成部分越具体,其权威性就越大。作为最后的手段,辩护律师可诉诸公平来化解争议点,理由就是全部法律都是制度化的公平。

最后,对比一下《论题术》与盖尤斯的清单是很有意义的。盖尤斯从一个法学家指引学生的角度来思考这一主题。盖尤斯一开始就说,法律一般来说是以一个民族的诸种法律(leges)和习俗(mores)为基础。然而,他列出罗马人民的法律身份(他使用复数iura[法律])所依据的要素清单时,提到了诸法律(leges)、平民决议

---

[19] 关于西塞罗作为一位辩护律师的模糊立场,参见 G. Pugliese, *Cicerone tra diritto e retorica*, *Scritti Iemolo*, Milano, 1963, 561–587。

（plebtscita）、元老院决议（senatus consulta）、君主敕令（imperial con-
stitutions）、官员的告示（magisterial edicts）和那些业已受到"应予以
解答的法律"（ius respondendi）的法学家的一致意见。（《法学阶
梯》1.2-7）

　　这里没有提到习俗或公平，它们太不精确了，达不到法学家的
目标，法学家无需去论证法律可能是什么，但需要对现在和未来的
法律作出权威性的宣告。判例（res iudicatae）也不复存在，一个法
官的决定对另一个法官无约束力，因此他们不能被认为是为未来确
定法律。

　　对于一部公元二世纪中叶的著作来说，这份清单出奇地老旧。
它的主要特点是诸法律（leges）的特殊地位，诸法律不仅排在法的组
成部分之首，而且是判断其他部分的标准。与西塞罗不同，盖尤斯
将法律（leges）限定为民众会议（comitia）颁布的法律，尽管半个多
世纪以来一直没有涉及私法。盖尤斯以迂腐的古板方式把平民决
议（plebtscita）从法律（leges）中区分出来，并指出，平民决议必须由
《霍尔腾西乌斯法》（lex Hortensia）赋予法律之效力（它们似乎一直
被称为法律[leges]）。就君主敕令和元老院决议而言，盖尤斯思考
它们是否具有法律（lex）的效力，并得出了肯定的结论。所有这些
都具有权威性，并确定是法律渊源。对西塞罗来说，尽管官员的告
示是不成文法，但在盖尤斯的时代却可与法律（leges）相提并论。官
员们每年都必须公布朱利安（Julian）制定的正式版本，该版本是固
定不变的，且与法律（lex）一样都是评注的对象。由于只有经君主
批准的某些甄选出来的法学家的一致意见才是法律，所以该意见与
君主的诏令（rescripts）具有一样的权威。

　　因此，盖尤斯将他的清单限定为那些权威来源，它们对法官有

绝对约束力,这意味着法官根本无法行使自由裁量权。然而,昆体良提出,辩护律师仍有参考其他要素的余地,特别是在这些权威没有覆盖的要素中,"所有的法律确定由成文法或风俗构成。公平的模糊之处应受规则的检验。法律被书写或呈现在城邦的风俗之中,没有困难,并非虚构,但要经过调查。然而,对决议的答复也是法律的延伸,法律呈现在字面解释之中,或者显现在正确与错误的区分之中"(《演说家的教育阶梯》12. 3. 6-7)。⑳

在开题(inventio),甚至在认知(cognitio)的问题上,法官对习俗(mores)拥有自由裁量权,他能被说服。因此,这些问题与法律的有效渊源一样,都是辩护律师的关注点,因此也是西塞罗的关注点。

---

⑳ 参考昆体良《演说家的教育阶梯》5. 10. 13:pleraque in iure non legibus sed moribus constant。在 H. E. 巴特勒的洛布版中(2,209)这句话被错误地翻译为:"例如,存在大量的权利,他们的基础是法律而非习俗。"正确的翻译应该是:"在法律之中,存在大量基于制定法而非基于习俗的东西。"

西塞罗的法的组成部分：

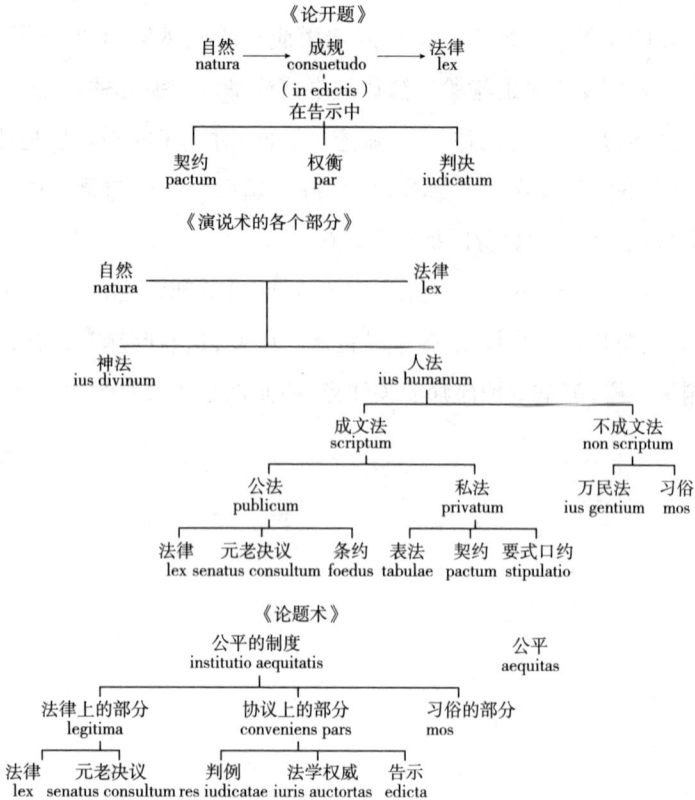

《论开题》

自然 → 成规 → 法律
natura　consuetudo　lex
　　　（in edictis）
　　　在告示中

契约　　　权衡　　　判决
pactum　　par　　iudicatum

《演说术的各个部分》

自然 ——————————— 法律
natura　　　　　　　　　lex

神法　　　　　　　　　人法
ius divinum　　　　ius humanum

成文法　　　　　　　　不成文法
scriptum　　　　　　non scriptum

公法　　　　　　私法　　　万民法　习俗
publicum　　　privatum　ius gentium　mos

法律　元老决议　条约　表法　契约　要式口约
lex senatus consultum foedus tabulae pactum stipulatio

《论题术》

公平的制度　　　　　　　公平
institutio aequitatis　　aequitas

法律上的部分　　协议上的部分　习俗的部分
legitima　　conveniens pars　mos

法律　元老决议　判例　法学权威　告示
lex senatus consultum res iudicatae iuris auctortas edicta

西塞罗哲学著述年谱

鲍威尔(J. G. F. Powell)

下面的书单按年代顺序编排,供参考;①此单既包括传世之作,也包括所有备受争议的佚失之作,还包括一些除了早期的《论开

① 哲学著作的文本可在主要丛书(Teubner, Teubner, Budé, Loeb, Tusculum, Paravia, Mondadori)中找到;迄今为止,牛津古典文献系列不在里面,但现在正在弥补这一缺失。

关于版本和评注,可提及以下几种:*De Oratore*, A. S. Wilkins (Oxford, 1892), A. Leman and H. Pinkster (Heidelberg, 1981-); *De Republica*, E. Bréguet (Budé, 1980), K. Büchner (comm. only, Heidelberg, 1984); 也参见Schmidt审定的著作目录:P. L. Schmidt, ANRW i. 4 (1973), 262-334。关于残篇,参见 E-. Heck, *Die Bezeugung von Ciceros Schrift De Re Publica* (Hildesheim, 1966)。关于 *Somnium Scipionis*, 参见我编辑的书(Aris & Phillips, 1990, with Laelius); *De Legibus*, K. Ziegler and W. Görler (Heidelberger Texte, 1979)。对第一卷的评注, 参见 L. P. Kenter (Amsterdam, 1972); *Brutus*, A. B. Douglas (Oxford, 1966); *Orator*, J. Sandys (Cambridge, 1885); *Paradoxa*, M. R. Wright (*On Stoic Good and Evil*, Warminster, 1991, with *Fin*. 3), M. V. Ronnick (Frankfurt, 1991); *Hortensius* fragments, A. Grilli (Milan, 1962), L. Straume-Zimmermann (Bern and Frankfurt, 1976); *Consolatio* fragments, C. Vitelli (Milan, 1979); *Academica* (*Lucullus* and *Academica Posteriora*), J. S. Reid (Cambridge, 1885); *De Finibus*, J. N. Madvig (Copenhagen, 1876, repr. Hildesheim, 1965); 1 and 2, J. S. Reid (Cambridge, 1925); 3, M. R. Wright (Warminster, 1991); *Tusculan Disputations*, R. Kühner (Hanover, 1874), J. W. Dougan and R. M. Henry (Cambridge, 1905-1934), A. E. Douglas (Warminster: I, 1985, 2 and 5, 1990); *De*

题》(*De Inventione*)之外的修辞学著述。

公元前 55 年：

De Oratore(《论演说家》)，三卷本，在最宽泛的意义上阐释了演说这门技艺。缩写：*De Or.*

De iure civili in artem redigendo(《论市民法以科学方式简化》)，已佚失，革利乌斯(Gellius)的《阿提卡之夜》(*Noctes Atticae*) 1. 22. 7 有记载。

公元前 54—前 51 年：

De Republica(《论共和国》或《论国家》)，六卷本(更早的草稿曾有九卷)；其四分之一的文本幸存于 1820 年所发现的梵蒂冈重写本的残篇，②后世作家曾引用过残篇，且一个引录被称为《斯基皮奥之梦》。缩写：*Rep.*

公元前 52—前 51 年：

De Legibus(《论法律》)，传世本是三卷(不完整)，外加一段出自第五卷的残篇；整部著作可能意欲写六卷，但是有很好的理由没有完成。缩写：*Leg.*

公元前 46 年：

Brutus(《布鲁图斯》,有时非正式地加了一个副标题：论著名演

Natura Deorum, J. B. Mayor(Cambridge, 1880), A. S. Pease (Cambridge, Mass. , 1955-1958); De Divinatione, A. S. Pease (Urbana, Ill. , 1920-1923); Cato Maior, J. G. F. Powell (Cambridge, 1988); De Fato, R. W. Sharples (Warminster, 1991); Laelius, J. G. F. Powell (Warminster, 1990); De Officis, H. A. Holden (Cambridge, 1881); for Off. see also M. T. Griffin and E. M. Atkins (ed. and tr.), Cicero on Duties (Cambridge, 1991) with bibliog.

② Editio princeps by A. Mai (Rome, 1822).

说家[*de Claris oratoribus*]），论述了演说术在罗马的历史。缩写：
Brut.

Orator（《演说家》，有时非正式地加了一个副标题：论优秀演讲[*de optimo genere dicendi*]），讲述了理想的演说家和一些修辞技法。缩写：*Or.*

De Optimo Genere Oratorum（《论那类最佳演说家》），介绍了德摩斯梯尼（Demosthenes）和埃斯基涅斯（Aeschines）的《论荣誉》（*De Corōna*[希腊文κορώνη]）；其真实性遭受质疑。③ 缩写：*Opt. Gen.*

Paradoxa Stoicorum（《廊下派的辩驳》），六个简短的修辞学实训，其主题是廊下派的道德哲学。缩写：*Parad.*

公元前45年：

Consolatio（《悼颂》），佚失。在女儿图丽娅（Tullia）的葬礼上，西塞罗亲自发表的一篇悼词。

公元前45年3月到4月：

Hortensius（《霍尔腾西乌斯》），佚失。据后世作家的援引，大量残篇得以幸存。这是一篇介绍哲学研习的对话录，诸哲学论著的登阶入门之用。

公元前45年5月：

Catulus（《卡图卢斯》），佚失。论述了知识论的学园怀疑派。《路库珥路斯》（*Lucullus*）是《卡图卢斯》的姊妹篇，论述了安提库斯（Antiochus of Ascalon）的认识论学说。尽管不权威，但《卡图卢斯》

---

③　A. Dihle, *Hermes*, 83（1955）:303-314; E. Bickel, *RhM* 108（1955）: 288.

和《路库珥路斯》被认为是《学园派前篇》(*Academica Priora*)(参考下面的《学园派之书》[*Academici Libri*])。

公元前 45 年 6 月:

De Finibus Bonorum et Malorum(《论善恶之极》),五卷本(第一卷或头两卷被冠以《托尔夸图斯》[*Torquatus*]之名),书名直译为"论善与恶之目的",按惯例不能译为通顺英语。拉丁文 *Fini* 是对希腊文τέλος("目的"或"目标")的翻译,带有双重意思:善和恶的"尽头"或"极限",行为的"目标"或"目的"。这两个概念基本一致,因为希腊哲学家把所有行为的目标等同于至善的实现,其他诸善仅仅因其朝向此"至善"而被欲求。对应此论述的现代著述无疑是所谓"伦理学基础"之类的;相较于古希腊喜欢旅客和射手的隐喻,我们的哲学意向更喜欢建筑家的隐喻。④ 缩写:*Fin.*

Academici Libri(《学园派之书》),对《卡图卢斯》和《路库珥路斯》的素材的四卷本编修,是对话体,对话者变成了像西塞罗这样的当代人物。仅幸存开篇,冠名《学园派第一卷》(*Academicus Primus*)(显得很真实),又被称为《学园派第一卷》(*Acad. I*)或《学园派后篇第一卷》(*Academica Posteriora I*)。单词前篇(Priora)和后篇(Posteriora)指第一版和第二版。我们事实上拥有的是第二版的第一卷(共四卷)的部分内容和第一版的整个第二卷(共两卷),认识到这

---

④ [译按]"基础"是建筑学上的用语;"目标"是射击学上的用语;"尽头"是旅行中的用语。

点很重要。⑤ 西塞罗给第一版的两卷取名《卡图卢斯》和《路库珥路斯》,并不意味着西塞罗对此二人有任何集合指称,但是,它们一起出现,现代学者把这两本书当作《学园派前篇》(*Academica Priora*)是情有可原的(部分原因是,我们手头的书,例如《路库珥路斯》,是以《学园派之书》[*Academici Libri*]的手稿形式传播)。然而,把《路库珥路斯》缩写为《学园派第二卷》(*Acad. II*)不仅不对,而且误导初学者,因为此种做法让人觉得这本书是《学园派第一卷》(*Acad. I*)的续篇。

公元前 45 年 7 月到 12 月:

Tusculan Disputations(《图斯库路姆论辩录》)或者 *Quaestiones*(《问辩集》),在图斯库路姆西塞罗的庄园发生的论辩,五卷本。缩写:*Tusc.*

De Natura Deorum(《论诸神之本性》),三卷本,(第三卷部分佚

---

⑤ 在《致阿提库斯》12.44,从公元前 45 年 5 月和 6 月的一系列信件中,我们可以清楚地了解到《学园派之书》和《论善恶之极》的写作进度。西塞罗完成了"两篇大著":《卡图卢斯》和《路库珥路斯》。《致阿提库斯》13.32(5 月 29 日)提到已完成《托尔夸图斯》,即《论善恶之极》1-2 卷。《致阿提库斯》13.16(6 月 21 日)提到西塞罗开始撰写《学园派后篇》,两天后,在《致阿提库斯》13.12,西塞罗提出了《学园派后篇》的最终计划,这显示已完成《论善恶之极》。第二天,在《致阿提库斯》13.13-14,西塞罗报告说很满意《学园派后篇》的进度。到 6 月 28 日(《致阿提库斯》13.18)《学园派后篇》就杀青了,整个写作过程似乎只用了七天。但要记住的是,这部作品只是对《卡图卢斯》和《路库珥路斯》的素材进行了重新编排。在 7 月份,《学园派之书》和《论善恶之极》的抄写工作仍在继续,而西塞罗不断怀疑将《学园派之书》献给瓦罗是否合适,因为瓦罗代表了安提库斯学派(Antiochean)的立场,西塞罗在对话录中抨击了这种立场,但他最终克服了这些疑虑,这篇献辞书信被保留了下来,成为《致亲友书》9.8。

失）。缩写：*ND*

公元前 44 年 1 月到 3 月：

De Divinatione（《论占卜》），两卷本，缩写：*Div.*

Cato Maior de Senectute（《论老年》），书名中的"老卡图"来自对话录中的主谈话人。缩写：*Cat. M.* 或 *Sen.*

公元前 44 年 4 月到 11 月：

De Fato（《论命运》），未完成。缩写：*Fat.*

Laelius de Amicitia（《论友谊》），莱利乌斯是引话人。缩写：*Lael.* 或 *Amic.*

De Gloria（《论名誉》），佚失。

Topica（《论题术》），大概或间接基于亚里士多德的同名修辞学著作。缩写：*Top.*

公元前 44 年 11 月：

De Officiis（《论义务》），三卷本，但是"责任"（duty）是对 officium 的不完美翻译，来自古希腊文 καϑῆκον，一个廊下派术语，指正确或适当行为（离开廊下派伦理学背景，无法理解其完整意思）。officium 在拉丁语中本身就是临时凑合的对应词，尽管此词不差。⑥《论义务》包含所有类型的正确或适当行为，我们应该把这些行为归为某类明智或"善的形式"（good form）而非"责任"。缩写：*Off.*

成书年代不确定：

Timaeus（《蒂迈欧》），对柏拉图对话录的部分翻译，带有西塞罗

---

⑥　《致阿提库斯》16. 11. 4, 16. 14. 3。

自己写的弁言。缩写：*Tim.*

　　Protagora(《普罗塔戈拉》)，对柏拉图对话录的翻译，佚失。

　　De Virtutibus(《论美德》)，佚失。[7]

　　Partitiones Oratoriae(《演说术的各个部分》)，关于演说理论的说教式对话录，西塞罗为其子而著。缩写：*Part. Ora.*

　　能在《牛津拉丁词典》和 *Liddell Scott Jones*(《希英词典》)中查到这些古典著述的缩写。期刊缩写参考了杂志《古典学年鉴》(*L'année Philologique*)。

---

　　[7]　关于这部作品存在的仅有证据是 Jerome 的《撒迦利亚斯》(Zacharias) 1. 1. 18–21 和 Charisius, p. 270,4 Barwick。也许这部作品就不是西塞罗的真实作品。

后　记

　　中国人民大学古典文明研究中心有一位学养深厚为人谦和的老师，人称"娄叔"。2017年秋季学期，娄叔给本科生讲授古典拉丁文课程，我觉得法律人应该要懂点拉丁文，不顾自己年过三十，毅然跟他从零学起。大约在2018年春季，他劝我研究西塞罗的《论法律》，此时我的拉丁文才学习半年多，心里没底，犹豫不决。他就建议我从现代西方学者的解读文献入手，看能否得到一些启发，还帮我检索甄选出五篇经典文章鼓励我翻译，通过翻译来带动研究。娄叔的学术感觉极好！这五篇文章既有文本细读也有思想解读，帮我厘清了《论法律》的要旨，至今我都很感佩于他！2018年下半年我译完这五篇文章的正文初稿，留下了脚注没译，想当然地以为翻译脚注应该很快，就把初稿放下了。孰料这一放就许多年过去了，我结婚生子，还翻译出版了另一本著作。其间好几次想收拾那栋"烂尾楼"，但都无疾而终。

　　直到2022年中秋节刚过没两天，突然收到朋友刘振宇教授的祝贺微信，得知我申报的"西塞罗《论法律》研究"获批国家社科基金一般项目资助，这让我倍感意外，也倍受鼓舞！遂重拾旧稿，先是校译正文，修正以前翻译不准确的地方，然后着手翻译脚注。此时才发现脚注比正文难译，涉及很多拉丁文、希腊文要翻译和核对，很多缩写要核查，还要翻译一些德文和法文的引用，颇费时日。但也收获很大,借此全面了解了《论法律》的研究文献。这些脚注除了反复引用娄叔精心甄选出来的那五篇文章之外,还经常提到狄克教授的《西塞罗〈论法律〉评注》和斯坦因教授的《西塞罗的法律渊源》,前者是逐字逐句疏解《论法律》的大部头著作,后者是一篇小文章,全面呈现并对比分析了西塞罗表述"法律"的术语。与娄叔商量之后,我决定增译《西塞罗〈论法律〉评注》这本书的导言和斯坦因教授的文章,一共七篇结集出版。这当然不意味着其他文献不重要,只是近一百年来关于《论法律》的经典文献汗牛充栋,囿于时间精力,只能先译介这七篇,权且抛砖引玉。

关于《西塞罗〈论法律〉评注》这本著作,还有一段小故事:检索北京各大图书馆都没有这本书,在海外亚马逊网站上也买不到,辗转通过 CASHL(中国高校人文社会科学文献中心)查到东北师范大学图书馆有馆藏。遂请求复印扫描,工作人员许静波老师特别替读者考虑,回复说:"我们拿到书后做了各种尝试想给您提供电子版,但是都不行。因为书太厚了,没有办法扫描拍照,中缝部分怎么都是模糊的。所以我们想把这本图书借给您,您用后再寄还给我们,不知是否可以? 请回复我。"因为疫情,我当时所在的学校图书馆不能接受实体书,和许老师商量之后,他慨然应允把书直接寄到我的家庭地址。特别感谢东北师范大学图书馆和素未谋面的许老师对我的这份信任!

有人说翻译经典是一种享受,那是因为有好多人负重前行,我才有缘享受。首先感谢妻子的陪伴,我们一起学拉丁语,碰到一些翻译难题时也一起讨论;还要感谢父母以及岳父母这几年帮忙带启明和启源,我才有这份闲暇来翻译;也要感谢恩师舒国滢教授对我研究古典法学的支持和鼓励;感谢中国政法大学外国语学院的马莎莎博士帮我翻译一些法文句子;感谢我的两位研究生姚嘉琳和欧林峰协助做了很多校对工作;最后要感谢本书的责任编辑王霄翎老师,她极其认真负责且经验丰富,纠正了我好多"欧式句子",甚至发现了一些翻译错误,她的细致编审极大地提升了译稿质量。当然,最后文责自负!

汪雄

甲辰年腊月十六

图书在版编目（CIP）数据

法律与理性：西塞罗《论法律》解读 / 汪雄，娄林选编；
汪雄译. -- 北京：华夏出版社有限公司，2025.
ISBN 978-7-5222-0850-3

Ⅰ. D903

中国国家版本馆 CIP 数据核字第 20257A6K72 号

法律与理性——西塞罗《论法律》解读

编 者	汪 雄 娄 林	
译 者	汪 雄	
责任编辑	王霄翎	
责任印制	刘 洋	

出版发行	华夏出版社有限公司	
经 销	新华书店	
印 刷	三河市万龙印装有限公司	
装 订	三河市万龙印装有限公司	
版 次	2025 年 7 月北京第 1 版	
	2025 年 7 月北京第 1 次印刷	
开 本	880×1230 1/32 开	
印 张	10	
字 数	220 千字	
定 价	79.00 元	

华夏出版社有限公司　　　　　　地址：北京市东直门外香河园北里 4 号
邮编：100028　电话：（010）64663331（转）　网址：www.hxph.com.cn
若发现本版图书有印装质量问题，请与我社营销中心联系调换。

西方传统：经典与解释
Classici et Commentarii
HERMES
刘小枫◎主编